JN312789

伊藤義美 編著
Ito Yoshimi

現代
臨床心理学

ΚΛΙΝΙΚΟΣ

ナカニシヤ出版

まえがき

　21世紀は心の時代といわれている。20世紀における近代科学の目覚しい進歩とはうらはらに，あるいはそれゆえにその負の遺産が心の問題として社会問題化さえしている。家族，学校や地域などにおける人と人とのつながりや関係が薄れてきており，そのことはそのまま人において中核的自己とのつながりや関係が薄れてきていることでもある。今日の情報化，国際化，高齢化が高度に進むストレス社会では，多くの人の心が絶叫や声なき悲鳴をあげている。乳児から高齢者のどの発達段階でも，また家庭，学校，医療，産業，福祉など多くの分野において，心の問題を扱う心理臨床や臨床心理学への関心が高まり，臨床心理学あるいは心理臨床学を学ぶ人が増えてきている。

　本書は，臨床心理学または心理臨床学を学ぶ学生や大学院生をはじめ，臨床心理士や心理カウンセラーなどの心理臨床の専門家が臨床心理学をより包括的に理解し，心理臨床の教育・訓練や実践に役立てるために企画されたものである。かつて心理学の過去は長く，その歴史は短いといわれた。臨床心理学の過去も長いが，その歴史はとりわけ短いといえる。心理臨床は人の心にかかわり，心を専門に扱う理論的・実践的な学問が臨床心理学である。それは，人間による人間のための新しい心の科学である。しかし社会や時代の要請や期待もあって，今日の臨床心理学の発展には大変著しいものがある。臨床心理学の性格，方法，活動，領域など理論，実践，研究において発展が見られる。しかも現代の臨床心理学の理論や実践には多様な学派や系譜があり，さらに発展と分化を続けている。その広範な発展や領域を一冊の本に網羅することが難しくなってきているのが現状である。本書に十分に盛り込こむことができなかった項目や領域もあるだろう。

　本書の編集にあたって，幸いにも心理臨床の実践や教育研究に経験豊かな執筆者の理解と協力を得ることができた。当初の編集計画に少なからずの変更が加わることになったが，なんとか出版の運びになった。執筆者各位に心より感謝し，本書の出版を引き受けていただいたナカニシヤ出版の宍倉由高編集長と米谷龍幸氏に深くお礼を申し上げる次第である。

本書が，臨床心理学や心理臨床学の教育や理解に，また臨床実践においても役立つならば望外の喜びとするところである。

名古屋
2008年1月
春を待ちつつ
伊藤義美

目 次

まえがき　i

1　臨床心理学の定義と歴史および研究法　1
- 1-1　臨床心理学の定義　1
- 1-2　臨床心理学の歴史　2
- 1-3　わが国における臨床心理学の発展　6
- 1-4　臨床心理学の課題と対象　7
- 1-5　人間存在と不適応およびその基準　9
- 1-6　心の積極的健康　10
- 1-7　臨床心理学の活動分野　11
- 1-8　臨床心理学の研究と研究法　13

2　ライフサイクルと臨床的発達理論　21
- 2-1　ハヴィガーストの発達段階と発達課題　21
- 2-2　ニューマン & ニューマンの発達段階と発達課題　23
- 2-3　レヴィンソンの成人期の発達段階　24
- 2-4　精神分析学派の発達理論　26
- 2-5　ボウルビィのアタッチメントの発達理論　39
- 2-6　ロジャーズの自己の発達理論　40

3　臨床的パーソナリティ理論　45
- 3-1　パーソナリティとは何か　45
- 3-2　臨床的観点からのパーソナリティ論　46

3-3 心理療法の代表的な流派の基本的理念　47
3-4 自己像のあり方と病理　51
3-5 パーソナリティの生得的部分　59

4　臨床心理アセスメント　63
4-1 臨床心理アセスメントとは　63
4-2 検査法　63
4-3 パーソナリティ検査　70

5　サイコセラピーとその方法（1）　101
5-1 サイコセラピーとは何か　101
5-2 パーソンセンタード・セラピーまたはクライアント中心療法　106
5-3 精神分析的療法　116
5-4 行動療法　119

6　サイコセラピーとその方法（2）　125
6-1 フォーカシングまたはフォーカシング指向心理療法　125
6-2 ゲシュタルト療法　129
6-3 遊戯療法　132
6-4 箱庭療法　134
6-5 実存療法とロゴテラピー　135
6-6 交流分析　137
6-7 論理療法　139
6-8 内観療法　141
6-9 森田療法　142

7　サイコセラピーとその方法（3）
　　　——家族療法，グループアプローチおよびコミュニティアプローチ——　　145

- 7-1　家族療法——システム論的家族療法——　145
- 7-2　グループアプローチ　148
- 7-3　グループサイコセラピー　155
- 7-4　コミュニティアプローチ　161

8　心理臨床の実際
　　　——乳幼児期・児童期——　　171

- 8-1　乳幼児期　171
- 8-2　児童期　180

9　心理臨床の実際
　　　——思春期・青年期——　　191

- 9-1　事例の概要　191
- 9-2　H君とのカウンセリングの過程　193
- 9-3　考　察　203

10　心理臨床の実際
　　　——成人期——　　209

- 10-1　臨床現場の実際　209
- 10-2　境界例の女性の事例　210
- 10-3　治療過程のまとめ　218

11　心理臨床の活動と領域　221

- 11-1　心理臨床活動の現在　221

11-2 心理臨床活動をめぐる問題　225
11-3 心理臨床の領域　227

12 教育・訓練と倫理問題　237

12-1 はじめに　237
12-2 心理臨床家に求められる資質・要素　237
12-3 学部段階での教育　240
12-4 基礎的専門教育（大学院段階での教育）　241
12-5 スーパービジョンと教育分析　247
12-6 心理臨床家と倫理　251

索　引　259

1 臨床心理学の定義と歴史 および研究法

　心理学を基礎心理学と応用心理学に分けると，臨床心理学は応用心理学の一形態である。応用心理学は，心理学の原理や方法を応用することによって，人間の問題を理解し，その解決をはかるのに役立てようとするものである。臨床心理学（Clinical Psychology）のclinical（臨床）は，ギリシャ語のクリニコス（klinikos）に由来するとされる。これには，病者への世話（広義の医療）と，亡くなった死者への祈りが含まれていた。臨床心理学では，援助を必要とする人のそばに在ること，つまり，相手のためにそこに存在することが基本にされると考えられる。

1-1　臨床心理学の定義

　臨床心理学をどのようなものとして規定するかという定義の変遷によって，臨床心理学の発展を理解することができる。ここでは，アメリカ心理学会（APA）が用いた定義を参考にして，臨床心理学の定義を見ていく。
　アメリカ心理学会では，1935年に臨床心理学を次のように定義した。
　「臨床心理学は応用心理学の一形式で，測定，分析および観察などを方法として，個人の行動の能力と行動の特性とを明確にしようとするものであり，さらにそれらの方法によって見出されたものを，身体的所見や社会生活史について得られた資料と総合したうえで，その個人のより妥当な適応に対し，指示し勧告を与えるものである」(APA, 1935)。

同じアメリカ心理学会の1947年の定義では，「人間のパーソナリティに関する体系的な知識を得る方法として，また個人の精神的福祉の増進のために，それらの知識を用いる技術を発展させていく学問である」(APA, 1947)とされていた。

さらに1998年の定義は，「臨床心理学は，科学，理論，実践を統合して，人間行動の適応調整とパーソナリティの成長を促進し，加えて不適応，障害，心の悩みの成因を研究し，問題を予測し，かつそれらの問題を軽減させ，解消させることを目指す学問である」(APA, 1998)となっている。

臨床心理学がしだいに分化し，細分化・専門化してきて，より多様化してきていることをうかがうことができる。

そして比較的新しい2005年の定義は，次のようなものである。

「臨床心理学の領域は，科学，理論，実践を統合して，不適応，無力，不快を理解し，予測し，軽減し，人間の順応，適応，個人の発達を促進する。臨床心理学は，生涯を通して，様々な文化において，あらゆる社会経済的水準で，人間の機能の知的，情緒的，生物的，心理的，社会的，行動的側面に焦点を当てるものである」(APA, 2005)。

現在では，アメリカ心理学会の12部門が臨床心理学部会(Society of Clinical Psychology)になっており，上記のようにその部会の定義は，いっそう総合的，包括的なものになっていることがわかる。

1-2 臨床心理学の歴史

科学的な心理学は，1879年にブント(Wundt, W.)がドイツのライプツィヒ大学に最初の心理学実験室を創設したことに始まるとされる(図1-1と図1-2)。臨床心理学の歴史も，科学的心理学のそれと同じぐらいの長さをもっている。臨床心理学という用語は，1896年に米国のペンシルバニア大学に心理学クリニックを設立したウィットマー(Witmer, L.)によって最初に用いられた。この心理学クリニックでは，学習問題の児童と母親が主な対象だった。1906年にゴッダード(Goddard, H. H.)が，発達遅滞児の施設訓練学級を開設した。1907年には「心理学クリニック(The Psychological Clinic)」という雑誌が創

1-2 臨床心理学の歴史　3

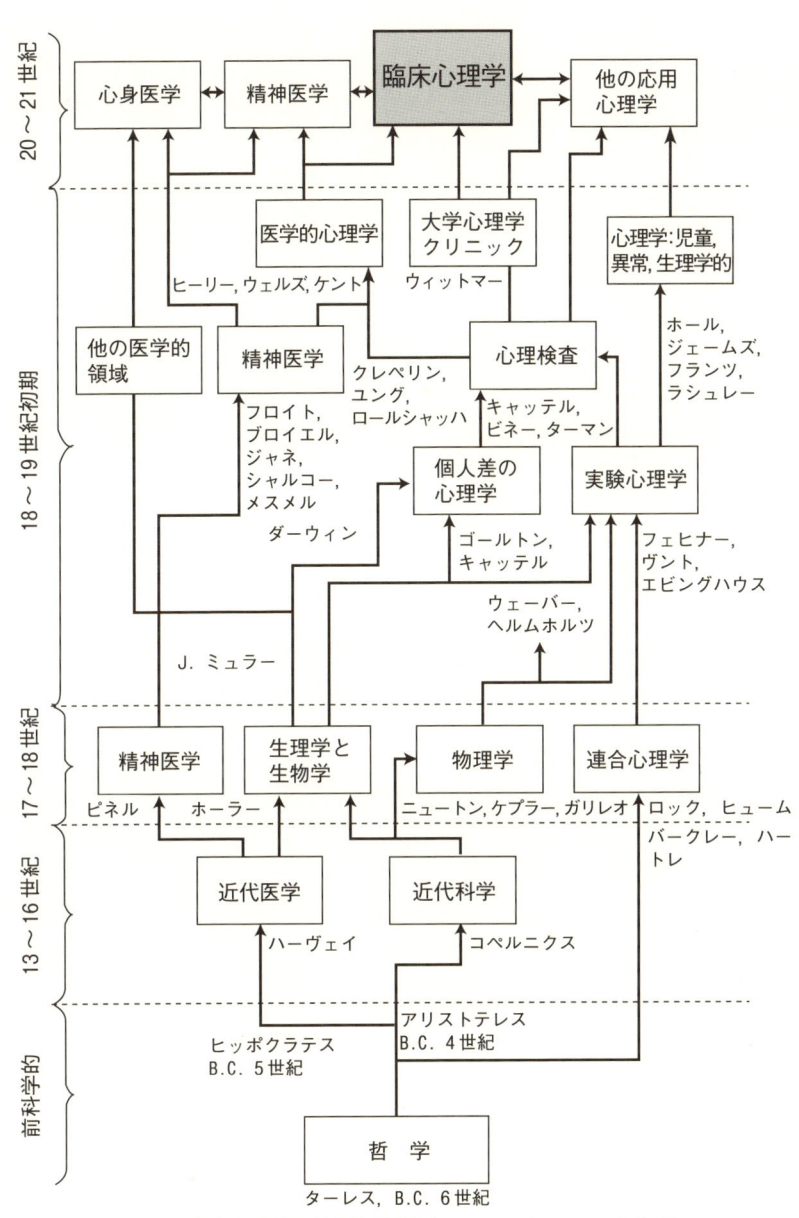

```
20〜21世紀     [心身医学]←[精神医学]←[臨床心理学]↔[他の応用心理学]
                                ↑              ↑
                    [医学的心理学]  [大学心理学    [心理学:児童,
                                   クリニック]    異常,生理学的]
                ヒーリー,ウェルズ,ケント  ウィットマー
                                                 ホール,
                                                 ジェームズ,
                                                 フランツ,
                                                 ラシュレー
18〜19世紀初期
          [他の医学的  [精神医学]     [心理検査]
           領域]       ↑          クレペリン,
                     フロイト,      ユング,    キャッテル,
                     ブロイエル,    ロールシャッハ ビネー,ターマン
                     ジャネ,
                     シャルコー,   [個人差の   [実験心理学]
                     メスメル       心理学]
                     ダーウィン    ゴールトン,   フェヒナー,
                                  キャッテル    ヴント,
                                              エビングハウス
                                  ウェーバー,
                                  ヘルムホルツ
                 J.ミュラー

17〜18世紀 [精神医学] [生理学と    [物理学]    [連合心理学]
                    生物学]
          ピネル    ホーラー    ニュートン,ケプラー,ガリレオ  ロック,ヒューム
                                                         バークレー,ハー
                                                         トレ
13〜16世紀      [近代医学]  [近代科学]
                ↑          ↑
                ハーヴェイ   コペルニクス

前科学的                アリストテレス
              ヒッポクラテス   B.C.4世紀
              B.C.5世紀

                        [哲　学]
                   ターレス, B.C.6世紀
```

図1-1　臨床心理学の発展と系譜（Sundbergら，1973を改変）

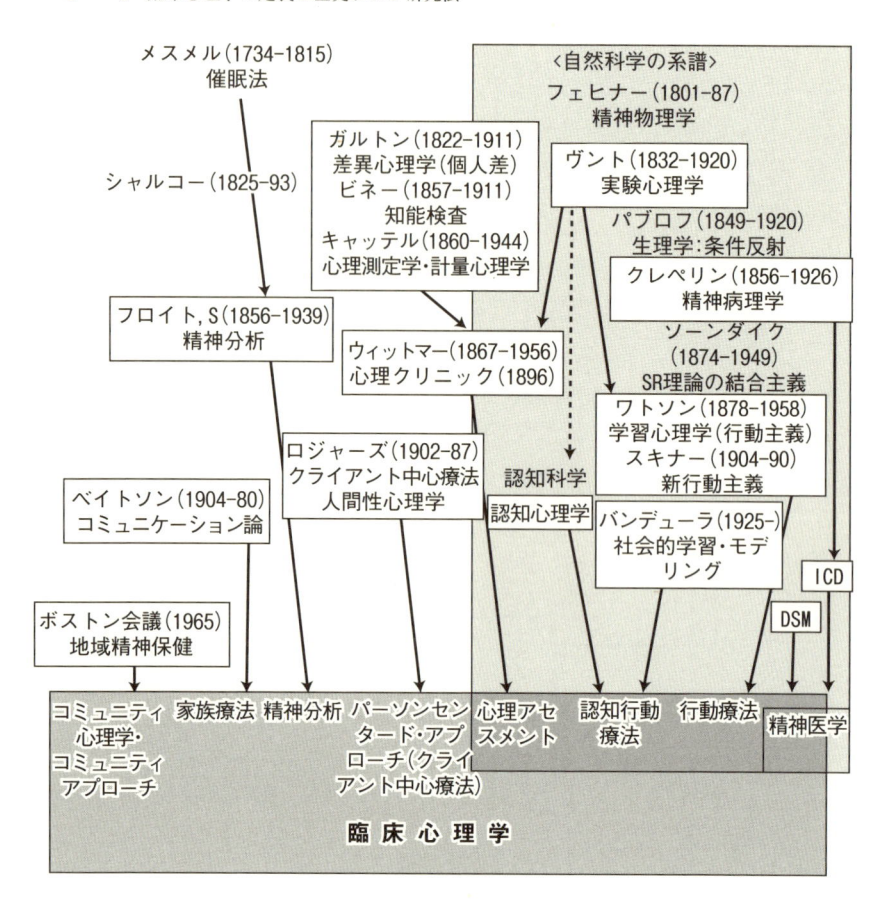

図1-2 臨床心理学の学派の発展（下山，2001を改変）

刊された。1909年にヒーリー（Healy, W.）が，シカゴ少年審判所に行動クリニックを開設し，非行少年に対する臨床心理学的援助活動を始めた。

臨床心理学者は，最初は主に，児童を対象に，心理測定（検査），教育またはリハビリテーションのプログラムの領域で働いていた。彼らが，大人を対象に活動し始めたのは，第一次世界大戦からである。大戦時には，主に新兵の試験と兵員の選抜の領域で働いていた。米国軍の要請によって大量の兵士を分類するために，知能検査（陸軍アルファ式と陸軍ベータ式の知能検査）とパーソナリティ検査〔ウッドワース個人データシート（神経症の検査）〕が開発され

た．これを契機にさまざまな心理検査が開発されて，使用されていった．そこにはロールシャッハ法やTAT（課題統覚検査）をはじめとする投映法のパーソナリティ検査の開発も含まれていた．こうして臨床心理学者は，パーソナリティ診断という新しい専門的技術を手にするようになったのである．しかしサイコセラピー（心理治療，心理療法）は医療行為とみなされ，サイコセラピーが行えるのは，まだ精神科医に限られていた．臨床心理学は，1920年代までに基礎が固められ，1930年代に入って急速に発展した．精神障害の分類はスイスとドイツなどで行われ，個人差の研究はアメリカやイギリスなどで行われた．ルウティット（Louttit, C. M.）は，「臨床心理学（Clinical Psychology）」の最初の書物を1936年に出版した．

　臨床心理学者が，専門職として認められ盛んになったのは，第二次世界大戦以後である．第二次世界大戦によって軍隊に心理学の専門家も投入され，臨床的役割や治療的サービスへの関心が増大した．さらに戦争による心理的障害に対処するために多数のメンタルヘルスの専門家が必要になり，それまでの制約が緩められて心理臨床家がサイコセラピーを実践できるようになったのである．さらに政府関係機関からの財政的な援助も得られた．しかしサイコセラピーの実践への道が開かれたものの，臨床心理学には体系的な訓練計画がまだなかった．政府からAPA（アメリカ心理学会）に訓練計画の開発と公表が求められた．そこでシャコー（Shakow, D.）と委員会によってシャコー・レポート（Shakow Report）が1947年に公にされ，1949年の夏に，訓練に関するボルダー会議（Boulder, Colorado）において承認された．これは，ボルダーモデルとして知られている．ボルダーモデルは科学者−専門家モデル（Scientist-Professional Model）といわれ，科学者（研究者）であるとともに実践者であることが求められ，Ph, D.（博士号）を取得するものである．科学的訓練によって，人間行動の基礎的知識を獲得し，査定し，治療的な変化を与え，臨床的サービスを組織的に評価できるようになる．また新しい研究によって，知識の進展とともにスキルがつねに向上することになる．これ以降，このモデルのもとで養成された臨床心理学の専門家が増大した．しかし臨床心理学の実践経験が積まれ，臨床心理学特有の理論と技法でも発展が見られると，しだいに実践者であると同時に研究者であることの問題が出てくるようになった．

そこで1973年にヴェール（Vail, Colorado）で行われた訓練に関する会議では，実践者と研究者は独立に訓練されることが提唱された。これは実務者-専門家モデル（Scholar-Practitioner Model）といわれ，大学院大学や専門職大学院などでPsy, D.（心理学博士）を取得するものである。現在では，このモデルに基づいて養成された心理臨床家が増えてきている。

1-3 わが国における臨床心理学の発展

わが国では，現在（2007年度），「心の専門家」として臨床心理士の資格を取得した者は1万8千人を超えることになった。1982年に設立された「日本心理臨床学会」の会員数も2万人（2007年度）を超えており，今では，わが国で最大規模の心理学関係の学会になっている。ここでは，わが国の臨床心理学の発展の歴史について簡単に述べておく。

1) 黎明期：輸入と試行の時期〔1945年（昭和20年）～1963年（昭和38年）〕　戦後，とくにアメリカから臨床心理学が輸入された時期である。東京や関西に臨床心理学の研究会や学会が設立され，それらが一緒になって1964年6月に「日本臨床心理学会」が発足することになった。

2) 高揚と混乱の時期〔1964年（昭和39年）～1973年（昭和48年）〕
臨床心理学の活動が組織化され，新しい専門職としての地位を確立するための動きが活発になった。しかし臨床心理士の資格認定をめぐって学会内部から批判の声が続出し，しだいに学会自体が紛糾する事態となっていった。

1969年の日本臨床心理学会第5回大会で，臨床心理士の資格認定問題が議題となった。しかし疑義が出て，1971年の第7回大会のシンポジウムはすべて中止になった。こうして組織化と資格認定の動きは停止し，研究活動も低調になり，学会も分裂し混乱することになった。

3) 模索期：事例研究運動の時代〔1974年（昭和49年）～1987年（昭和62年）〕　臨床心理学の活動は，各地で行われることになった。新たに「心理臨床家の集い」が1979年から3年間開催され，これをもとに1982年に「日本心理臨床学会」が設立されることになった。機関誌「心理臨床学研究」が刊行された。この時期は，臨床心理学の研究法として，また心理臨床家の訓練の

方法として事例研究が重視された。

4）**臨床心理活動の展開と社会的認知の時期〔1988年（昭和63年）～2000年（平成12年）〕**　資格制度や教育・訓練などの困難な課題をはらみながらも，ついに「日本臨床心理士資格認定協会」が1988年（昭和63年）3月8日に発足し，臨床心理士の認定が始まった。そして1990年（平成2年）8月1日に文部省から財団法人として許認可を得ることになった。さらに1995年に「スクールカウンセラー活用調査研究委託事業」が開始され，スクールカウンセラーに多くの臨床心理士が採用された。スクールカウンセラーの約9割が臨床心理士であった。この事業は成果を上げて，その拡大がはかられた。1995年の阪神・淡路大震災では臨床心理士が心理援助活動を行って注目され，1996年に厚生省の「エイズ拠点病院カウンセラー設置事業」が始められた。臨床心理士の存在と活動が，社会に認知されるようになったのである。日本臨床心理士資格認定協会では1996年から「大学院指定制」が導入され，臨床心理士の教育・養成に質的向上がはかられることになった。

5）**臨床心理活動の拡大・高度化の時期〔2001年（平成13年）～2007年（平成19年）現在〕**　2001年には全国の公立中学校のすべてにスクールカウンセラーが導入されることが決まった。被害者（災害，犯罪，虐待など）の支援，高齢者やHIV感染者への援助，子育て支援など，さまざまな社会領域で臨床心理士の専門的活動が期待されている。こうした社会の多様な要請に応えるためにも，多数の臨床心理士が求められ，養成システムや教育カリキュラムの拡大・充実が求められている。その新たな動きの一つとして2006年から専門職大学院が設置され始めて，高度専門職業人としての臨床心理士が教育されるようになっている。

1-4　臨床心理学の課題と対象

　臨床心理学の課題と対象を簡単に記述すると，次のようになる（APA, 2005）。
　臨床心理学の専門家は，心理科学，専門的な心理学的実践，人間の福祉を促進するために科学的，専門的知識と技能を生み出し，それらを統合するように

教育され訓練される。

　臨床心理学者は，専門的な臨床実践，研究，教育とスーパーヴィジョン，プログラム開発と評価，コンサルテーション，公益，その他の活動に携わって，個人，家族，グループ，組織の心理的健康を促進する。その仕事には，軽度の適応問題の予防と早期の介入から，障害によって入院が必要となる個人の適応と不適応を扱うまでの広がりがある。

　臨床心理学の実践では，広範な査定と介入の方法を用いて，不快や不適応を軽減させ，メンタルヘルスを促進するために，あらゆる発達水準（幼児から老年まで）の個人およびグループ（家族，同じ病理の患者，組織）と直接に取り組まれる。

　臨床心理アセスメントは，パーソナルな悩みと，パーソナルで社会的な機能不全ならびに仕事上の機能不全の性質，原因，潜在的な影響，そして身体的，行動的，情緒的，神経的，精神的障害と結びつく心理学的要因を決定することにかかわる。査定の手続きとしては，面接や行動の査定を行ったり，知的能力，態度，パーソナルな特徴，障害と関係がある経験と行動の側面を検査して解釈するなどがある。

　臨床心理的介入は，人間の悩みや機能不全の底にある情緒的な葛藤，パーソナリティ障害，精神障害，スキル障害を予防し，治療・修正することが目指される。介入技術としては，サイコセラピー，精神分析，行動療法，マリッジ・セラピーと家族療法，グループセラピー，バイオフィードバック，認知再訓練とリハビリテーション，社会的学習アプローチ，環境構築とデザインがある。介入の目標は，満足，適応，社会秩序，健康の促進である。

　研究の点では，臨床心理学の理論と実践を研究し，臨床心理学の経験的基盤を証明する。コンサルタント，教師，臨床的スーパーバイザーは，学生，他の専門家および非専門家と，臨床心理学知識の基盤を共有する。臨床心理学者はまた，プログラム開発にかかわり，臨床心理学のサービス配給システムを評価し，臨床心理学の領域と関連するあらゆる領域での公益を分析し，開発し，実行する。多くの臨床心理学者は，これらの活動をいくつか結びつけて活躍している。

1-5 人間存在と不適応およびその基準

　人間の存在をどのようにとらえるかは立場によって異なる。人間を全体的にとらえる場合には，生理的次元，心理的次元，社会的次元，実存的次元，さらにスピリチュアルな次元を含めた総体的な全人と見ることができる。しかし実際にはどの次元を重視するかによってかかわり方も異なってくる。臨床心理学の対象になるものとして適応－不適応問題がある。適応は，個人が環境とうまく適合して生きている状態である。適応には，内的適応と外的適応がある。内的適応は，自己を肯定的に受け入れ，充実感に満たされている状態である。外的適応は，社会的場面において他者と協調し，他者から受け入れられている状態である。内外の適応状態の調和をはかることが必要であるが，その調和が崩れるか，ときにはどちらかの適応に偏ることがある。そうすると，不適応状態や不適応行動が見られることになる。

　不適応な状態や行動の基準として，以下のものが挙げられる。
①心理的に不快な緊張状態：長期にわたり慢性的に不安，抑うつ，不機嫌などが見られる。
②認知的な機能不全：外界を正しく認識する能力や知的・社会的効率が低下している状態にある。
③身体的機能の障害：食欲不振，不眠，偏頭痛　高血圧などの精神身体的徴候群が認められる。
④規範や標準からの行動の逸脱：社会的規範からの逸脱や社会秩序を乱し，他人，社会および自分自身の安全を脅かす状態にある。

　これらの基準をもとに①問題とされる状態や行動の程度が，個人や社会の許容範囲を超えていること，②その問題がかなりの程度持続しているか，あるいは持続していくこと，が加わるときに深刻な不適応になる。そして治療や援助の対象になるのである。

1-6　心の積極的健康

　現実生活に適応していれば，そのまま心が健康であるとはいえない。擬似適応や過剰適応ということもあり，とくに心の積極的な健康を考えると，単に現実生活に順応しているとか精神疾患がないというだけでは十分でないだろう。

　たとえば，心の健康の基準として内山ら（1980）は，①心身が十分に機能していること，②環境に適応していること，③自己の可能性を十分に発揮していること，を挙げている。

　またヤホダ（Jahoda, 1958）は，次の6つの基準を挙げている。つまり，①自己への態度（自分をよく知り，偽らない），②成長，発達，自己実現（人間的に成長し，自分の真価を発揮する），③パーソナリティの統合（内部で矛盾・対立がなく，事にあたって自己を見失わず，柔軟かつ客観的に対応できる），④自律性（他人によりかからず，自分で判断し決定できる），⑤外界（現実）の知覚の正確さ（実際の状況を正しく見極め，正しいものの見方ができる），⑥環境の制御（環境に対して適切に，主体的に対応できる），である。

　人間の欲求（動機）の階層説を提出しているマズロー（Maslow, A. H.）は，①生理的欲求，②安全欲求，③所属と愛情の欲求，④自尊（承認）欲求，⑤自己実現欲求，というように階層の下位の欲求が満たされると，より上位の欲求が優勢になるとしている。最上位に自己実現欲求を挙げているが，こうした自己実現している人間の特徴は，表1-1のとおりである。

　さらにマズローは，自己実現欲求の上位に自己超越欲求を設定して，人間性

表1-1　自己実現している人間の特徴（Maslow, 1954）

①現実を正しく見て，適切な行動をとる。	②自己，他人や自然をありのままに受容する。
③自発的で，自然な行動がとれる。	④問題中心の考え方をする。
⑤孤独を求め，プライバシーを尊重する。	⑥自律的で，文化や環境から独立している。
⑦評価がつねに新鮮である。	⑧神秘的経験（大洋感情）を体験する。
⑨暖かい共同社会感情をもつ。	⑩少数の人と親密で深遠な対人関係をつくる。
⑪民主的な性格構造をもつ。	⑫善と悪，手段と目的の識別が明確である。
⑬哲学的で悪意のないユーモアが見られる。	⑭創造性や独創性が見られる。
⑮文化に組み込まれることに抵抗する。	

心理学からトランスパーソナル心理学の領域へと移っていった。超越されるべき人間の条件として，以下のものが挙げられている。

①自己意識の超越，②時間意識の超越，③文化の超越，④過去の超越，⑤利己主義の超越，⑥病気・死・苦悩の超越，⑦束縛からの超越，⑧他人の見解からの超越，⑨超自我からの超越，⑩自己の弱さ，依頼心からの超越，⑪現実の超越，⑫自己の意識からの超越，⑬否定性の超越，⑭空間意識の超越，⑮個人差からの超越，⑯自己の信条からの超越。

これまで臨床心理学者などが，精神的に健康なパーソナリティの理論（モデル）を提出してきている。それらは，ロジャーズ（Rogers, C. R.）の十分に機能する人間，フロム（Fromm, E.）の生産的人間，マズローの自己実現する人間，ユング（Jung, C. G.）の個性化した人間，フランクル（Frankl, V. E.）の自己超越した人間，パールズ（Perls, F.）の"いま，ここ"を生きる人間などである。これらの精神的に健康なパーソナリティ理論の比較が，表1-2に示されている。

東洋の禅に見られる十牛図（牧牛図，廓庵禅師）では，「真の自己」が，自己実現の途上における牛の姿で表わされている。十牛図とは，第一：尋牛，第二：見跡，第三：見牛，第四：得牛，第五：牧牛，第六：騎牛帰家，第七：忘牛存人，第八：人牛倶忘，第九：返本還源，第十：入鄽垂手，である。これらの10枚の絵によって，不完全・有限相対の自己（牧人）が，完全円満・無限絶対の自己の本性（心牛）に目覚め，捕まえ，馴らし，忘れ，完全に人格化する過程と段階が具体的に示されている（図1-3）。

1-7　臨床心理学の活動分野

わが国において臨床心理学の専門家の活動領域としては，以下のものがある。

学校教育（学校教育相談，スクールカウンセラー，心の相談員），大学・研究所（学生相談，心理相談，カウンセリングセンター），病院・医療・看護（精神科，心療内科，小児科），司法・矯正（警察関係，家庭裁判所，少年鑑別所，少年院，刑務所・拘置所，保護観察所，教護院），児童・福祉（児童相談

表1-2 健康なパーソナリティのモデルの比較（Schultgz, 1977を改変）

特徴	オールポート	ロジャーズ	フロム	マズロー	ユング	フランクル	パールズ
動機	未来への指向	実現傾向	生産性	自己実現	個性化	意味	いま，ここ
意識あるいは無意識	意識	意識	意識	意識	両方	意識	意識
過去の強調	無	無	有	無	有	無	無
現在の強調	有	有	有	有	有	有	有
未来の強調	有	無	(?)	(?)	有	有	無
緊張の増大あるいは解消の強調	増大	増大	(?)	増大	(?)	強調	無
仕事の役割と目標	強調	無	(?)	強調	(?)	強調	無
認知の性質	客観的	主観的	客観的	客観的	客観的	(?)	客観的
対人的責任	有	(?)	有	有	(?)	有	無

注：（?）はその理論家が，その点について明らかにしてないか，あるいは著書にその問題について何の議論もないことを示す。

図1-3 十牛図（第一尋牛）

所，社会福祉事務所），企業・産業（産業カウンセリング，研修），高齢者援助，異文化，地域援助，個人開業，などである。

こうした多様な領域で働く臨床心理士に求められる任務として，次のものが考えられる。

① 臨床心理アセスメント：臨床心理検査などの方法によって，クライアントのパーソナリティ全体や病態水準を解明する。また，心理療法などの治療効果を測ることもなされる。
② 臨床心理的面接：個人，家族およびグループのカウンセリング・心理療法などの技法によってクライアントや家族の心理的援助を行う。
③ 臨床心理的地域援助：社会的システムへの心理学的な介入によって，心理的障害の回復を促進するとともに，地域住民の精神的健康を増進するプログラムの開発，実施および評価にかかわる。
④ 臨床心理学的研究：臨床心理アセスメントや心理療法についての事例研究や理論的・実証的研究を行う。
⑤ 臨床心理学の教育と訓練：臨床心理士や心理カウンセラーの養成や訓練の計画の策定，実施およびその効果についての評価を行う。
⑥ 臨床心理学の社会への啓発活動：現代社会の要請に応える努力をするとともに，メンタルヘルスの関係者や一般市民のために心理臨床の仕事に関する情報を提供する。

1-8　臨床心理学の研究と研究法

1-8-1　臨床心理学の研究

心理学研究のあり方をデータの収集－処理の実証的段階に位置づけ，整理したのが，図1-4である（下山，2000）。ここでは研究データを扱うプロセスが，(1) データ収集の場の型，(2) データ収集の方法，(3) データ処理の方法に区分されている。まず (1) データ収集の場の型は①実験，②調査，③実践の3つに分類され，このうち実践型の研究が臨床心理学研究の代表である。実践では，研究対象の現実に介入し，適切な影響を与えるために，現実生活に積極的に関与するようにデータ収集の場を設定し，介入の実践的な有効性を高め

1　臨床心理学の定義と歴史および研究法

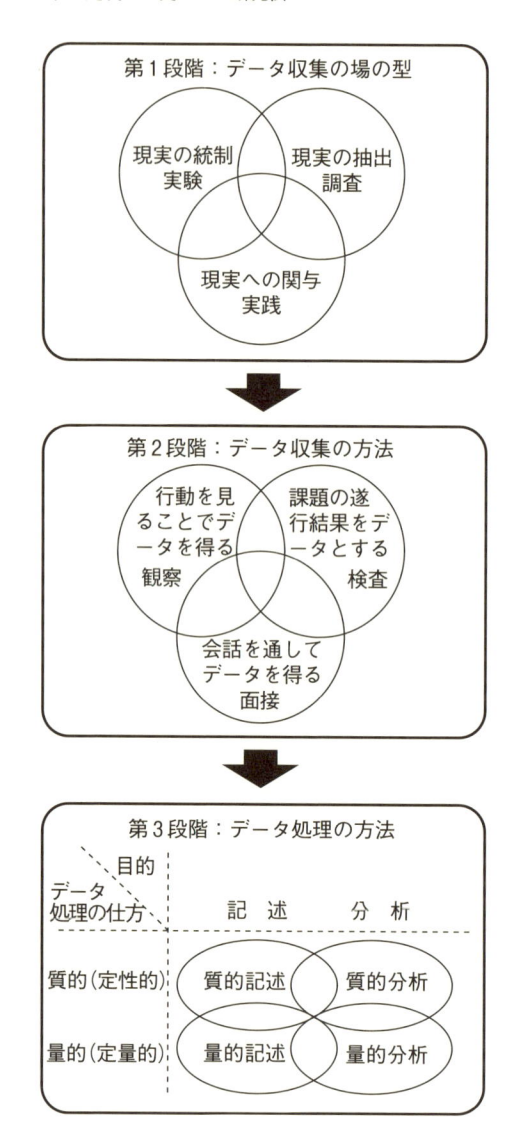

図1-4　心理学研究法の分類（下山，1997より改変）

ることが目指される。(2) データ収集の方法は，①観察法，②検査法，③面接法の3つに分けられる。観察法は，対象の行動を見ることでデータを得る方法

である。検査法は，対象が課題を遂行する結果によってデータを得る方法である。面接法では，対象との直接的な会話を通してデータを得ることになる。
(3) データ処理の方法は，データ処理の仕方（質的と量的）と目的（記述と分析）の組み合わせによって4つに分類される。

　臨床心理学の実践型研究では，臨床実践活動を記述して分析し，その有効性を評価し，方法の改善がはかられる。他の調査型研究や実験型研究とも連携をはかりながら，実践型研究を推進させていくことが必要である。データ収集の方法でも，観察法，検査法，面接法を併用し，統合することが多いと考えられる。観察法には，自然観察法と参加観察法がある。自然観察法は，自然な状況での行動の観察がなされる。参加観察法は，相手にかかわりながら行動の観察がなされる。検査法には，対象の何を検査するかによって知能検査，発達検査，パーソナリティ検査（評定法，目録法，投映法，作業検査法）などがある。面接法は，面接の場の構造化にしたがって，構造化面接法，非構造化面接法，半構造化面接法に分けられる。さらに相談や治療場面では，その対象や目的に応じて受理面接，診断面接および治療面接がある。データ収集の方法には，このほかに調査法（質問紙調査法，面接調査法など）などがある。

1-8-2　法則定立的研究と個性記述的研究

　パーソナリティ心理学者のオールポート（Allport, G. W.）は，人間の研究法を法則定立的研究と個性記述的研究に分けている。法則定立的研究では，人間の行動の法則性，普遍性，一般性を解明することが目指される。一方，個性記述的研究は，具体的な個人の独自性，個別性を浮き彫りにしようとするものである。どちらの研究をより重視するかという点はあるが，人間の理解においてこの両者は対立するものというよりも相補的なものと考えられる。しかし真の法則性はどの個人にも当てはまるだろうし，個別性を深く追求すると人間の普遍性に行きあたると考えられる。これらの研究の中間に位置すると考えられるのが，類型論的研究である。これは，ある典型的な類型（タイプ）の人たちに共通している特徴を明らかにするものである。

1-8-3 質的研究法と量的研究法

心理学研究には，量的研究法と質的研究法がある（表1-3，表1-4）。臨床心理学では，量的研究よりも質的研究が用いられることが多いと思われる。質的研究の特徴として，以下の点が考えられる。

①人が体験していることを，その人自身の内的枠組みから，体験しているままに理解しようとする。
②帰納法である。
③状況や人々を全体として見る。人，状況，集団を変数に変換しない。

表1-3 量的研究法と質的研究法の研究手続きの比較（Kopala & Suzuki, 1999より改変）

量的研究法	質的研究法
1. 参照する心理学の理論を選択する 2. 理論を参照して，特定の仮説を設定する 3. 特定の手続きと方法を計画する 4. 計画を実施して，データを集める 5. 集めたデータを分析し，解析する 6. 仮説が支持されるか棄却されるかの決定を検証する	1. 大まかな問題や関心のあるテーマを見つける 2. 探索的なリサーチ・クエスチョンを発展させる 3. 最初のデータを集め，解釈する 4. 試案的仮説を設定する 5. 追加データを集め，解釈する 6. 試案的仮説を洗練させる 7. さらに追加データを集め，解釈する 8. より特定の仮説を発展させる 9. 理論を生成する

表1-4 量的研究法と質的研究法の比較（Kopala & Suzuki, 1999より改変）

量的研究法	質的研究法
自然科学	人間科学
論理実証主義	現象学・社会構成主義
測定可能な一つの真実	文脈に依存した多数の真実
演繹的	帰納的
仮説の検証	仮説の生成
予測，制御	理解
測定，数量化，部分的・分析的	記述化，叙述化，総合的・全体的
法則性と因果関係の理解，一般性	意味の追求，個別性，独創性
結果志向	発見志向
独立した客観的研究者，対象化	関与的・相互作用的研究者，関係性
実験計画，標準化された尺度	綿密な面接，参加観察
第三者的	当事者的，場，つながり
固定された方法と手続き	流動的で発展的な方法と手続き

④人が，日常の自然な状況の中で，どのように考えたり行動したりするかに関心がある。
⑤人のものの見方，考え，行動，体験は，その人が置かれている立場や地位にかかわらず，研究する価値がある。
⑥研究は，豊かな意味をもっている。その意味は，操作的定義や評定尺度を通して得られるものではない。
⑦どのような状況や集団にも，研究すべき側面がある。
⑧質的研究は技能である。研究の実際の手続きは，技能者である研究者によって工夫しながら遂行される。

こうした質的研究に含まれる研究には，エスノグラフィー，事例研究，現象学的研究，グラウンディッド・セオリー，参加型調査，臨床的研究，フォーカス・グループなどが挙げられる。研究の対象や目的に応じて，適切な方法が用いられることになる。

質的研究では，データ収集と分析が同時に進められる。その時点で生成された仮説やモデルを，特定の現象をより理解するために発展させるようなデータを随時選択していく方法がとられる。次のような基本的な流れにしたがって研究は行われる。

つまり，①大まかな研究上の関心を決定する，②探索的なリサーチ・クエスチョンを設定する，③初期データを収集し，解釈する，④リサーチ・クエスチョンを練り直す，⑤追加データを収集し，解釈する，⑥暫定的な仮説を生成する，⑦追加データを収集する，⑧より特定化された仮説に精緻化する，⑨理論やモデルを生成する，である。

分析の方法には単一の方法があるわけではなく，複数の方法がある。分析法として比較的確立しているのが，グラウンディッド・セオリーである。その分析方法は，(1) 発見として，①データを読み込む，②直観，解釈，アイデアをもらさずに記録する，③浮かび上がるテーマやパターンを探す，④類型化してみる，⑤概念や理論的命題を形づくる，⑥文献を読む，⑦チャート，ダイヤグラム，図をつくる，⑧分析メモを書く，がある。

さらに (2) 解釈の発展や洗練として，⑨ストーリー・ラインをつくる，⑩すべての主要なテーマ，類型化，概念，命題を列挙する，⑪データをコード化

する，⑫コーディング・カテゴリーごとにデータを並べる，⑬データを比較し，分析を洗練させる，がある。

　質的研究が臨床心理学に貢献する点としては，当事者本人の主観的体験の記述，問題状況の背景となる要因の発見，援助実践行動や訓練プログラムの検討などが挙げられている。

1-8-4　事例研究法

　わが国の臨床心理学の発展において調査研究よりも事例研究が重視されてきた。それは事例研究に研究法としてよりも研修や訓練の方法としての意味がかなり強く含まれていたからである。したがって事例研究といっても，内容的には事例報告や事例検討といった方が適していることが少なくなかったのである。

　事例研究では，単一事例か少数の事例が用いられる。特定の事例（個人，現象・事象，グループ，地域など）の個別性を尊重して，その本質性を深く研究しようとするものである。事例研究が意味をもつ条件として，①新しい見解や理論の提示，②新しい技法の提示，③治療や接近が困難な事例の提示，④現行の理論や学説への反証や批判となる事例，⑤稀有な特異事例の提示，といったものが挙げられる。

　単なる事例報告や事例検討にとどまることなく，事例研究が本格的な事例研究として成立するためには，個別事例を徹底的に研究して，そこから一般性や普遍性を抽出していくことが求められる。つまり「個に徹して普遍に至る」という考え方が背後にあるのである。

　事例として取り上げる場合には，複雑な文脈や事態において事例の範囲を特定化することと，その事例が属する集団やカテゴリーを代表する典型例であることなどを考えなくてはならない。心理学研究法として成立するためには，事例の記述と分析を通して，なんらかの新しい抽象的なモデルや理論を構成し，しかもそれを読み手が納得できるような方法論に基づいて提示されなければならない。

　研究テーマに関する先行研究をレビューして，選択した特定の事例を位置づけ，その事例が研究テーマにかかわる質的な代表性をもつ典型例であることを

示すことが重要となる．次にその事例に関する多様なデータを収集・分析し，事例の現実を適切に記述する．さらに事例の現実を理解するための仮説を生成し，収集したデータと突き合わせながら仮説を洗練させ，それを抽象度の高いモデルや理論へと発展させていくことが求められる．

治療事例の場合だと，治療の時間の流れにそって多層的に検討し，意味ある現象や変化を生じさせた要因や，一般的な変化の道筋を明らかにすることになる．これには，単一の治療事例の経過を整理して研究論文にまとめたり，数例の事例を記述して共通する特徴を抽出する研究が含まれることになる．

文　献

Jahoda, M.（1958）*Current concepts of positive mental health*. New York: Basic Books.
河合隼雄（1992）『心理療法序説』岩波書店
Kopala, M. & Suzuki, L. A.（1999）*Using qualitative methods in psychology*. London: Sage Publications.
Maslow, A. H.（1954）*Motivation and personality*. New York: Harper & Row.（小口忠彦監訳（1971）『人間性の心理学』産業能率短期大学出版部）
下山晴彦編著（2000）『臨床心理学研究の技法（シリーズ・心理学の技法）』福村出版
下山晴彦（1997）『臨床心理学研究の理論と実践：スチューデント・アパシー研究を例として』東京大学出版会
下山晴彦（2001）「世界の臨床心理学の歴史と展開」下山晴彦・丹野義彦編『講座臨床心理学1　臨床心理学とは何か』2章　東京大学出版会　pp.27-49.
Schultz, D.（1977）*Growth Psychology: Models of the healthy personality*. New York: Litton Educatioinal Publishing, Inc.（上田吉一監訳（1982）『健康な人格―人間の可能性と七つのモデル―』川島書店）
Sunderg, N. D. & Tyler, L. E.（1973）*Clinical psychology*. New York: Appleton-Century-Crofs.
内山喜久雄他（1980）『企業内メンタル・ヘルス診断システム（JMI）の開発に関する研究』日本心理学会第44回大会発表論文集，789.
上田閑照・柳田聖山（1992）『十牛図：自己の現象学』（ちくま学芸文庫）筑摩書房

2 ライフサイクルと臨床的発達理論

　臨床心理学的な理解や援助活動を有効なものにするためにも，誕生から死まで人の発達の筋道と様相を把握しておくことが求められる。本章では，人間の発達やライフサイクル（人生周期）に関する発達理論を，とくに代表的な臨床的発達理論を中心に述べていく。その多くは，人間の生涯発達やライフサイクルのコースと時期（段階）を設け，その時期に達成すべき特有の発達課題あるいは人生課題があると考えられている。発達上の特定の時期が重視されたり，特定の能力や領域の発達が重視されたりしている。

　なお，特定の能力・領域に着目したものとしては，ピアジェ（Piaget, J.）の認知の発達理論〔①感覚運動的段階（0〜2歳），②象徴的・前概念的段階（2〜4歳），③直観的思考段階（4〜7歳），④具体的操作段階（7〜11歳），⑤形式的操作段階（11歳〜）〕やコールバーグ（Kohlberg, L.）の道徳性の発達段階説〔レベルⅠ慣習以前：⓪道徳観念なし，①罰と服従への志向，②手段的相対主義者への志向，レベルⅡ慣習的：③人間関係における協調への志向，④法と秩序への志向，レベルⅢ脱慣習的（自律的ないし原理的）：⑤社会契約的な遵法主義への志向，⑥普遍的な倫理的原理への志向〕などがある。

2-1　ハヴィガーストの発達段階と発達課題

　発達心理学者のハヴィガースト（Havighurst, 1958）は，役割理論を基礎に6つの発達段階と各段階における課題を設定している。

1) **幼児期（0〜6歳）**　①歩行の学習，②固形の食物をとることの学習，③話すことの学習，④排泄の仕方を学ぶこと，⑤性の相違を知り，性に対する慎みを学ぶこと，⑥生理的安定を得ること，⑦社会や物事についての単純な概念を形成すること，⑧両親，兄弟姉妹および他人と情緒的に結びつくこと，⑨善悪を区別することの学習と良心を発達させること

2) **児童期（約6〜12歳）**　①普通の遊戯に必要な身体的技能の学習，②成長する生活体としての自己に対する健全な態度を養うこと，③友だちと仲良くすること，④男子として，また女子としての社会的役割を学ぶこと，⑤読み，書き，計算の基礎的能力を発達させること，⑥日常生活に必要な概念を発達させること，⑦良心，道徳性，価値判断の尺度を発達させること，⑧人格の独立性を達成すること，⑨社会の諸機関や諸集団に対する社会的態度を発達させること

3) **青年期（約12〜18歳）**

同輩グループ　①同年齢の男女との洗練された新しい交際を学ぶこと，②男性として，また女性としての社会的役割を学ぶこと

独立性の発達　③自分の身体の構造を理解し，身体を有効に使うこと，④両親や他の大人から情緒的に独立すること，⑤経済的な独立について自信をもつこと，⑥職業を選択し，準備すること，⑦結婚と家庭生活の準備をすること，⑧市民として必要な知識と態度を発達させること

人生観の発達　⑨社会的に責任のある行動を求め，それをなし遂げること，⑩行動の指針としての価値や倫理の体系を学ぶこと

4) **壮年初期（約18から30歳まで）**　①配偶者を選ぶこと，②配偶者との生活を学ぶこと，③第1子を家族に加えること，④子どもを育てること，⑤家族を管理すること，⑥職業に就くこと，⑦市民的責任を負うこと，⑧適した社会集団を見つけること

5) **中年期（約30から55歳まで）**　①大人としての市民的・社会的責任を達成すること，②一定の経済的生活水準を築き，それを維持すること，③十代の子どもたちが信頼できる幸福な大人になれるよう助けること，④大人の余暇活動を充実すること，⑤自分と配偶者とが人間として結びつくこと，⑥中年期の生理的変化を受け入れ，それに適応すること，⑦年老いた両親に適応する

こと

6）**老 年 期（約55歳以降）**　①肉体的な力と健康な衰退に適応すること，②隠退と収入の減少に適応すること，③配偶者の死に適応すること，④自分の年頃の人々と明るい親密な関係を結ぶこと，⑤社会的・市民的義務を引き受けること，⑥肉体的な生活を満足におくれるように準備すること

2-2 ニューマン＆ニューマンの発達段階と発達課題

ニューマン＆ニューマン（Newman & Newman, 1975, 1979, 1981）は，エリクソン（Erikson, E. H.）の発達理論を援用して，生涯発達の発達段階（10段階）と発達課題を次のようにとらえている。

1）**胎生期（受精～誕生）**
2）**乳児期（誕生～2歳）**　①社会的愛着，②感覚運動的知能と原始的因果律，③対象の永続性，④感覚的・運動的機能の成熟
3）**歩行期（2～4歳）**　①移動能力の完成，②空想と遊び，③言語の発達，④セルフコントロール
4）**学童前期（5～7歳）**　①性の同一視，②具体的操作，③初期の道徳性の発達，④集団遊び
5）**学童中期（8～12歳）**　①社会的協力，②自己評価，③技能の習得，④チームプレイ
6）**青年前期（13～17歳）**　①身体的成熟，②形式的操作，③情動の発達，④仲間集団における成員性，⑤異性関係
7）**青年後期（18～22歳）**　①両親からの自立，②性役割同一性，③道徳性の内在化，④職業選択
8）**成人前期（23～34歳）**　①結婚，②出産，③仕事，④ライフスタイル
9）**成人中期（35～60歳）**　①家庭の運営，②育児，③職業の管理
10）**成人後期（61歳～）**　①老化にともなう身体的変化に対する対応，②新しい役割へのエネルギーの再方向づけ，③自分の人生の受容，④死に対する見方の発達

2-3　レヴィンソンの成人期の発達段階

　成人期，とくに成人前期と中年期の発達についての研究は，レヴィンソン（Levinson, D. J.）によって行われている（図2-1）。
1) **児童期と青年期（～17歳）**
2) **成人前期（17～40歳）**
　①**成人への過渡期：未成年期から成人前期への移行（17～22歳）**　　未成年時代の自分の修正。自分にとっての重要な人物・集団・制度などとの関係の修正か終焉。おとなの世界の可能性の模索。成人としての最初のアイデンティティの確立。成人の生活のための暫定的選択と試行。
　②**成人期最初の生活構造：おとなの世界へ入る時期（22～28歳）**　　自己

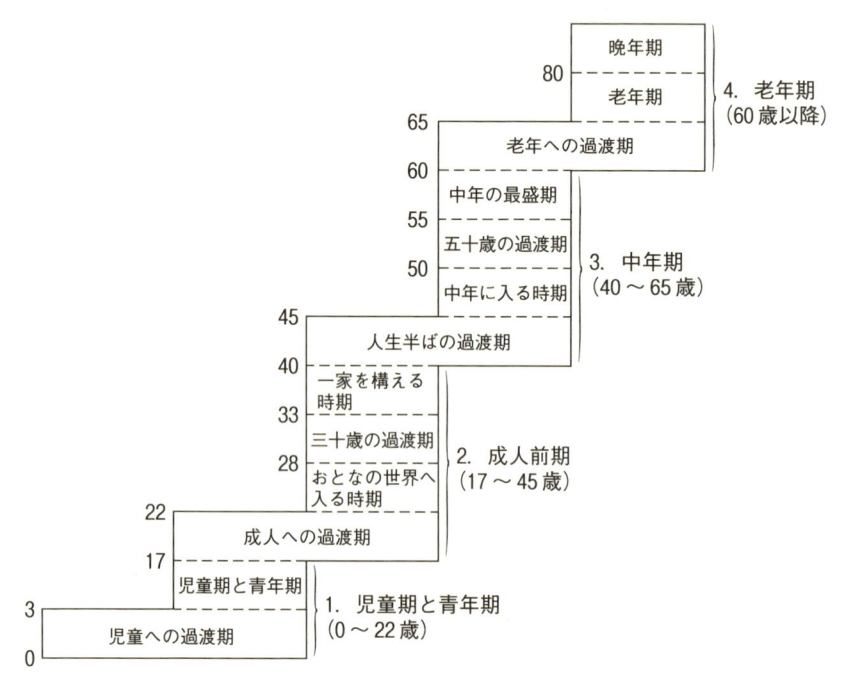

図2-1　レヴィンソンの男性のライフサイクル（とくに成人前期と中年期の発達段階）
（Levinson, 1978を改変）

とおとなの社会との間を結びつける暫定的な生活構造をつくる。社会の中での可能性を模索する，安定した生活構造をつくる，この2つの課題のバランスをとること。

③**30歳の過渡期：成人期最初の生活構造を変える（28～33歳）**　真剣で満足のゆく，現実に即した生活構造の修正。新しい生活構造の設計。ストレスに満ちた重要な転換点（30歳代の危機）。

④**成人期第二の生活構造：一家を構える時期（33～40歳）**　成人前期の最盛期（生活構造の中心となる要素に全力を注ぐ）。社会に自分の適所を確立しようとする。広い意味での成功を目指して努力する。向上の階段（社会的地位，収入，権力，名声，創造性，家庭生活の質，社会的貢献など）をのぼる。一本立ちする時期。

3）**中年期（40～60歳）**

①**人生半ばの過渡期：成人前期から中年期への移行（40～45歳）**　自己内部で戦い，外の世界との戦いのとき。4つの両極性（対立）の解決（若さと老い，破壊と創造，男らしさと女らしさ，愛着と分離）。個性化。これまで潜在していた面を発揮する形で生活構造（職業，夢，若者の良き相談相手と父親役，結婚生活）を修正する。体力の衰えへの直面。

②**中年に入る時期：新しい生活構造を築く（45～50歳）**　安定感の増大。成熟と生産性。生活への満足感。

③**50歳の過渡期（50～55歳）**　現実の生活構造の修正。転換期。

④**中年の最盛期：中年期第二の生活構造を築き上げる（55～60歳）**　安定期。目標の成就。中年期の完結。

4）**老年期（60歳～85歳）**

①**老年への過渡期（60～65歳）**　老年期に向けての生活設計。

②**老年期（65～80歳）**　社会や自分自身とのかかわりに新しい形のバランスを見つける。

③**晩年期（80歳～）**　生と死に新しい意味を与える。自己との折り合い。

2-4 精神分析学派の発達理論

　フロイト（Freud, S.）が創始し，体系化されてきた精神分析は，パーソナリティ理論の研究法であり，精神障害の治療法であり，かつ心理学および精神病理学の理論体系でもある。フロイトとそれ以後の精神分析的パーソナリティ理論ではその強調の置き方が変わってきているが，無意識過程，心的決定論，構造論，本能論，発生論的接近，心理力動論などがその特徴である。フロイトの思想は，精神医学，心理学などの領域に大きな影響を与えている。フロイト以後，後継者たちがさまざまな理論や技法を発展させてきている。新フロイト派や自我心理学派のほかに，イギリスではクライン（Klein, M.）の対象関係論が，アメリカではコフート（Kohut, H.）の自己心理学が，その後の精神分析の発展に大きな影響を与えている。

2-4-1　フロイトの精神分析と心理・性的発達理論
　フロイトによると，パーソナリティはイド（id，またはエス），自我（エゴ）および超自我（スーパーエゴ）から構成され，相互に作用しあう。イドは本能的な性的エネルギーのリビドー（libido，ラテン語で肉欲の意味）の源であり，快楽原則（不快を避けて快を求める）にしたがって即時的な欲求の満足を求める。自我はイドから分化して，外的現実と直接の接触をもつ唯一の構造である。外界，超自我，イドとの調整機能をはたし，現実原則にしたがって行動を統制し衝動の満足を延期させる。現実適応をはかる，いわばパーソナリティの執行機関である。この調整が困難で不快をきたすだろうと知覚すると，その信号として不安を体験し，自我は無意識過程で一連の防衛機制を働かせてパーソナリティの統合をはかろうとする。超自我は自我からさらに分化し，主に両親のしつけを通して価値観や社会的規範が内面化して形成される。イドの性的・攻撃的な衝動を禁じる良心と，努力目標の行動基準を提供する理想自我を含んでおり，自我に対する裁判官のようなものである。イドはまったくの無意識であり，自我と超自我は意識の3つのレベル（無意識，前意識，意識）で働くとされている。

フロイトは，とくに乳幼児期（5歳まで）の経験がパーソナリティの基礎的な形成に決定的な役割をはたすと考えた。リビドーが身体のどの部位で快感や満足感を得るかによって心理性的発達理論を提唱している。すなわち口唇期，肛門期，男根期，潜伏期，思春期・性器期という5つの心理・性的段階を経て発達し，これに対応して口唇期的パーソナリティ，肛門期的パーソナリティ，男根期的パーソナリティ，性器的パーソナリティが取り上げられている。

1) 口唇期 誕生から約12ヶ月までである。この時期には，リビドーの性的エネルギーは，口とその周辺（口唇，舌など）に集中する。快感は，吸う，なめる，噛む，飲み込むという活動から得られる。この時期には，食物を取り入れるのとかみくだく段階がある。口唇欲求が適切に満たされないとか過度に満足されると，いわゆる固着が起こる。

2) 肛門期 1歳〜3歳までである。12ヶ月〜18ヶ月頃に向けて，腸や袋状組織をコントロールする親の圧力に直面する。リビドーの焦点は，口から肛門にかわる。幼児は排泄物に興味を示す。それまでの受身さと無力さから積極性と独立性にかわり，肛門括約筋の統制と親からの独立を成し遂げる。親のトイレット・トレーニングの仕方（厳しすぎるか，ルーズすぎるか，気にしすぎる）によって，この段階に固着が起こる。

3) 男根期 3歳〜5歳である。リビドーの焦点は，性器（男児はペニス，女児はクリトリス）に移る。無意識の性衝動が発達し，性器いじりと自慰が増大する。男児は母親との近親姦的願望を発達させ始め，エディプス・コンプレックスと呼ばれる。ギリシャ神話のエディプスは父を殺し，知らずに母と結婚した。女児は父親に無意識の性的願望を抱くが，エレクトラ・コンプレックスと呼ばれる。女児は男児との解剖学的な違いを発見し，自分が不完全な存在だと感じ，男根羨望を経験する。エディプス・コンプレックス（エレクトラ・コンプレックス）の解決の成功が，心理・性的発達とその後のパーソナリティ発達の重要な側面である。不適切な解決は，大人の神経症的問題を引き起こす。異性の親に対する性的願望は，同性の親への無意識の嫉妬と敵意とともに，同性の親との同一視のプロセスによって部分的になし遂げられる。男児はさらに去勢不安の発達に助けられる。つまり，女児は母親に性的願望をもつことで罰として父親に去勢されたという空想によって，そうならないように母親

への性的衝動を弱める。このようにエディプス・コンプレックス（エレクトラ・コンプレックス）は，①異性の親への愛着，②同性の親への敵意，③去勢不安（処罰への恐怖）から構成される。なお，エディプス・コンプレックスは西洋的なものとして，古沢平作が日本人的な阿闍世コンプレックスを提出している。

　4）潜伏期　　5歳から思春期までは，性的衝動が弱まり，比較的不活発になる。静かに学び，成長していく。

　5）性器期　　思春期の身体的変化によって初期の性的衝動がよみがえり，新しい段階が始まる。つまり11～13歳から成人期までの時期で，安定したパーソナリティ発達の最後の段階に至る。この時期には退行の無意識的過程によって，エディプス・コンプレックスとエレクトラ・コンプレックスの近親姦的衝動がふたたび再燃する。これらのコンプレックスは，同輩の異性に性的関心を移すことで解決される。独立した大人の機能が発達し始め，この時期には，親密な関係を確立することが重要である。成功的な性器期は，結婚と養育という大人のパターンの中にじょじょに消えていく。

2-4-2　ユングの分析心理学と発達理論

　ユング（Jung, 1921）は，フロイトと決別して分析心理学を発展させた。心的エネルギーであるリビドーが精神内界に向けられるか，外界の人間や事物に向けられるかによって2つの基本的な心的態度（内向性と外向性）と4つの心的機能（思考，感情，感覚，直観）を主唱した。優位な心的態度と心的機能との組み合わせによって内向的思考型，外向的感情型というように8種類のパーソナリティ類型を考えた。

　自我（エゴ）は意識の中心であり，自己（セルフ）は意識と無意識の全体の中心であると考えた。また，無意識を個人的無意識と集合的（普遍的）無意識に分け，後者は人類の発生以来の，人間に普遍的な精神活動の遺産であるとした。その内容は，神話やおとぎ話，夢，精神病者の妄想，未開人の心性などに共通に認められるものである。人間の集合的無意識の内容を表現する中に共通した基本的な型を元型（アーキタイプ）と呼び，とくに重要なものとしてペルソナ，シャドー（影），グレートマザー（太母），アニマ（男性の中の女性的要

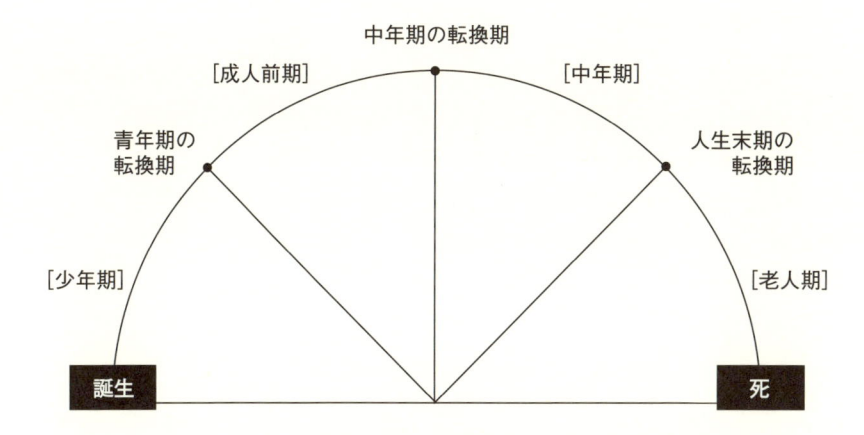

図2-2　ユングのライフサイクル論（Staude, 1981を改変）

素）とアニムス（女性の中の男性的要素），老賢者，セルフ（自己）などがある。

　一貫したライフサイクルの概念を取り上げたのは，ユングが最初である。ユングはとくに「人生の後半」における成人の発達に着目し，ライフサイクルを少年期，成人前期，中年期，老人期の4段階に分け，太陽の運行になぞらえた（図2-2）。少年期（最初の4半期）と老人期（最後の4半期）は，比較的問題がない時期である。少年・少女は自分自身の問題性をまだ意識することができず，老人は自分の意識状況に無頓着になり，この時期はいずれも無意識な心的なものの中に浸っている。むしろ問題とするのは，まわりの他人や人々である。問題となるのは，成人前期と中年期である。最大の危機は，中年期の転換期（40歳前後）に訪れるとした。根本的な内面的変化を求める機会は，上昇していた太陽が正午12時に絶頂に達し，下降が開始するときに訪れるのである。人生の午前には生が拡大していくが，午後には生は縮小せざるを得なくなり，やがて消滅する。つまり危機は「人生の正午」である40歳に始まり，その以後の「人生の午後（後半生）」にわたって進行する発達過程は個性化と呼ばれている。

2-4-3　サリヴァンの対人関係理論

　アメリカで発展した新フロイト派のサリヴァン（Sullivan, 1953）は，パーソ

ナリティを「反復生起し，個人の生活を特徴づける対人的な場の比較的恒常的なパターン」と定義し，パーソナリティの対人関係理論を展開した。対人関係の中で安全と満足の欲求の充足が追求され，自己体系（自己システム）の発達とともにパーソニフィケーション（personification，個人が自己および他者に対してもつイメージ）が進んでいくと論じている。サリヴァンは，思春期における親密な同性関係〔チャム（chum）関係〕を重視している。この親密な同性同輩関係をもとにして異性関係に移行することができるのである。

2-4-4　エリクソンの心理・社会的発達理論

　自我心理学派に属するエリクソン（Erikson, E. H.）は，個人を個人たらしめるアイデンティティ（あるいは同一性）の概念を中心に，パーソナリティの漸成的発達理論を主唱している。これは，フロイトの心理・性的発達理論をふまえて，そこに社会文化的観点とともに主体としての自我の統合機能が重視されている。パーソナリティの発達を8つの発達段階からなるライフサイクル（人生周期）としてとらえ，各段階に特有な心理・社会的危機の克服を通してなし遂げられていくと主張した（表2-1）。各段階から次の段階への移行は危機的であるために，人生課題をうまく達成できない場合には，さまざまな適応上の問題が生じることになる。

　1）乳児期（口腔感覚器）　　母親の世話を受ける中で自己と世界に対する基本的信頼感を獲得することが課題であり，これに失敗すると，不信感に特徴づけられた自己になる。

　2）幼児期初期（筋肉肛門期，〜3，4歳頃）　　トイレット・トレーニングによる諸活動の中で自律性を獲得するが，これに失敗すると恥・疑惑の感情が子どもの心に植えつけられる。

　3）遊戯期（運動性器期，〜5，6歳頃）　　この時期は性器の感覚と歩行による活動範囲の拡大に特徴づけられ，自主性の獲得が課題である。これに失敗すると，子どもは両親への性的関心に対する罪悪感を無意識にもつようになる。

　4）学童期（潜伏期，〜11，12歳頃）　　学校でのさまざまな活動を通して勤勉性を身につけることが課題であり，この課題に失敗した場合には劣等感を

表2-1 エリクソンの心理・社会的発達理論 (Erikson, 1982)

発達段階	A 心理・性的な段階と様式	B 心理・社会的危機	C 重要な関係の範囲	D 基本的強さ	E 中核的病理 基本的な不協和傾向	F 関連する社会秩序の原理	G 統合的儀式化	H 儀式主義
I 乳児期	口唇-呼吸器的, 感覚-筋肉運動的 (取り入れ的)	基本的信頼 対 基本的不信	母親的人物	希望	引きこもり	宇宙的秩序	ヌミノース的	偶像崇拝
II 幼児期初期	肛門-尿道的, 筋肉的 (把持-排泄的)	自律性 対 恥, 疑惑	親的人物	意志	強迫	「法と秩序」	分別的 (裁判的)	法律至上主義
III 遊戯期	幼児-性器的, 移動的 (侵入的, 包含的)	自主性 対 罪悪感	基本家族	目的	制止	理想の原型	演劇的	道徳主義
IV 学童期	「潜伏期」	勤勉性 対 劣等感	「近隣」, 学校	適格	不活発	技術的秩序	形式的 (技術的)	形式主義
V 青年期	思春期	同一性 対 同一性の混乱	仲間集団と外集団；リーダーシップの諸モデル	忠誠	役割拒否	イデオロギー的世界観	イデオロギー的	トータリズム
VI 前成人期	性器期	親密 対 孤立	友情, 性愛, 競争, 協力関係におけるパートナー	愛	排他性	協力と競争のパターン	提携的	エリート意識
VII 成人期	(子孫を生み出す)	生殖性 対 停滞性	分担する労働と共有する家庭	世話	拒否性	教育と伝統の思潮	世代継承的	権威至上主義
VIII 老年期	(感性的モードの普遍化)	統合 対 絶望	「人類」「私の種族」	英知	侮蔑	英知	哲学的	ドグマティズム

抱くようになる。

　5) **青年期 (12歳〜　)**　　自我同一性の獲得が課題であり, 達成には性的同一性や人生観の達成, さまざまな役割の試み, 将来に対する見通しと分化をある程度もつことなどが必要である. 自我同一性の確立に失敗すると, 自分が何者かわからない同一性の拡散状態に陥る.

　6) **前成人期 (若い成人期)**　　友人や配偶者などとの関係の中で親密さを

獲得することが課題となる．自己や他者との親密さを形成できないと，人間関係が表面的になり，孤立に陥る．

 7）**成人期（壮年期）**　自分の子どもをはじめとした後続の人間を育成するという次世代への生殖性の達成が課題である．この課題に失敗すると，停滞性に陥る．

 8）**老年期（円熟期）**　それまでの人生を振り返り，それを受容し，統合することが課題となり，これに失敗した場合には絶望感を抱くことになる．

その後，第九段階の人生課題として，老年的超越性（gerotranscendence），つまり物質的・合理的な視点からより神秘的・超越的な視点への移行が提案されている．

エリクソンのモラトリアム，同一性拡散，否定的同一性などの概念は，現代青年を理解するのに有効なものだとされた．また，パーソナリティ形成における歴史との出会いを重視する「心理史」というパーソナリティへの新しいアプローチのさきがけにもなっている．

とくに青年期における同一性（アイデンティティ）の確立が重視されたが，青年が危機と傾斜（関与）をどのように経験しているかによって，自我同一性地位として，①同一性達成②早期完了③モラトリアム④同一性拡散（危機前拡散，危機後拡散）がある．

同一性拡散症候群の特徴としては，①時間的展望の喪失と拡散②自己同一性の過剰な意識化③否定的同一性への逃避と選択④活動性の停滞と麻痺⑤性的同一性の混乱⑥指導的役割や従属的役割の遂行不能⑦人生観や理想像の混乱，がある．

時代や社会の変化とともに，モラトリアムにも変化が指摘されている．古典的なモラトリアムの特徴は，①半人前意識と自立への渇望，②真剣かつ深刻な自己探求，③局外者意識と歴史的時間的展望，④禁欲主義とフラストレーション，であった．しかし現代のモラトリアムは，①半人前意識から全能感へ，②無意欲・しらけ，③禁欲からの解放，④自己直視から自我分裂へ，⑤修行感覚から遊び感覚へ，⑥同一化（継承者）から隔たり（局外者）へ，が特徴であるとされている．

2-4-5　マーラーの精神発達の分離－個体化理論

　マーガレット・マーラー（Mahler, M. S.）は，3歳頃までの乳幼児の主観の中の自己像，対象像の形成過程を実証的に解明した（表2-2）。心理学的誕生は，徐々に起こる精神内界のプロセス（分離─個体化プロセス）である。安定した自己表象と対象表象をもち，母親から離れていられるようになる過程である。母親から離れているという感覚（分離）と母親から離れていられる能力（個体化）の2つの路線で進む。

　1）正常な自閉期（1，2ヶ月）　　胎生期の名残りで，卵の中にいるように，刺激障壁で外界の刺激から護られている。幻覚的な全能感に満たされている。

　2）正常な共生期（0～3，4ヶ月）　　欲求充足的対象である母親と2者単一体として共生圏の中で融合していると感じている。母親に絶対的に依存し，この時期での安心感の獲得が，その後の分離・個体化の基盤となる。

　3）分離・個体化期

　①分化期（5～8ヶ月）　　融合世界から孵化して，母親を非自己としてとらえ始める。母親を他の人と見比べたり，母親の顔や衣類，アクセサリーなどを探索する。人見知り反応が起きる。

　②練習期（9～14ヶ月）　　認知能力および身体能力の発達に基づき，母親のそばを離れ自由に動き始める時期である探索へのエネルギーが増大し，「世界との浮気」を行う。しかし，母親が不在であると，子どもの気分は低下する。そこで母親から「情緒的エネルギーの補給」が行われ，そのためには母親の情緒応答性が重要であり，母親が基地としての役割をはたすようになる。移行対象（母親と共にいる表象を維持できるもの）が出現するようになる。

　③再接近期（15～24ヶ月）　　母親との分離が意識され，分離不安が生じる。母親に再接近し，「しがみつき」が起こる。母親への接近が起こると，呑み込まれる不安が生じる。「飛び出す」ことが見られる。「しがみつき」と「飛び出し」の両価傾向が見られる。そのために，再接近期危機（混乱，かんしゃく，強情）が生じることになる。共生的な万能な自己愛が傷つくことになり，それは自己価値の傷つきであり，自己調節が難しくなる。母親と適切な距離（関係調節）のとり方が難しく，母親も情緒的対応が難しい。子どもは，象徴的遊び，言語，父親との関係などを通して徐々に解消していくことになる。

表 2-2 マーラーによる乳幼児期の分離―個体化 (前田, 1985)

年齢	発達期			状　　態	他の概念
1〜2月	正常な自閉期			自己と外界の区別がない	未分化段階 (Hartmann)
4〜5月	正常な共生期			自己の内界（あいまいなもの）へ注意 ↓ 緊張状態では外界へ関心を払う	欲求充足的依存期 (A.Freud) 前対象期 (Spitz) 3ヵ月無差別微笑
8月	分離・個体化期	分化期		母の顔，衣服，アクセサリーなどへの手さぐり（外界へ興味） 受身的な〈いない いない バァー〉	一時的自律自我 移行対象 (Winnicott)
10〜12月		練習期	早期練習期	母親の特定化 はいはい，おもちゃへの関心 一時的に母から離れる―触れる	8ヶ月不安 (Spitz) 情緒的補給 (Furer)
15〜18月			固有の練習期	気分の高揚―自分の世界に熱中 ・積極的な〈いないいないバァー〉 ・母を忘れるが，時折，母に接近し補給する。よちよち歩き 気分のおちこみ，分離不安	母を離れて世界との浮気 　　　　　　(Greenacre) イメージすること (Rubinfine)
25月		再接近期		積極的に母に接近―後追い 　　　　　　（まとわりつき） とび出し （母は自分を追いかけてくれる） 言語による象徴的接近 　　　　　　（象徴的プレイ） 〈世界の征服〉	肛門期 (Freud) 快感原則から現実原則へ 記憶早期能力 (Piaget)
36月		個体化期		現実吟味・時間の概念 空想と言語の交流 建設的あそび―他の子へ関心 反抗	対象表象の内在化
+α月	情緒的対象恒常性			対象恒常性の萌芽 対象と自己の統合 ↓ 全体対象へ	

④個体化期（24～36ヶ月）　自律的自我機能が内在化し，母親不在への耐性が獲得されるようになる。

4）情緒的対象恒常性　36ヶ月以降は，「自己」表象と「他者（対象・母親）」表象が全体的なまとまりをもって成立する。同一人物の「良い」面と「悪い」面が統合たれるようになる。恒常性をもった自己および対象表象の内在化が生じてくる。こうして情緒的対象恒常性（情緒的に安定した母親像を心の中にもつことができる状態）が獲得される。なお，ブロス（Blos, P.）は，思春期を第2の分離－個体化と考えて，思春期発達論を提出している。

2-4-6　クラインの対象関係的発達論

対象関係論の基礎を築いた英国のメラニー・クラインは，遊戯療法を利用した児童分析，発達早期の対象関係および防衛機制について重要な理論を構築し，精神分析の発展に重要な役割をはたした。自我のない乳幼児（3歳以下の子ども）への精神分析的解釈は無効であり，両親への教育的ガイダンスを充実させるべきだとするアンナ・フロイト（Freud, A.）と，乳幼児でも幻想的な対象関係を取り結ぶ能力（妄想－分裂ポジション）をもつと主張するクラインとの論争は有名である。二人の論争のポイントは，他者・言語を認識する子どもの精神機能（原初的世界観）がどの段階で生まれるか，にあった。

1）妄想－分裂ポジション（態勢）（0～3, 4ヶ月）　生後間もない乳児は外界に無意識的幻想を投影し，攻撃性や破壊性といった幻想を投影した外的対象を取り入れている。乳児は前言語的な心的生活を営んでいて，母親・乳房などの外的対象をさまざまな側面をあわせもった全体的対象として認識することができない。

2）抑うつポジション（態勢）（3, 4ヶ月～12ヶ月）　「良い乳房・良い母親」と「悪い乳房・悪い母親」に分裂（分割）していた部分対象が統合され，全体的対象になる。思考・感情・欲求・解釈の精神機能をもつ主体としての自己の存在に気づき，乳房をもつ母親にも「自己と同等の人格性・意識性・主体性」が存在することに気づくようになる。全体対象に対する共感や思いやりの感情が生じてくる。とくに「良い乳房」と「悪い乳房」が統合されると全体対象になることで，自分がかつて攻撃し破壊しようとしていた悪い乳房が良い乳

房と同一のものであることに気づき、後悔の念を覚え、抑うつ感につながる悲哀感情を抱くようになる。このポジションにおける主な恐怖として、「内的な迫害者による自我の破壊の恐怖」と「愛する対象を喪失する恐怖（見捨てられ恐怖）」がある。

2-4-7 ウィニコットの対象関係的発達論

対象関係論独立学派のウィニコット（Winnicott, D. W.）は、乳幼児の母子の関係性を軸にした発達論を考えた。発達早期の母子関係の発達を、依存性の強弱の程度によって理論化しようとした。母子関係の発達理論は、絶対的依存期（0歳～6ヶ月頃）、移行期（6ヶ月～1歳頃）、相対的依存期（1歳頃～3歳頃）、独立準備期（3歳以降～）の4つの発達段階によって構成されているが、発達段階が進むにつれて母親（養育者）への依存性と密着度が弱くなっていき、外部世界の対象や出来事へと注意・関心が移行していく（表2-3）。

新生児は完全に無防備で、生命を維持する自律的能力をもたないから、母親（養育者）の全面的な保護や世話を必要として母親に絶対的に依存せざるを得ない。母親は精神的な過敏性が見られ、子どもと自他未分離な状態にあることが多く、盲目的に育児行動に没頭する傾向が見られる。絶対的依存期における母親の心理状態は、原初的没頭と呼ばれる。

表2-3 ウィニコットの発達理論（前田，1985を改変）

発達過程	内　容	病　理
1. 絶対的依存期（0～6ヶ月） （本人の意識を超えた受身的依存）	自他未分化―母子合体 破滅不安と抱っこ機能 〔母親の原初的没頭〕	・精神病的欠陥 ・幼児統合失調症 ・青年期の精神病的障害
2. 移行期（6ヶ月～1歳）	移行対象	
3. 相対的依存期（1歳～3歳） 　(1) 依存（自分の欲求を知っている依存） 　(2) 依存―独立の混合 　(3) 依存―独立の葛藤	自他分化 依存を通して母親と同一化 〔ほど良い育児―手をぬくこと〕	・躁うつ病 ・反社会的性格 ・病的な依存傾向 ・反抗、暴力の爆発
4. 個としての独立期（3歳～）	二者関係から三者関係へ 　（競争、嫉妬） 一人でおれること、思いやり、遊び（創造性）〔社会性と自律性〕	・男（女）として、親としての責任がとれないこと

完全に無力で自分では何もできなかった乳児も，時間が経過して心身機能が発達してくると，自分で食事をしたり移動したりすることができるようになる。自分で自分の身の回りの世話ができる自律性や，母親がいないときの不安感を耐える対象恒常性が確立してくると，段階的に母親への依存性の度合いが弱くなっていき，一人で遊ぶ時間を楽しむ様子が見られるようになってくる。母親への依存性が弱まって相対的依存期の発達段階に達すると，外的世界への興味や関心が増してきて，近い将来に訪れる分離・個体化期の不安や恐怖を克服する心理的準備が進んでいく。

2-4-8　コフートの自己心理学の自己発達論

　ハインツ・コフート（Kohut, H.）は，ナルシズムの発達を中心に自己形成論を展開し，内省と共感を強調した精神分析的自己心理学を提唱した。自己の発達は，図2-3のように示されている。

　1）**断片的自己期（0～6ヶ月）**　　出生前後からすでに親が，子どもに対してもっている気持ちは，実質自己と呼ばれる。乳児の自己はバラバラで，自分の身体の一部（指など）さえ自己に所属するものと知覚されない。乳児は，まとまった自己についての考えなどをもっているわけではないので，こうした自己の状態を推論して断片的自己期とした。

　2）**凝集自己期（6ヶ月～3歳前後）**　　このような自己に対しても母親が○○ちゃんと呼びかけることにより，実質自己は存在するように反応する。こうした母親の反応が子どもの自己感を促し，バラバラ自己は凝集した自己に成長する。断片的自己がしだいに凝集してくると，中核となる自己（中核自己）をつくりあげる。このような状態の自己は，外界からの感受性と同時に内なる自発性の中心をなすものである。この時期は生後6ヶ月から3歳前後頃までであるが，未熟な自己は，次の3つの欲求をもっている。

　①自己を誇示し，見せびらかしたいという欲求である。こうした自己の側面は，誇大自己という。この欲求を受け止め，母親が表情の中に映し出してやり，賞賛の声を送ることで子どもは満足される。こうした鏡映的な自己対象関係において，共感が得られると，子どもは自信を示し，自己をよく表現するようになる。共感が得られないと，自分にも他人との関係も落ち

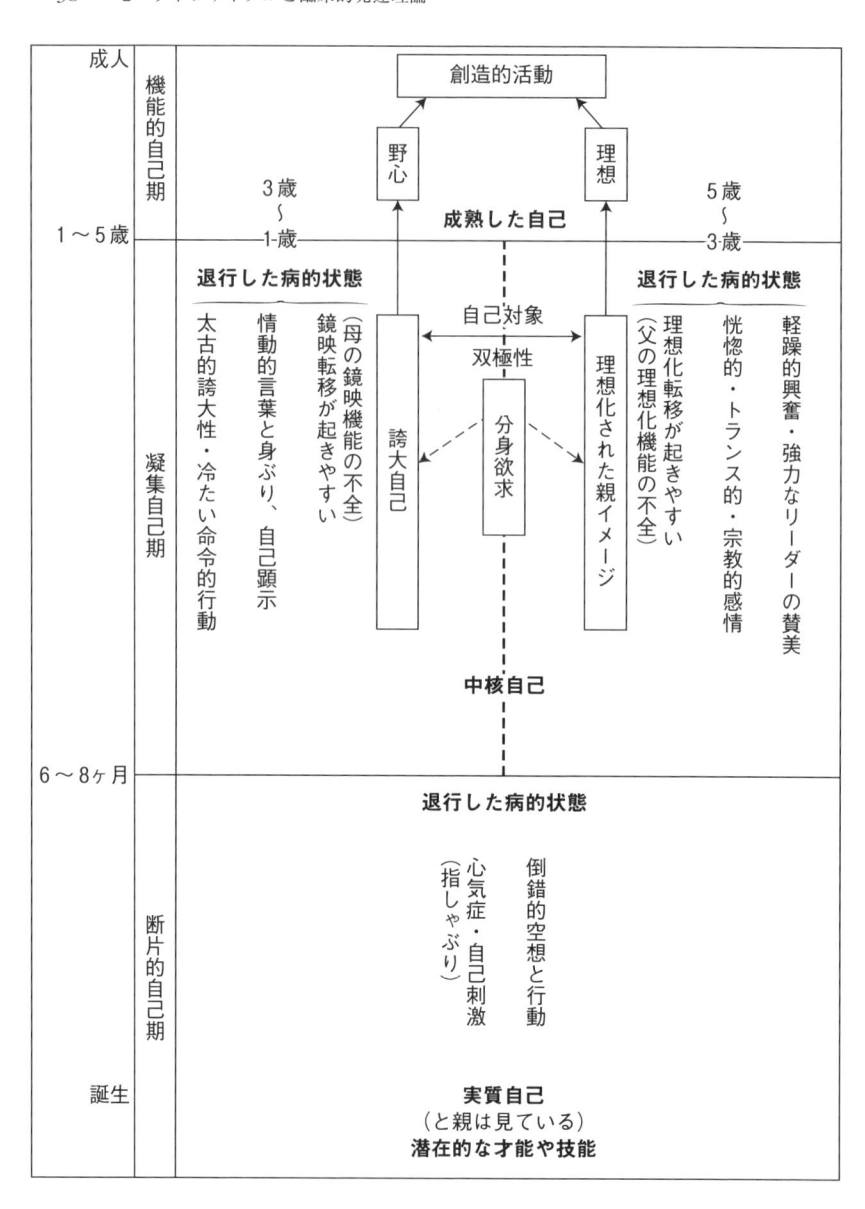

```
成人 ┐                    ┌ 創造的活動 ┐
     │ 機能的自己期         ↑          ↑
     │                   野心       理想
     │              3歳              5歳
     │              〜               〜
1〜5歳┤              1歳   成熟した自己  3歳
     │      退行した病的状態              退行した病的状態
     │   太 情 (                自己対象            理 恍 軽
     │   古 動 母                ↔                 想 惚 躁
     │   的 の 鏡       誇     双極性     理        化 的 的
     │   誇 言 映       大              想        転 ・ 興
     │   大 葉 機       自     分身       化        移 ト 奮
     │ 凝 性 と 能       己     欲求      さ        が ラ ・
     │ 集 ・ 身 の                       れ        起 ン 強
     │ 自 冷 ぶ 不                       た        き ス 力
     │ 己 た り 全                       親        や 的 な
     │ 期 い 、 )                        イ        す ・ リ
     │   命 自 鏡                        メ        い 宗 ー
     │   令 己 映                        ー        ( 教 ダ
     │   的 顕 転                        ジ        父 的 ー
     │   行 示 移                                  の 感 の
     │   動    が                                  理 情 賛
     │        起                                  想        美
     │        き                       中核自己   化
     │        や                                  機
     │        す                                  能
     │        い                                  の
     │                                            不
     │                                            全
     │                    退行した病的状態          )
6〜8ヶ月┤
     │                    倒 心 (
     │                    錯 気 指
     │ 断                 的 症 し
     │ 片                 空 ・ ゃ
     │ 的                 想 自 ぶ
     │ 自                 と 己 り
     │ 己                 行 刺  )
     │ 期                 動 激
     │
     │
誕生 ┘                    実質自己
                         (と親は見ている)
                         潜在的な才能や技能
```

図2-3 コフートによる自己の発達と病理（中西，1986）

着かない，不安定なものになる。
②子どもは，親たち，とくに父親を理想化したイメージをもっており，万能的な，何でもできる父の一部である自分を幸福に思っている。理想化された自己対象関係で，理想的な存在の父と融合したいと思う。失敗すると，自分の一生を通して導いてくれる理想がもてなくなる。
③同じような人間と交わり，同化したいという欲求をもっており，これを分身（双生児）欲求といい，分身転移という形で現れる。分身的双生児的な自己対象関係は，子どもが他の人と同じでありたいという願望を満たすことである。これに失敗すると，孤独と疎外感を感じる。

3）機能的自己期（3歳前後〜）　自己凝集性が保たれると，自己は成長して，機能する自己期という成熟した段階に到達する。誇大自己は野心へ，理想化された親イメージは理想へと変容されることによって，自己愛パーソナリティがもつ幼児ナルシズムは健康なナルシズムに高められ，想像的活動のエネルギーになる。

コフートの発達原理は，フロイトの快感追求領域よりも，パーソナリティの表現追求領域の変容に特徴づけられている。ナルシズムはパーソナリティ発達の正常で中心的なものとみなされており，自己の発達とはナルシズムの変容にほかならないのである。

2-5　ボウルビィのアタッチメントの発達理論

アタッチメント（愛着）とは，子どもが養育者との間で形成する情緒な絆である。愛着行動には，微笑んだり，声を発する発信行動，しがみついたり，抱きついたりする能動的な身体接触行動，母親がどこにいるのか目で追ったり，声がする方を向いたりする定位行動がある。ボウルビィ（Bowlby, J.）は，アタッチメントは次の段階を経て発達するとしている。

第一段階　前愛着期は，誕生から生後8〜12週くらいである。乳児は人の識別ができず，誰に対しても視線を向けたり，微笑したり，声を発したり，手を伸ばしたりする。また，誰から働きかけられても喜びや興味を示すのである。

第二段階　愛着形成期は，生後12週から6ヶ月である。乳児は，人の弁

別ができ始め，日常生活で多くのかかわりのある特定の人物（多くは母親）に対して，第一段階で見られるようなアタッチメント行動（微笑や発声など）を頻繁に示す。

第三段階　明確な愛着期は，生後6ヶ月から2，3歳である。特定の人物（多くは母親）に対してアタッチメントが明確に形成され，アタッチメント行動も顕著になってくる。はいはいや歩行による移動が可能になり，アタッチメント行動のレパートリーも多様化する。これに対して，見知らぬ人を恐れたり，警戒したりする，いわゆる人見知りや分離不安が見られる。母親が安全基地となり，母親から情緒的補給を受けながら探索行動を行う。

第四段階　目標修正的協調性の形成期は，3歳以降である。初期のアタッチメント関係は内在化され，子どもの自己と他者に対するイメージが形成される。これは，内的ワーキングモデルと呼ばれる。この段階では，アタッチメントの対象と自分についての内的ワーキングモデルが安定した形で機能するようになる。幼児は，アタッチメントの対象の気持ちや動機の洞察ができるようになる。たとえば，母親が一時的にそばを離れてもすぐに戻ってきてくれる，何かあれば助けてくれるなど，幼児は母親の行動を洞察でき確信がもてるようになる。そのために，身体的に必ずしも接近していなくても子どもは安心していられる。自分の行動を目標に合わせて修正できるようになり，協調的な関係が形成される。

　養育者に対して最初に形成するアタッチメントは，その後の子どもの発達に大きく影響を与えるとされている。安定したアタッチメントの形成は，子どもに「自分は他者から愛されている」という肯定的な自己像や，「他者や世の中は信頼できる，自分を受け入れてくれる」というイメージを形成させる。安定したアタッチメントを形成した子どもは，発達の経過が良好であることが示されている。

2-6　ロジャーズの自己の発達理論

　ロジャーズ（Rogers, C. R.）は，幼児の特徴について表2-4のように仮定している。幼児の経験の一部がしだいに分化してきて，意識している状態を自己

2-6 ロジャーズの自己の発達理論

表2-4 ロジャーズによる幼児の特徴の仮説 (Rogers, 1959)

1. 幼児は，自分の経験を現実として知覚している。幼児の経験は，幼児の現実である。
   a. その結果，自分にとってどのような現実があるかについて，幼児自身が他の誰よりも多く気づく可能性をもっている。というのも，他人は誰も，幼児の内的照合枠を完全にとってみることができないからである。
2. 幼児は，自分の有機体を実現していくという生来の傾向をもっている。
3. 幼児は，基本的な実現傾向によって，現実との相互作用を行っている。幼児の行動は，自分が知覚している現実の中で，経験している現実化への欲求を満足させるための，有機体の目標指向的な試みである。
4. この相互作用の中で，幼児は体制化された1つの全体，つまり1つのゲシュタルトとして行動する。
5. 幼児は，有機体的な価値づけの過程を経験し始める。その際，経験を価値づける規準になるのは，実現傾向である。すなわち，有機体を維持し強化するものとして知覚される経験は，肯定的な価値を与えられ，そうした維持や強化を不可能にすると知覚される経験は，否定的な価値を与えられる。
6. 幼児は，肯定的に価値づけられた経験を求めて行動するようになり，否定的に価値づけられた経験を避けるように行動する。

表2-5 ロジャーズの自己の発達説 (Rogers, 1959)

1. 実現傾向の一部である分化への傾向とともに，個人の経験の一部は分化し，存在していることや機能していることの気づきとして象徴化される。このような気づきは，自己経験として記述される。
2. 存在していることや，機能していることの気づきとしてのこの表象は，環境との相互作用，とくに重要な他者から成り立つ環境との相互作用によって，自己概念につくりあげられ，個人の経験の場における知覚の対象となる。

経験という。親などの重要な他者との相互作用を通して，自己概念がつくられ，経験の場での知覚の対象になる。これが自己の発達の第一段階である（表2-5）。幼児は，他者に肯定的な尊重を求める欲求を発達させる。この欲求は人間に普遍的である。重要な他者によって肯定的に尊重されると，そうした自己を尊重するようになり，次に自己尊重を求める欲求が発達してくる。この欲求は，学習されたものである。

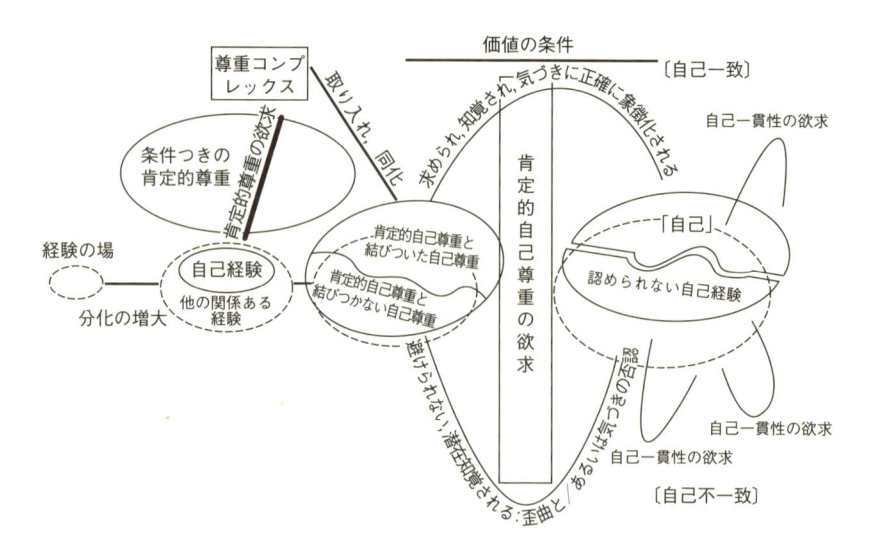

図 2-4 ロジャーズの人間発達モデル（Cooper, 2007 を改変）

　ある自己経験が自己尊重に値しない（よく値する）ので回避される（求められる）場合に，「価値の条件」が獲得される。このような価値の条件にしたがって，自己の経験を選択的に知覚する。価値の条件に一致する経験は，意識の上で正確に知覚され，象徴化される。しかし価値の条件に反する経験は，条件に一致しているかのように選択的に知覚されるか歪めて知覚される。あるいは，経験の一部か全てが否認されて意識されなくなる。有機体の価値づけ過程は，重要な他者（親や友人など）が「条件つきの尊重」によってしか承認しないと，他者の「価値の条件」が取り入れられ，自己と経験の間に不一致が生じることになる。その結果として，行動にもこれと似た経験との不一致が起こるのである。

文　献

Bowlby, J. (1969) *Attachment and loss. Vol.1, Attachment.* New York: Basic Books.
Cooper, M. (2007) Developmental and personality theory. In Cooper, M., O'Hara, M., Schmid, P. F. & Wyatt, G. (Eds.), *The handbook of Person-Centred psychotherapy and counselling.* Basingstoke: Palgrave Macmillan, pp.77-92.

Erikson, E. H. & Erikson. J. M.（1997）*The life cycle completed: A review*（Expanted edition）. New York: W. W. Norton & Company, Inc.（村瀬孝雄・近藤邦夫訳（2001）『ライフサイクル，その完結＜増補版＞』 みすず書房）

Freud, S.（1957）*A general introduction to psychoanalysis*（Rev. Ed., J. Riviere, Trans.）. New York: Permabooks.

Havighurst, R. J.（1953）*Human development and education*. New York: Longman, Green & Co., INC.（荘司雅子訳（1958）『人間の発達課題と教育―幼年期から老年期まで―』 牧書店）

Klein, M.（1975）小此木啓吾他（監訳）（1983-1997）：メラニー・クライン著作集全7巻 誠信書房

Kohut, H（1971）*The analysis of the self*. New York: International Universities Press.（水野信義・笠原　嘉監訳（1994）『自己の分析』 みすず書房）

Levinson, D. J.（1978）*The seasons of a man's life*. New York: The Sterling Lord Agency, Inc.（南　博訳（1992）『ライサイクルの心理学 上・下』講談社学術文庫）

Jung, C. G.（1946）*Die Lebenswende in Seelenprobleme der Gegenwart*. Zürich: Rascher.（鎌田輝男訳（1979）人生の転換期　現代思想，7(5)，青土社，pp42-55）

前田重治（1985）『図説臨床精神分析学』 誠信書房

Mahler, M. S., Pine, F. & Bergman, A.（1975）*The psychological birth of the human infant*. New York: Basic Books.（高橋雅士・織田正美・浜畑　紀訳（1981）『乳幼児の心理的誕生―母子共生と個体化―』 黎明書房）

中西信男・佐方哲彦（1986）『ナルシズム時代の人間学：自己心理学入門』 福村出版

Newman, B. M. & Newman, P. R.（1984）*Development through life: A psychological approach*（Third Edition）. Homewood: Richard D. Irwin, Inc.（福富　護訳（1988）『新版生涯発達心理学：エリクソンによる人間の一生とその可能性』川島書店）

Rogers, C. R.（1959）A theory of therapy, personality, and interpersonal relationships, as developed in the Client-Centered framework. In Koch, S.（Ed.）, *Psychology: A study of a science, Vol.3 Formulations of the person and the social context*. New York: McGraw-Hill, pp.184-256.

Staude, J. R.,（1981）*The adult development of C. G. Jung*. Boston: Routledge & Kegan Paul.

Sullivan, H. S.（1953）*The interpersonal theory of psychiatry*. New York: Norton.（中井久夫訳（2002）『精神医学は対人関係論である』 みすず書房）

Winnicott, D. W.（1965）*The maturational process and the facilitating environment: Studies in the theory of emotional development*. London: Hogarth Press.（牛島定信訳（1977）『情緒発達の精神分析理論：自我の芽ばえと母なるもの』 岩崎学術出版社）

3
臨床的パーソナリティ理論

3-1 パーソナリティとは何か

　パーソナリティとは何であろうか。「パーソナリティ (personality)」はふつう「人格」と訳される。「人格」なら，日本人のわれわれにも連想されるものがあって，わかったような気になるが，本当に両概念は重なり合うのだろうかという疑問も残る。
　他方「性格」ということばがあり，これはふつう character と対応させられているが，「性格」と「人格」の異同，また，personality と character の異同が問題になりうる。
　パーソナリティや性格を多少とも詳しく論じた書物の中では，これらのことは必ずといってよいくらい触れられており，また，だいたい同じようなことが書かれてある。そのため，これらのことに関しては，他書を読んでいただくことにして，ここでは紙数の関係もあるので，直接パーソナリティに関する筆者の考えを述べることにする。
　personality は当然 personal という語と密接な関係にある。personal（個人的）と対をなすのは，collective（集合的）である。したがって，personality とは，ある個人を固有の個人たらしめているものということになる。しかし，身体的なものでなく，心的なものに関していわれているといってよいから，それは，個人的な心ということになろう。

ところで、「心」は現実には各人において各様のあり方で現われるしかない。「体」が、「この人の体」であり、「あの人の体」であるしかないのと同じである。それで、personalityとは、実は「心」そのものにほかならないともいえるのである。

しかし「心」ということばは、一般の人はわりと抵抗なく使うのに対し、心理学者はかえって、一部の臨床実践家を除いて、使いたがらない、あるいは、使うのを躊躇することばのように思われる。これには心理学の歴史的流れもかかわっているからだろうが、こうした抵抗や躊躇を引き起こす「心」に代わるものとしてpersonalityが使われているのではないだろうか。personalityだったら、正々堂々と使うことができるのである。

ともあれ、personalityは、上述のように、各人における固有の現われ方に力点を置いていう場合の心の謂、いうなれば「各心」といっても差し支えないことは、優れたパーソナリティ心理学者オールポート（Allport, 1938）の次のような定義を見てもわかるであろう。

「パーソナリティとは、個人がその環境へ適応する固有な仕方を決定する心理生理的システムの、その個人内で力動的に編成されたものである」。

3-2　臨床的観点からのパーソナリティ論

パーソナリティは、さまざまな角度から光を当て、さまざまな相を取り上げることができる。たとえば、現実社会での成功の可能性という観点から、あるいは人々からの好かれやすさという観点から、あるいは長生きの秘訣という観点から、それぞれパーソナリティの特徴を明らかにする試みがありうる、成功するか否かは別にして。

しかしここでは、そうした観点でなく、パーソナリティのなんらかの異常な事態とそれの由来、またそれからの回復に焦点を当てて、すなわち臨床的観点からパーソナリティを論じることにしたい。

ところで、これには、心理療法に触れることが不可欠である。なぜなら、どんなものであれ、心理療法の特定の流派には、パーソナリティの病理とそれからの回復に関する基本的な思想が明に暗に存在するはずだからである。それゆ

え，以下に主要な心理療法の流派の基本的理念を概観してみたい。

3-3 心理療法の代表的な流派の基本的理念

3-3-1 フロイトの精神分析

　フロイト（Freud, S.）は，治療の原理を「無意識の意識化」と定式化した。技法は変化を遂げたが，この原理は最初から最後まで変わらなかったといえる（鈴木，2000：以下もこれによる）。催眠を使って到達した自由連想法においては，患者の連想内容から，それまで想起が不可能であった，つまり無意識的であった過去の体験を再構築し，想起させようとするのである。

　しかしこれは容易ではない。そもそも最初に当の体験を無意識化し，その後も無意識に保とうと働いてきた力の抵抗を克服しなければならない作業であるからである。

　ところで，ある体験が無意識化されるのは，まさに意識したくないからである。意識しているには，あまりに恥ずかしく，恐ろしく，一言でいえば不快であるからである。体験を無意識化し，また，し続ける傾向およびその力を防衛と呼ぶが，やがてこの防衛自体を意識化し，軽減・除去することが，治療の主要な課題とされるに至ったのも，理解しうる過程である。

　フロイトの技法には，さらに転移分析と呼ばれるものがあるが，これは，無意識的な体験が，想起されるかわりに，分析家との関係の中で再現されることを逆手にとって，想起に至らしめることだと言える。

　このように，「無意識の意識化」は，容易には成し遂げられないのであるが，その出発点としての自由連想の基本規則は，心に思い浮かぶことに対して，無意味だとか無関係だとかいう知的批判も，口にするのが恥ずかしい，恐ろしいといった感情的反応も退けて，すべてを率直に話さねばならないというものである。これ自体がすでにかなりの治療的意義をもつものであることを指摘しておきたい。基本規則は，言い換えれば，防衛を排せんとする意識的努力を求めるものであり，おのずから限界があるが，それでも，それによって，患者の態度は治癒の要所に方向づけられるのである。

3-3-2 ユングの夢分析

　ユング派における主要な技法は夢分析である。夢を構成する心像の主要なものに対する連想を求めることにより，夢心像と当人の意識的生活とのつながりを見つける。もしそれが難しいなら，個人を越えた人類の精神生活，すなわち，神話や伝説や昔話とのつながりを探ろうとする。そうすることによって，夢の意味するものを把捉しようとするのである。

　ではなぜ夢の意味などを把捉しようとするのか。

　それは，夢が，日中の現実適応に方向づけられた意識が排除したもの，あるいは，日中の意識に到達するには力が弱すぎた考えや感情を含んでおり，かつ，それらが当人の自己理解に重要であると考えるからである。

　夢は，見ようと思って見られるものではない。それは「内的な真実と現実をあるがままに表わしている，意識の影響から免れた無意識的な心的過程の現われ」（Jung, 1947）である。ユング（Jung, C. G.）は，フロイトのように，防衛を排するように指示することによって得られたものを素材とするかわりに，防衛が自然に緩んだ状態——睡眠——において自然に産出されるものを素材にしたといえよう。

3-3-3 ロジャーズの来談者中心療法

　ロジャーズ（Rogers, 1961）の心理療法に関する基本的な考えは至極簡明だといえる。まずそれは，彼の，個人にはおのずから成長する力が備わっているという強い信念に基づく。彼によれば，自己の問題で悩み，苦しむ人も，自ら問題を克服し，健康を回復していく力をもっているのであり，ただその力が妨げられずに発現する条件を整えてやりさえすればよいのである。あたかも種子がいくつかの条件が整えば発芽するように。

　上述の条件とは，セラピストが提供する関係であり，それは彼（彼女）の態度によってもたらされる。ロジャーズは，それらを3種類にカテゴライズした。すなわち，クライアントへの無条件の肯定的配慮と共感的理解，およびセラピスト自身における内的一致（自己一致）である。セラピストの側のこれらの態度を通して，クライアントは，自分自身に対して，また，自分自身において，同じような態度を身につけていくことが期待されるのである。

このことからおのずと推測されるように，それまでのクライアントに欠けていたものは，これらの態度である。これらの態度と逆のもの，すなわち，かくありたいと願う自分の像と合致しない限り，自分に対し否定的であり，その合致を妨げているものを自分から排除してしまいたいという態度が優勢だったのである。要するに，フロイト流にいえば，防衛的だったのである。そういうクライアントが，セラピストの態度を通して，自分に対する防衛的，拒否的態度を排し，自分の内部で生起している考え，感情，感覚に注意を払い，その存在と性質をありのままに認め，理解するようになることが期待されているわけである。

このように，ロジャーズにおいても，防衛を弱め，自己意識から排除されがちであったものに十分な顧慮を払うということが治療の眼目であるのだが，それは，フロイトのように，率直な伝達という指示によるものでもなく，ユングのように，睡眠という自然の条件に依拠するのでもなく，セラピストの態度によって達せられるのである。ここにロジャーズの特色があるといえる。

3-3-4　森田療法

森田正馬の創始した森田療法の治療過程は，相の違いによって四期に分けられているが，第一期，すなわち絶対臥褥期はとくに意味深いものに思われる。入院してきた患者は，完全に隔離され，「面会，談話，読書，喫煙，その他すべての気をまぎらすようなこと」は禁じられ「食事，便通のほかはほとんど絶対臥褥」を命じられるのである（森田，1960）。このような状況にあって，患者は日頃の強迫観念や症状出現の恐怖に襲われるが，完全に無防備であって，ただ耐えるしかない。しかしじっとこらえていると，自然に苦しみはなくなり，精神が爽快になる。こういうプロセス——森田はこれを「煩悶即解脱」と呼んだ——を実際に体験すると自信がつき，余分な予期恐怖を抱くこともなくなり，またそれゆえに，症状も生じないという良循環が始まるのである。

さて，上述のような絶対臥褥期においてもっとも本質的なことは，情動をともなって浮かんでくるあらゆる観念や心像を追い払おうとしたり，押さえこもうとしたりしないで，浮かぶままにするということである。要するに，抗わないことである。抗うことが悪い結果を招くのである。

森田は，浮かんでくる観念や心像を治療者に報告することを義務づけはしないものの，彼が患者に要求することは，フロイトの場合と同じであるといえないだろうか。彼もまた，防衛を排せよといったのだとしても誤りではないと筆者は考える。ただ彼は，それをルールとして打ち立て，その遵守を要求したのではなく，それが最善の方策であることを，断固として説得したのである。

3-3-5　各療法に共通するパーソナリティの病理に関する基本的見解

上で検討した，4人の心理臨床家のそれぞれ異なる治療技法のすべてに，自己の願望や倫理観と相容れない観念や心像や感情を自己から排除しようとする意識的，無意識的な頑な意志が人を神経症的にするのであり，そういう意志に気づき，それを緩めたり弱めたりすること，およびそれとともに，自己から排除されてきたもの，また今でもつねに排除されようとしているものを認識することが治療の要諦であるとする考えが共通に認められる。

もちろん，これはもっとも単純化された定式的表現であり，個々の事例においては，一見当てはまらないように見えることもあるかもしれない。たとえば，自己から否定的なものを排除しようとするというより，むしろ否定的なものを自分に背負い込み，自分を断罪するというタイプの人もいるだろう。否，こちらの方が神経症の本質を正しく映し出しているといえるかもしれない。神経症患者は例外なくといっていいくらい，自己嫌悪や劣等感をもっているものだから。しかし，少し立ち入って見れば，彼（彼女）は，できることなら，否定的なものを自分の属性にしたくない，つまり自己から排除したいと思っていることがわかる。排除しようとしてできないから自己を嫌悪したり，さげすんだりするのである。そういう人に対し，たとえばロジャーズは，受容的に接し，彼（彼女）の自己への否定的態度をやわらげ，まず自己の内部で生起している考えや感情を正しく知るように導いたといえるのである。認知療法といわれるものも，より積極的に介入しはするが，自己に対する誤った否定的な見方を修正し，より正しい自己認識に至らしめることを目標としている点では，ロジャーズと同じであり，したがって，他の流派にもつながっているのである。

3-4 自己像のあり方と病理

3-4-1 病理は理想をめぐる

　これまでの論述から気づかれたように，病理はつねに自己像，とくに「かくありたい自己」あるいは「かくあるべき自己」をめぐっているといえる。患者（クライアント）の抱く理想の自己像にまったく言及しない心理療法家はいないのではないかとさえ思われる。フロイトは周知のように「超自我」という概念をつくった一方で，「理想自我」という概念を提示している。両概念の違いについて専門家的な議論があるかもしれないが，前者は，内存化された法的規則や倫理規範自体であるとともにそれに立派にしたがうべき自己をも指し，後者は，より広い意味で，当人が「かくありたい」と願っている自己像を指すと解しておいてよいだろう。前者も「理想」と無縁ではないし，後者も，絶対かくあらねばならないという強迫性を帯びることがあろうし，両者は峻別はできないと筆者は考える。

　ユング，ロジャーズ，そして森田も，もちろん患者（クライアント）の理想に言及しているが，ほかにも，アドラーは「虚構の目標」や「手本（Leidbild）」をいい（Adler, 1922），ホーナイは，「自分自身の理想化された像」をいっている（Horney, 1945）。ちなみに，ビンスワンガー（Binswanger, L.）が，統合失調症の病理論として読めるといったキルケゴール（Kierkegaard, S. A.）の『死に至る病』は，一種の理想論である。筆者には，それは神経症の病理論としても立派に通用するように思われる。

　さて，以上のように，心の病理においては，理想というものが大きな役割を果たしているのであるが，これは，理想を抱くのはよくないことであるとか，理想自体が有害無益であるとかいうことを意味しない。通常思われているように，理想を抱くことによって人は向上していくとみなしてよいのである。ただ，それが強迫性を帯びていて，それがために，現実の心的活動や経験が意識から締め出されようとすることが問題なのである。このことが，以下に述べるような有害な作用をもつのである。

3-4-2 防衛とそれがもたらすもの

防衛ということばはこれまで何回も使用してきた。それは，自分のものとして認めがたい心的活動や経験を自分から排除しようとする意識的，無意識的な意志ないし心的行為の謂である[1]。

これは自己を維持する一つの手段だとしても，根本的解決に導くことのない，姑息な手段だといわざるをえない。なぜなら，自己の内部に存在するものは，排除しようとして排除しえるものではなく，せいぜい，それから目をそらし，排除したような気になれるだけであるからである。

このように，防衛は一種の自己欺瞞といえる性格をもつのであるが，これによってもたらされるのは，自己の支配領域の縮小（フロイト）であり，劣等感（ユング）であり重心の自己から他者への移動（ホーナイ）である。

フロイトによって定式化された治療原理である「無意識の意識化」は，言い換えれば，（縮小していた）「自我の支配領域の拡大」である（Freud, 1940）。フロイトによる比喩では，神経症とは，自我という領主が内戦によって領土の一部を失った状態であり，分析家は，外からの同盟者として，領主を援護し，失われた区域を奪回させてやるのである。

ユング（Jung, 1916）は，神経症患者の劣等感は，あれこれの身体的ないし心的な能力の劣等性からくるのではなく，本来意識から脱落していてはいけないものの脱落，すなわち一種の意識の欠損状態から生じるという興味深い見解を示している。彼は，そこに，努力さえすれば意識化しえたであろうに，その努力をしなかったという意味で，怠慢という道徳的色合の劣等感を読みとっているのである。

ホーナイ（Horney, 1945）のいう，自己から他者への重心の移動とは，自己の価値が他者の評価に委ねられるということであり，これは，自己が自己に面と向かわないために必然的にもたらされる結果といえよう。

3-4-3 防衛の種々のあり方（防衛機制）

自分のものとして認めがたい心的活動や経験を意識から排除するための実際の仕方を防衛機制（防衛メカニズム）と呼ぶ。アンナ・フロイト（Freud, A.）らの努力によって，約10種類のものが区別されたが，さらにメラニー・クラ

イン (Klein, M.) ら，人間の発達の最早期に多大の関心を寄せた研究者は，これらよりプリミティヴな防衛メカニズムの存在を主張した．

　これらのメカニズムを列挙し，個々について一通りの説明をつけるのが臨床心理学のテキストのならいであるが，それの困難さと実際的意義の少なさを考えて，ここではそれはしないでおこうと思う．どのメカニズムも，短い説明で納得のいくようなわかりやすいものではないし，詳しく説明しようとすれば，いたずらにことばを連ねてかえって難解にしかねない．また，それらの知識が，単に専門家的知識以上の実践的意義をもつものか，筆者はずっと疑問に思ってきた．

　以上のようなわけで，ここでは，比喩的な説明で，いくつかの代表的な防衛メカニズムについてのおよそのイメージをつくっていただくことを援助するにとどめたい．

　さて，自分の領分に見るのもいやな，汚らわしい，あるいは醜いものがあったとする．それを見ずにすますためにはどうすればよいか．一つは，それを目の届かない遠くにやるか，衝立のようなもので，それと自分とを隔てることである．しかしもっと単純なやり方は目をつぶるかそらすかして，それを見ないことである．最初のやり方に対応するのが「隔離」ないし「分離」という防衛メカニズムである．後の方のやり方に対応するのは「抑圧」としてよいだろう．「抑圧」は，防衛メカニズムの中の一つでありながら，フロイトによって防衛と同義に用いられたこともあるくらい，防衛の原型的なものであって，特別な位置づけをされているのである．その特徴は，もっとも単純素朴なメカニズムであるということである[2]．

　次に，自分の領分の中のあるものが悪臭を放っていたとして，それに自他ともに悩まされないようにするにはどうしたらよいか．一つは，芳香を放つ物質を当のもののそばに置くか，直接それに振りかけるかして，それをいいにおいのするものに変えてしまうことである．しかし悪臭が強ければ強いほど，それだけ芳香も強烈でなくてはならず，今度はそれが鼻につくことになろう．

　悪臭に対する別の対処法として，悪臭が自分の領分のあるものから発生していることを認めず，他人の領分からやってくるとみなすやり方がある．これでは，悪臭に悩まされることにはかわりないが，少なくとも，自分の責任は免れ

ることができるのである。

　これらの悪臭への対処法のうち，前者は「反動形成」という防衛メカニズムに，後者は「投影」に対応させられえよう。反動形成の大きな特徴は，良い面の不自然な誇張がかえって反対の悪い面を勘ぐらせてしまうことである。

　以上のように，防衛メカニズムには，物的世界の汚いものや劣悪なものを感知しないためにとる方策にたとえると，理解しやすいものもある。しかしどの防衛メカニズムもそうであるとは限らないこともいっておかねばならない。

3-4-4　防衛（防ぎ）の対象および各流派の理論のまとめ

　これまで防衛という心的プロセスについて述べてきたが，防衛の対象となるものについては，ただ，自分のものとして認めがたい心的傾向や欲動や経験などと一般的に述べるにとどまっていた。しかし，これは，より具体的にはどのようなものを指しているのであろうかという疑問も当然生じるだろう。それで，以下に，各流派における防衛の対象に触れ，あわせて各流派の理論のまとめをしておきたい。

　1）フロイトの場合　　フロイトにとって，防衛（防ぎ）の対象となるのは，何よりも，性的な性質の欲動，空想，体験であった。性的な欲動こそ，人間を突き動かすもっとも根本的なものでありながら，またもっとも密やかなものであり，それの充足は，倫理的規範によって強く監視されている。それゆえ，それとの抵触を恐れて，性的なものは，意識から締め出されがちなのである。自らの充足を絶えず求める性的欲動と社会的倫理的規範との相克，それら両者の間に立って，両者に相応の顧慮を払いつつ，妥協点を見つけようとする自我──フロイトは，心についてこのような図を思い描いた。ここで，内在化された社会的倫理的規範は，先述のように超自我といわれるものである。性的欲動を含む欲動全般は，エスと名付けられたが，その主要なものは性的欲動である。フロイト（Freud, 1940）は，すべての欲動は，性的欲動か攻撃的（破壊的）欲動に類別されるとしているが，彼がはじめのうち強調したのは性的欲動であり，したがって，ほぼエス＝性的欲動としてもよいように思われる。

　以上のように，超自我，エス，そして自我という異なった働きをする3つの部局からなる心的装置を仮定し，心の現象を，これら3つの部局間の力学的相

互作用としてとらえようとしたゆえに，フロイトの構築した心理学は，力動的（力学的）心理学と呼ばれるようになったのである。

　ところで，この心的装置論では，超自我やエスといった一般的でない概念が用いられているが，内容そのものは，それほど奇抜なものではないともいえる。筆者には，政治をモデルにしたのではないかとさえ思えるほど，それは政治の世界を連想させるのである。現代の国家における政治とは，単純化していえば，国家が民衆のさまざまな要望を聞き届け，法の許す範囲で最大限かなえてやろうとすることである。民衆の欲求，要望は，必ずしも他を配慮したものではない。否，むしろ自己の利益や福祉を優先させた利己的なものだといった方が正しいであろう。あちこちから寄せられる，そういう利己的な要望は，相互に対立し，こちらをかなえれば，あちらはかなえられないといった困難な事態を招くことであろう。さらに，要望は，法の許す範囲内でかなえてやる必要がある。もし法に抵触するような要望をかなえてやったり，その手段が法に抵触したりすれば，裁きが待っているのである。もういうまでもないことだが，民衆がてんでに掲げる要望はエスに相当し，立法の府と司法の府は超自我に相当し，実際に民衆の要望実現に向けて，法を遵守し，かつ現実の条件を顧慮して四苦八苦する行政の府は自我に相当するのである。フロイトが実際に政治をモデルにして，心的装置論を発想したのか，それとも，政治も所詮人間の営為なので，個人の心のしくみも政治のしくみも必然的に同形的にとらえられるのかはともかくとして，上述の比喩が，フロイトの心的装置論の理解の一助になれば幸いである。

　2) アドラーの場合　　アドラーにおいては，防衛の対象になるのは，自らの身体的あるいは精神的能力の劣等性である。誰でもよく知っている日常語の「劣等感」は，アドラーから発するのである。彼によれば，ある面で人より劣っていることを感じた者は，補償的に人より優越することを願い，それを人生の目標とするに至るのである。それは現実性の薄い誤まった目標であるが，言語発達以前にすでに抱かれてしまったものであるがゆえに無意識的であり，その誤謬が気づかれにくい。しかし神経症治療の目標は，患者が他者に対する自己の優越を強迫的に願うという誤まった人生目標に気づき，他者への共感性を備えた——アドラーのことばでは「社会的感情」をもった——人間になるこ

とである (Adler, 1964；Donald & Hugh, 1963)。

3) ユングの場合　ユングにおいては，防衛の対象になるものは明確に特定されてはいないといえる。彼が，フロイトの理論とアドラーの理論を，かたや人間の愛の欲求を，かたや，人間の「力への意志」を強調した理論であると特徴づけ，どちらも妥当性をもった人間観であり，一方が正しく他方は間違っているなどとはいえない，それは人間のタイプから生じる相違なのである，としたのはよく知られている（河合，1967）。しかし彼自身は，愛と権力意志以外の第三の欲求・願望を主張したわけではない。この点に関して彼は曖昧だったともいえるし，より広い観点を保持したともいえる。

しかし彼の理論から防衛の対象がまったく特定できないかというと，そうではない。彼は，患者の夢の分析を通して，もし患者が男性（女性）なら，多くの場合はじめ男性（女性）としての自分の否定的な部分の意識化と統合を行い，次に，自己の内なる女性的なもの（男性的なもの）の意識化と統合を行っていくといっている。これからすると，防衛の対象は，大雑把ながら，男性なら男性として，女性なら女性としての否定的部分であり，また異性的な要素であるということになる。前者に「影」，後者に「アニマ」(「アニムス」) ということばが与えられていることは，多くの人が知るところである。

ところで「影」は，男性（女性）としての自分の否定的な属性の表われかもしれないが，「アニマ」(「アニムス」) はもはやそういったものではないであろう。たとえば，男性は社会に適応して生きるために，男性的要素を伸長させ，女性的要素を抑えてきたわけであり，したがって，個人的な属性というより，女性一般に特徴的な何かが問題になっているといえよう。そして，多くの場合男性的なものに対する女性的なものとは感情であるから，感情機能の統合こそが問題になっているということになろう。女性の場合は逆に，思考機能の統合が問題になる。アニマもアニムスも「魂」を意味するラテン語である。男女の魂がそれぞれ女性的，男性的色合いを帯び，夢においては女性的形姿，男性的形姿をとって現われるのには，上述のような背景事情があるのであろう。しかしそもそも「魂」とは何かと問われることがなお必要であろう。ユングにとって魂とは，ペルソナ（他者にさらされる意識的人格）からはみ出した，あるいは締め出された人格部分であるという定義のようなものがまずあったのではな

いかと筆者には思われる。

　しかしともかく，一つの統合の仕事の完了によってこそ別の次元の統合の課題が見えてくる——あたかも小さな地区の大会で勝利したスポーツ選手が次々とより大きな地区の大会に挑戦し，勝ち抜いていくように——というのがユングの考え方のようで，これは非常に興味深いものがある。

　4）ロジャーズと森田の場合　ロジャーズにも森田にも，防衛の対象としてとくにあれこれの欲求や体験を重視した形跡はない。どちらもそういうものを，その理論形成の基礎に置かなかった。というより，どちらの所説も，新しい概念をもって構築された，いわゆる「理論」ではなく，経験を的確に叙述せんと試みたというおもむきのものである。精神分析に対しあえて距離をとったロジャーズの所説はもとより，さまざまな新奇なことばを駆使した森田の説も，根本的にはそのようなものだといってよいと筆者は思う。

　これまでの論述から，代表的な心理療法の治療原理にうかがわれるパーソナリティについての見解がほぼ伝わったことと思う。

　しかしもちろんこれで，臨床的観点からのパーソナリティ論が尽くされたというわけではない。これまで述べてきたパーソナリティの病理も，全体の一部といわなければならない。

　これまでに取り上げたいくつかの心理療法の主な対象は，神経症的な症状に苦しんでいるとはいっても，パーソナリティに正常な部分が多く保たれた人たちであった。言い換えれば心理療法を行ううえでの基本的前提条件を満たしている人々であった。

　この条件とは，治療面接のための時間，場所，料金などに関する取り決めを守ることができること，行動化（アクティング・アウト）をしないこと，治療者に対し信頼や尊敬の念を抱き，関係を持続することができること，要するに陽性転移が可能であること，さらに，そもそも自分に問題を感じて悩み，なんとか回復したいと思っていること，などである。フロイトの精神分析では，これらの上に道徳観念の一定水準以上の発達も求められた。ユングの患者の多くは，むしろ人生の成功者に属する，しっかりした自我をもった中年の人々であったし，森田療法に適したいわゆる森田神経質者は，上述の条件を十分に守れる人々であった。ロジャーズのクライアントも大半は，そのような人々とみ

なすことが許されるだろう。

　しかし世の中には，さまざまな非社会的あるいは反社会的な心の問題をもっているだけでなく，上述の条件をも満たせない人々がいる。彼らと治療的にかかわる際には，おのずと，神経症圏の人々を対象にした技法の修正や新しい技法の考案が必要になる。

　これらの心理療法の遂行の基本的前提条件はまた，現実社会に適応して生きていくために必須の条件でもある。この意味で，それらは自我機能の良好さ，あるいは「自我の強さ」を保証するものであるといえる。

　この自我機能に，ふつうに現実生活を送ることができないほど障害のある場合のうち，その障害が，特定の精神的ないし身体的疾患によるものでなく，パーソナリティの発達上の欠陥として固定している場合を，パーソナリティ障害と呼んでおり，DSM-Ⅳ（アメリカ精神医学会が刊行している「精神障害の診断的統計的マニュアル第4版」の略記）では，10の，比較的輪郭のはっきりした群に分けられている。ここでは，それらすべてを列挙し解説を加えることより，各群の主だった障害に着目し，そこから逆に人の健常な生活に必要な根本的条件をいっそう明確に把握することを試みようと思う。

　それらとその欠如態を箇条的に述べれば以下のようになる。
①信頼感：被害意識，猜疑心
②情愛の豊かさ：人への関心，関与の弱さ，孤立
③社会的規範の内在化（超自我の形成）：犯罪・非行，無責任，不実
④情動の安定：制御不能な不安，苛立ち，怒りの発生
⑤現実的で安定した自己像と他者像：不安定な自己像と他者像ゆえの持続しない人間関係
⑥自己充足感：過度の自己顕示，不自然な情動表現
⑦共同体感情・共感能力：自己誇大視，自己愛，自己中心的他者利用
⑧衝動の統御：衝動性，自傷，自殺行為
⑨自己開放性：対人的回避，引きこもり，不全感，否定的評価への過敏さ
⑩自律性：他者への従属・依存
⑪柔軟性・融通性：秩序へのとらわれ，規則・規範への過度の服従，完全主義

さて，これらの健常な生活の基本要件は，成長過程において，生得的素質を基盤に，環境条件によって培われていくものと思われる。そこで次に，パーソナリティの生得的な面に目を転じてみたい。

3-5 パーソナリティの生得的部分

3-5-1 類型論と特性論

パーソナリティをとらえる方法として2つの大きな接近法が区別されている。特性論と類型論（タイプ論）である。前者は，パーソナリティを，いくつもの要素（特性）から成るものと考え，個人における各要素の強弱を量的に調べ，それらの総合から，彼（彼女）の個性を明らかにしようとするものである。わかりやすいたとえを挙げれば，運動能力テストである。「運動能力」は包括的概念であり，いくつもの個別テスト——50m走，垂直跳，立幅跳，持久走，懸垂，ボール投げ，敏捷性テストなど——の結果の総合である。それはプロフィールとして示されるものの，プロフィールからは，当人の現実生活における運動能力はイメージしにくい。他方，種々あるスポーツ種目からいくつかを選び出し，人々にそれらをやらせてみることによって，たとえば野球選手型とかサッカー選手型とか体操選手型とかに分けることもできる。そしてこちらの方は，運動能力を具体的にイメージさせやすい。このような接近法に相当するのが類型論である。

3-5-2 類型論

さて類型論と特性論のうち，どちらがパーソナリティの生得的な面により強く方向づけられているかというと，前者であるように筆者には思われる。類型論では，クレッチマーのそれとユングのそれがとくに有名であるが，前者は「気質」を問題にし，しかも身体的なものとの関連を想定しているし，後者すなわちユングの類型論においても，生まれつきの，本質的には不変の傾向が想定されているのである。それで，ここでは類型論について述べようと思うが，個々の類型論を紹介する場ではないので，それはせず，いくつかの類型論に共通に見られる観点とユングの類型論に簡単に言及するにとどめる。

類型論の主要な観点の一つは，一人の人間の態度が，主に外に，すなわち，人々や他の対象に開かれているか，それとも逆に，外には閉ざされ，内に，すなわち自らの精神内界に開かれているか，ということであるように思われる。ユングのいう内向型と外向型はいうに及ばず，クレッチマー（Kretschmer, 1961）の提唱した分裂気質と躁うつ気質の基本的な違いもそこに求められているとみなすことができる。さらに，ロールシャッハ（Rorschach, 1921）の提唱した内向型と外拡型（extratensiver Typus）という2つの体験型も，ユングとは別に発想されたのではあるが，上述の違いに着目したものであるといえる。さらにアイゼンク（Eysenck, 1970）の，統計的手法から生まれた類型論も内向性と外向性という基本的因子から成り立っている。このように，個人の関心や態度が内向きか外向きかは，もっとも目につきやすく，また重要な意味をもつものらしいことがわかる。

　ところでこれら2つの心的態度は，それ自体は価値評価において優劣はない。どちらも，それが極端に偏したとき問題とされるのである。

　さてユング（Jung, 1960）は，上述の態度の型のほかに，心的機能の型を区別している。思考，感情，感覚および直観という4つの心的機能のうち，ある個人においてもっとも発達した機能の名を冠して何々型というのである。これら4つの機能型と先述の2つの態度型の組み合わせで，8つの類型が生じるわけである。

　態度型と同様，機能型においても，極端な偏りがある場合に心理的な問題が生じる可能性があるとされる。このように，ユングの類型論は単にある個人をある類型に分類することに力点があるのではなく，彼（彼女）を態度と心的機能において査定し，あるべき方向を示唆することができるという意味で臨床的であるといえるのである。

　上述の4つの心的機能はどれも，皆が経験的に知っているものである。しかし若干の説明をしておく。「思考」は，対象そのものの認識に至ろうとする能動的な機能であり，「感情」は，「私は……と感じる」（I feel ……）「私は……と思う」（I think ……）などという表現に示されるように，対象についての主観的な印象，感想である。「感情」というと，喜怒哀楽といった，比較的強い生理的変化を伴った主観的反応を連想しがちだが，そのようなものばかりで

はなく，もっと広く，顕著な生理的変化をともなわない主観的反応をも指すのである。「知情意」という，心的機能の常識的な分け方があるが，「思考」は「知」に，「感情」は「情」，あるいは「情意」に相当するとしてよいだろう。

　ユングによれば，思考と感情は，相互に対立的で，同一人物において，これらが同等に発達することは困難である。たしかに，対象そのものの客観的な認識に至ろうとすれば，主観的な反応を排除する必要があろうし，主観的な反応が強すぎれば，客観的認識どころではなくなろう。したがって，両機能の一方に対し相補的に働くのは，他方ではなくて，「感覚」と「直観」のうちのどちらかであることになる。ところで，これらはこれらでまた相互に対立的である。「感覚」は五官を通した，現に実在するものの実在の把握であるが，「直観」は，五官を通さない――「第六感」による――未来に存在するはずのものの存在の把握であり，一方は他方に対し妨害的に作用するからである。

　ユングの類型論についてもう一つ補足的に説明しておくと，名指される類型，たとえばある人についていわれた「内向思考型」は，意識の態度であり，無意識における態度はそれと反対になっている，すなわち外向的であり，感情的であるとされる。したがって現に観察されているある個人の言動が，意識的な類型を表わすものであるか，無意識的なものの補償作用なのかを判断しなければならないという，非常にややこしいことになるわけで，ユング自身も，個人の類型を見分けることの難しさをいっている。しかしパーソナリティのアセスメントには，本来それぐらいの緻密な観察が必要だとも言える。

1）この意味から推察がつくように，心理学用語としての「防衛」には「防」の方に重みがあるのである。すなわち「防衛」ということばは「防」と「衛」からなるが，「防ぐ」と「衛る」では，目的語となるものが異なることからわかるように，両者は意味的に同じでない。では両者が合わさって作る「防衛」はどちらの意味に近いかというと，「防衛する」と動詞形にした場合にとる目的語から「衛」に近いとわかる。しかし防衛はドイツ語のAbwehrの訳であり，これは「防ぎ」の意味なのである。それゆえ，名詞のAbwehrを「防衛」と訳している限りではそう問題はないにしても，その動詞形abwehrenを「防衛する」と訳するともうおかしなことになるのである。たとえば本当は，倫理道徳に反する欲動をはねつける（防ぐ）ということが意味されているところで，同じ欲動を「大切にする」あるいは「保護する」という逆の意味に解してしまうことになるのである。小さなことのようであるが，上述の

ことを心得ていると，心理学書の理解が多少とも容易になるであろう。
2)「抑圧」の「抑」も「圧」も「おさえる」という意味をもち，「抑圧」ときくと，あるものを上から下にぎゅうぎゅう押さえつけるという感じを受けるが，それのもとの語であるVerdrängungには，そうした意味合いはない。その動詞形verdrängenは「排除する」という意味であり，フロイトが，一時期これをabwehren（防ぐ）と区別なく使用していたのも理解できるのである。

文　献

Adler, A.（1922）*Über den nervösen Charakter*. 3. Aufl. Wiesbaden: Verlag von J. F. Bergmann.
Adler, A.（1964）*Problems of neurosis*. New York: Harper & Row Publishers.
Allport, G. W.（1938）*Personality : A psychological interpretation*. London: Constable & Company.
Donald, H. F. & Hugh, B. U.（1963）Alfred Adler's subjectivistic system of individual psychology. In H. F. Donald & B. U. Hugh（eds）, *Systems of psycho-therapy*. New York: John Wiley & Sons. pp.304-365.
Eysenck, H. J.（1970）*The structure of human personality*. London: Methuen.
Freud, S.（1940）Abriss der Psychoanalyse. In S. Freud（1978）. *Gesammelte Werke XVII*. 6. Aufl. Frankfurt am Main: S Fischer Verlag. pp.61-147.
Horney, K.（1945）*Our inner conflicts*. New York: W.W. Norton & Company.
Jung, C. G.（1916）Die Struktur des Unbewuβten. In C. G. Jung（1974）, *Gesammelte Werke Bd. 72*. Aufl. Olten: Walter-Verlag. pp.292-337.
Jung, C. G.（1947）Die praktische Verwendbarkeit der Traumanalyse. In C. G. Jung（1974）, *Gesammelte Werke Bd.16* Aufl. Olten: Walter-Verlag. pp.148-171.
Jung, C. G.（1960）*Psychologische Typen*. 9. Aufl. Zurich: Rascher Verlag.
高橋義孝他訳（1987）『心理学的類型Ⅱ』　人文書院
河合隼雄（1967）『ユング心理学入門』　培風館
Kretschmer, E.（1936）*Körperbau und Charakter*. Berlin: Springer
相場　均訳（1974）『体格と性格』　文光堂
森田正馬（1960）『神経質の本態と療法』　白揚社
Rogers, C. R.（1961）*On becoming a person*. Boston: Houghton Mifflin Company.
鈴木睦夫（2000）「私のフロイト理解（その1）―治療実践について―」『中京大学文学部紀要』**34**（3・4), 21-49.

4 臨床心理アセスメント

4-1 臨床心理アセスメントとは

　臨床心理アセスメントでは，クライアントのパーソナリティ全体を総合的にとらえて理解するために，多元的な情報が必要になる。その場合にパーソナリティの病理的側面や深さのみでなく，健康な資質や可能性を含めて理解することになる。臨床心理アセスメントの方法としては，検査法，行動アセスメント（主に観察法など），面接法などがある。臨床心理アセスメントでは，これらの方法で得られた情報を総合してクライアントの理解と治療・援助に役立てていくことが求められる。

4-2 検査法

　検査は，標準化された条件下で個人の特徴的な能力，内省および行動を引き出して理解するための手段である。検査法は，何を検査するかによって発達検査，知能検査，パーソナリティ（人格）検査，適性検査などに分かれる。心理検査は，次のような条件を備えていなければならない。
　①検査の実施の手続き，結果の出し方や分析が客観的であること。②検査が測定しようとするものをどの程度，正確に測定できているかという妥当性の問題。③検査における得点がどの程度，一貫性があり安定的であるのかという信

頼性の問題。④実際に使用する場合の施行や採点のしやすさ，時間，費用などの実用性の問題。

臨床場面で用いられる検査法には，発達検査，知能検査，パーソナリティ検査などがあるが，実際には，複数の検査を組み合わせるテスト・バッテリーが用いられる。検査の目的や対象に応じて適切なテスト・バッテリーを組み，各検査の結果を関連づけて総合することが求められるのである。

4-2-1 発達検査

発達の程度を測定する発達検査には，遠城寺式乳幼児分析的発達検査，津守式乳幼児精神発達診断法，新版K式発達検査2001などがある。

1）遠城寺式乳幼児分析的発達検査　養育者から乳幼児の情報を収集したり，乳幼児に対する直接の簡単なかかわりを通して情報を得て実施することができる。発達を運動，社会性，言語の3領域に分け，運動領域には移動運動と手の運動，社会性領域には基本的習慣と対人関係，言語領域には発語と言語理解の計6項目が設けられている。対象は0歳から4歳7ヶ月であり，発達段階を27段階に分け，293の検査問題が用意されている。検査用紙は，歴年齢，発達グラフ記入欄，検査問題に分かれ，検査問題は上にいくにつれて年齢が進むように配置されている。簡便な発達検査法で，検査時間は約15分である。発達上の歪みやアンバランス，および障害の早期発見・早期療育のためのスクリーニングに用いられる。

2）津守式乳幼児精神発達診断法　養育者に1項目ずつ質問して回答を検査者が記入するか，養育者が自分で項目を読んで記入することもできる。検査時間は，約30分である。検査は，1ヶ月〜12ヶ月，1歳〜3歳，3歳〜7歳の3冊の質問紙がある。運動97項目，探索・操作101項目，社会90項目，食事・排泄・生活習慣77項目，理解・言語73項目の合計438項目（0歳〜3歳が264項目，3歳〜7歳が174項目）が設けられている。年齢級に応じて項目数はやや異なり，1歳までが1ヶ月ごとに，2歳までが2ヶ月ごとに，2歳以上は6ヶ月ごとに設けられている。

合格の○と不合格の×だけでなく，「時々できる，最近やっとできるようになった」「できるか，できないか，はっきりしない」との回答に対して△印に

よるチェックも用意されている。○印には1点，△印には0.5点を加重し総計点を計算し，3歳までは総計点での発達年齢を，3歳以上には項目ごとに発達年齢が換算できるようになっている。検査結果は，発達輪郭表と呼ばれるグラフに記入される。そのために項目間のばらつきが視覚的に把握しやすい。

3) 新版K式発達検査2001　作成された京都市児童院（現京都市児童福祉センター）にちなんでK式発達検査と称された1950年以来改定が重ねられ，新版K式発達検査（1980, 1983）を経て，「新版K式発達検査2001」が発表された。適用年齢は，最初0歳から6歳までであったが，1983年には14歳までに，そして最新版では成人までに拡充された。ゲゼル（Gesell, A. L.）の発達診断に依拠しており，検査項目はビネー式などの知能検査からも取り入れられている。検査項目は，姿勢・運動領域，認知・適応領域，言語・社会領域の3領域に大別され，計328項目から構成されている。それぞれの領域と全領域で，発達年齢と発達指数が算出される。とくに0歳児の発達項目が充実しており，検査場面における行動から情報を収集しようとしていて，発達スクリーニングとしてよりも，発達の全体像をとらえようとしている。

4-2-2　知能検査

知的能力を測定する知能検査には，個人検査と集団検査がある。代表的な個人検査は，ビネー法とウェクスラー法である。

1) ビネー法　1905年にフランスのビネー（Binet, A.）とシモン（Simon, T.）がビネー＝シモン尺度を創案し，最初の知能検査として知られている。ビネーによると，知能とは，「推理力，記憶力，注意力，想像力，意志力，美的情操なども含んだ高等精神作用全体」である。さまざまな能力の基礎となる精神機能の統一体を一般知能と考え，これを測定しようとした。ビネー＝シモン尺度とその改訂版は1916年のアメリカのターマン（Terman, L. H.）によるスタンフォード改訂版をはじめとして，日本では1930年の鈴木＝ビネー法や後述の田中＝ビネー式知能検査などに継承されている。ビネー法は，一般知能を測定しており，結果は知能年齢または精神年齢（mental age, MA）や知能指数（intelligence quotient, IQ）で表示される。

2) 田中ビネー知能検査　わが国において田中ビネー知能検査は1947年に

表4-1　知能水準の分類

IQ	分類	理論上の割合(％)
130以上	非常に優れている	2.2
120〜129	優れている	6.7
110〜119	平均の上	16.1
90〜109	平均	50.0
80〜89	平均の下	16.1
70〜79	境界線	6.7
69以下	精神遅滞	2.2

発行されたが，その後1954年，1970年，1987年，2003年と改訂が重ねられ，2003年版の「田中ビネー知能検査V」が最新版である。ビネー法の根幹である年齢尺度や精神年齢を1歳級から13歳級において踏襲している。1歳級〜3歳級は発達の状態を詳しく見るために各12問，4歳級〜13歳級は各6問で，合計96問の問題が設けられている。問題は実生活に即した内容であり，年齢尺度が重視されている。できた問題やできなかった問題の年齢的な基準や精神年齢が示されるので，具体的にどのような学習をしたらよいか，どのような対処をしたらよいかの示唆が得られやすい。

　14歳以上の年齢になると，成人になるにつれて知能は複雑に分化してくるので，年齢の枠組みではとらえずに，13の下位検査によって4領域（結晶性，流動性，記憶，論理推理）から分析的に知的機能を診断することになる。精神年齢は用いず，全体（総合DIQ）および領域別の偏差知能指数（DIQ）を用いている。

　3）ウェクスラー法　1939年にニューヨークのベルヴュー病院のウェクスラー（Wechsler, D.）は，ウェクスラー・ベルヴュー知能尺度（Wechsler-Bellevue intelligence scale）を作製した。この尺度は診断性の知能検査であり，①大人を対象にすることができる，②偏差知能指数（deviation IQ）の採用，③言語性検査と動作性検査から成り，言語性IQ（VIQ），動作性IQ（PIQ），全体IQ（FIQ）の3種の知能指数が得られる，④11個の下位検査のプロフィールが表示できる，などの特徴があった。こうして知的水準と同時に知能構造とその障害（精神障害や脳障害の可能性など）の診断，パーソナリティのダイナミックスの記述が可能になったのである。この知能検査は，WPPSI-Ⅲ（幼児

用),WISC-Ⅳ(児童用改訂版),WAIS-Ⅲ(成人用改訂版)へと発展してきた。わが国でも翻案・標準化および改訂が進められて,臨床,教育,相談場面で広く用いられている。

4) WPPSI, WISC-Ⅲ, WAIS-Ⅲ　WPPSI(Wechsler Preschool and Primary Scale of Intelligence)は,幼児・児童の知能を精密に診断することにより,知的障害の診断と指導に役立てるために1967年にアメリカ版が標準化された。現在は第3版のWPPSI-Ⅲまである(表4-2,表4-3)。日本版は1969年に標準化され,さらに1973年に改訂されている。

WISC-Ⅲ(Wechsler Intelligence Scale for Children-Third Edition)は,児童・生徒の知能を精密に診断して,知能や学習の障害と指導に役立てることを目的としている。1949年にアメリカ版のWISCが,1974年にその改訂版のWISC-Rが,そして1991年にその改訂版のWISC-Ⅲが標準化され,現在はWISC-Ⅳまである。わが国では,1953年にWISCが翻案され,1978年にWISC-Rが標準化され,1989年にその尺度修正版が発行され,そして1998年に第3版のWISC-Ⅲが標準化されている。

WAIS-Ⅲ(Wechsler Adult Intelligence Scale-Third Edition)は,成人の知能を精密に診断することにより,知能障害の診断と指導に役立てることが検査の目的である。アメリカでは1955年にWAISが,1981年に改訂版であるWAIS-Rが標準化され,さらに1997年にWAIS-Ⅲが刊行された。わが国では1958年に翻訳標準化がなされ,1990年にWAIS-Rが標準化され,そして2006年6月に第3版のWAIS-Ⅲが刊行された。WAIS-Ⅲでは新しい下位検査が3つ(行列推理,記号探し,語音整列)加わり,14下位検査で構成されている。4つの群指数(言語理解,知覚統合,作動記憶,処理速度)という側面からの把握や解釈が可能になり,適用年齢(16歳～89歳)も拡大されることになった。

5) K-ABC　K-ABC(Kaufman Assessment Battery for Children)は,カウフマン夫妻(Kaufman, A. S. & Kaufman, N.)によって1983年に発行された。日本版K-ABC心理・教育アセスメントバッテリーは,1993年に標準化されている。カウフマン(Kaufman, A. S.)は,知能を「入ってくる情報を処理し新しい問題を解く能力」と定義し,知能を「継次処理−同時処理」の認知処理過程で測定することによって,子どもの得意な認知スタイルを発見し,検査結果

表4-2 ウェクスラー式知能検査の適用年齢と下位検査

	言語性検査	動作性検査
WPPSI （3歳10ヶ月 ～7歳1ヶ月）	1　知識 3　単語 5　算数 8　類似 10　理解 （文章）	2　動物の家 4　絵画完成 6　迷路 7　幾何模様 9　積木模様
WISC-Ⅲ （5歳6ヶ月 ～16歳11ヶ月）	2　知識 4　類似 6　算数 8　単語 10　理解 12　（数唱）	1　絵画完成 3　符号 5　絵画配列 7　積木模様 9　組合せ 11　（記号探し） 13　（迷路）
WAIS-Ⅲ （16歳～89歳）	2　単語 4　類似 6　算数 8　数唱 9　知識 11　理解 13　語音整列	1　絵画完成 3　符号 5　積木模様 7　行列推理 10　絵画配列 12　記号探し 14　組合せ

*1：下位検査名の前の数字は，実施順序を示す。
*2：（ ）内の下位検査は，IQ算出の際は用いないが，プロフィール分析等で有用な情報が得られるため，可能であれば実施される補助検査である。
*3：WPPSIの（文章）およびWISC-Ⅲの（数唱）と（迷路）は，言語性検査または動作性検査の下位検査がどれか実施できなかった際に，実施できなかった下位検査の代わりにIQ算出に用いることができる代替検査である。
*4：WISC-Ⅲの（記号探し）は，（符号）が実施できなかったときのみ，その代わりにIQ算出に用いることができる代替検査である。
*5：WISC-Ⅲの新しい下位検査
　　行列推理：一部分が空欄になっている図版を見て，その下の選択肢から空欄に当てはまるものを選ぶ。
　　記号探し：記号グループの中に見本刺激と同じ記号があるかどうかを判断する。
　　語音整列：検査者が読み上げる数字とかなの組合せを聞き，数字を小さいものから大きいものの順番に，かなをあいうえお順に並び替えて答える。
*6：4つの群指数の算出に用いられる下位検査
　　言語理解（単語，類似，知識）　　　　　　作動記憶（算数，数唱，語音整列）
　　知覚統合（絵画完成，積木模様，行列推理）　処理速度（符号，記号探し）
　　（理解，絵画配列，組合せは用いない）

を指導に結びつけることを目標とした。2歳6ヶ月から12歳11ヶ月までの子どもを対象とした個別式診断検査である。検査は14の下位検査から成り，知能（情報処理能力）と学力の両方が測定される（表4-4）。結果は，継次処理能力尺度，同時的処理能力尺度，一般的知的水準（MPC），学力尺度などを，

表4-3 ウェクスラー式知能検査の実施上の留意点

	WPPSI	WISC-Ⅲ	WAIS-Ⅲ
下位検査の実施順序	言語性検査→動作性検査を交互に実施する ＊一部入れ替わりあり	動作性検査→言語性検査を交互に実施する	動作性検査→言語性検査を交互に，途中から言語性検査→動作性検査を交互に実施する
下位検査の開始問題	すべての被検児に第1問から開始する ：すべての下位検査	すべての被検児・者に第1問から開始する ：符号，類似，組合せ，理解，数唱，記号探し（WISC-Ⅲ），絵画完成（WAIS-Ⅲ），積木模様（WAIS-Ⅲ），絵画配列（WAIS-Ⅲ）	
		被検児の年齢により開始問題の指定がある＊1 ：絵画完成，知識，絵画配列，算数，積木模様，単語，迷路	指定された開始問題から始め，失敗したらさかのぼる ：単語，算数，知識
下位検査の中止条件	2～5問が連続失敗のとき中止する ：すべての下位検査	2～6問が連続失敗のとき中止する ：知識，絵画完成，単語，積木模様，算数，理解，類似，絵画配列（WISC-Ⅲ），迷路（WISC-Ⅲ） 制限時間が設定されている ：符号，記号探し（WISC-Ⅲ） 同一桁数の両方が失敗のとき中止する ：数唱 全問実施する ：組合せ	
			その他＊2 ：絵画配列
各問題の制限時間	とくになし ：知識，単語，類似，理解，文章（WPPSI），数唱（WISC-Ⅲ，WAIS-Ⅲ） 各問題に制限時間が設定されている ：算数，絵画完成，積木模様，動物の家（WPPSI），幾何図形（WPPSI），迷路（WPPSI，WISC-Ⅲ），絵画配列（WISC-Ⅲ，WAIS-Ⅲ），組合せ（WISC-Ⅲ，WAIS-Ⅲ）		
		下位検査全体の制限時間が設定されている ：符号，記号探し（WISC-Ⅲ）	
採点	回答の内容により2点の正答と1点の正答がある ：類似，単語，理解 所要時間に応じた割増点がある ：算数，積木模様，絵画配列（WISC-Ⅲ，WAIS-Ⅲ），組合せ（WAIS-Ⅲ） 誤りの数によって得点が修正される ：迷路		
		完成しなくとも部分点が与えられる ：組合せ	

＊1：被検児に知的な遅れが予想される場合は，年齢にかかわらず第1問から実施する．
＊2：失敗が連続しても第8問までは実施し，その後4問が連続失敗のとき中止する．

100を平均とした偏差値で表示される．プロフィールで診断できるようになっている．日本版K-ABCは，学習障害，知的障害，自閉症などの診断と指導に利用されている．

6) その他の検査法　　この他，ITPA言語学習能力診断検査（Illinois test of

表4-4 K-ABCの下位検査と適用年齢

総合尺度		下位検査	適用年齢				
			2歳	3歳	4歳	5歳	6歳以上
認知処理過程尺度	継次処理尺度	手の動作*	●	●	●	●	●
		数　唱	●	●	●	●	●
		語の配列			●	●	●
	同時処理尺度	魔法の窓	●	●			
		顔さがし*	●	●			
		絵の統合		●	●	●	●
		模様の構成*			●	●	●
		視覚類推*				●	●
		位置さがし*				●	●
習得度尺度		表現ごい	●	●	●	●	●
		算　数			●	●	●
		なぞなぞ			●	●	●
		ことばの読み				●	●
		文の理解					●
実施する下位検査の数			6	8	10	10	11

*のついた下位検査は，非言語性尺度に含まれるもの

psycholinguistic abilities），グッドイナフ人物画知能検査（Goodenough Draw-A-Man Test）がある。また認知症の認知機能を把握するものに，改訂長谷川式簡易知能評価スケール（HDS-R）やMMSE（Mini-Mental State Examination）がある。

4-3　パーソナリティ検査

パーソナリティ（人格）検査は，評定法，質問紙法または目録法，投映法，作業検査法，電気生理検査法がある。

4-3-1　評定法

パーソナリティ検査としての評定法は，行動観察や面接の結果の客観性や信頼性を保証するために用いることが多い。評定の対象となるパーソナリティ特性についてあらかじめ尺度や選択項目を何段階か（通常は5〜7段階）に定めておいて，評定者の判断で尺度上に位置づけるか，該当項目の選択を行う方法である。これには，図式評定尺度法や記述評定尺度法などがある。

評定法は作成や実施が簡単であるために，パーソナリティ評定のほかに学力評価や行動特性の評価などにも用いられる。評定法の短所は，評定者の判断基準が人によって異なっており，中心化傾向（平均のまわりに評点が集まる傾向），寛大効果（人を実際以上に評価する傾向），ハロー効果（ある人についての全般的印象によってその人のあらゆる特性を同じように判断する傾向，光背効果ともいう）などが生じやすいことである。評定を自分自身で行う自己評定法になると質問紙法に近くなる。

4-3-2 質問紙法または目録法

質問紙法または目録法では，各検査が意図したパーソナリティのある側面についての尺度が構成されている。その尺度にそってあらかじめ作成された質問項目について2件法（「はい」と「いいえ」）か3件法（2件法に「わからない」あるいは「どちらでもない」を加えたもの），あるいは一対の質問項目から自分の気持ちに近いものを選択させる方法などによって回答するものである。

質問紙法は実施が簡単であり，また集団実施も可能である。採点法は一定であって誰が行っても一定の結果になるという点で客観的であり，数量化も容易である。短所は，回答に意識的あるいは無意識的な作為が入り，回答が歪曲される可能性があることである。そうした虚偽や社会的望ましさによる歪曲反応をとらえる工夫がなされている検査もある。回答に必要な内省的機能が発達していなかったり，障害を受けている場合や，質問項目を知的に理解できなければ回答の正確度は低くなることになる。質問紙法のパーソナリティ検査としては，矢田部・ギルフォード性格検査（Y-G性格検査），モーズレイ性格検査（MPI），MMPI（ミネソタ多面人格目録），EPPS（エドワーズ人格的偏好目録），CPI（カリフォルニア人格検査），CMI（コーネル健康調査表），UPI（学生精神的健康検査），MAS（顕在性不安検査），STAI（状態・特性不安検査），SDS（自己評価式抑うつ性尺度），BDI（ベック抑うつ質問紙）などがある。

1) 矢田部・ギルフォード性格検査（Y-G性格検査） ギルフォード(Guilford, J. P.)らが作成した3つの検査をもとに，矢田部達郎らによって構成された性格検査である。検査は，12尺度（性格特性），各10項目の計120項目で構成され，3件法（はい，どちらでもない・わからない，いいえ）で回答

を求めるものである。12尺度とは、抑うつ性（D），回帰性（C），劣等感（I），神経質（N），客観性の欠如（O），協調性の欠如（Co），攻撃性（Ag），一般的活動性（G），のんきさ（R），思考的外向（T），支配性（A），社会的内向（S）である。これらの12尺度は、6つの因子に分類することができる。つまり情緒不安性因子〔抑うつ性（D），回帰性（C），劣等感（I），神経質（N）〕，社会不適応性因子〔客観性の欠如（O），協調性の欠如（Co），攻撃性（Ag）〕，活動性因子〔攻撃性（Ag），一般的活動性（G）〕，衝動性因子〔一般的活動性（G），のんきさ（R）〕，非内省性因子〔のんきさ（R），思考的外向（T）〕，主導性因子〔支配性（A），社会的外向（S）〕である。

　類型の判定がなされ、典型、準典型、混合型に分かれる。典型は、A型（平均型：中央寄りのプロフィール。どの尺度でも平均的で、特徴のない平凡な性格），B型（不安定積極型：右寄りのプロフィール。情緒不安定，社会的不適応，活動的，外向的である。非行や反社会的傾向をもつ），C型（安定消極型：左寄りのプロフィール。情緒的安定，社会的に適応，活動的でなく，内向的である），D型（安定積極型：右下がりのプロフィール。情緒的安定，社会的に適応，活動的，外向的である。リーダー的で好ましい性格とされる），E型（不安定消極型：左下がりのプロフィール。情緒的不安定，社会的不適応，活動的でなく，内向的である。ノイローゼになりやすい）である。

　2）MPI（モーズレイ性格検査）　日本版モーズレイ性格検査（Maudsley Personality Inventory, MPI）は，ロンドン大学のアイゼンク（Eysenck, H. J.）の性格理論にしたがって，外向性（Extraversion）-内向性（Introversion）と神経症的傾向（Neuroticism）の2つの性格特性を測る検査である。MPIの原版は，1959年に発表されている（Eysenck, 1959）。外向性性格とは，社交的・開放的で動作や感情の表現にためらいのない傾向のことをいい，いわゆる人づきあいのよい陽気な性格を表わし，ときのはずみで行動する衝動的な特徴を示す。それと反対に引っ込み思案で人とのつきあいを避けるような特徴を内向性という。内向型の人は落ち着いていて，内省的で秩序だった生活様式を好むとされる。神経症的傾向は，情動（感情・情緒）の過敏性を示す傾向であって，わずかなストレスに対しても容易に神経症的混乱を引き起こすような人に見られる性格特徴である。いわゆる神経質で落ち着きのない，いつでも緊張してい

る人柄と印象づけられる，情緒不安定な性格特徴を示している。外向性－内向性尺度（E尺度）と神経症的尺度（N尺度）の項目がそれぞれ24項目あり，虚偽発見尺度（Lie Scale，L尺度）の20項目が含まれている。虚偽発見尺度（L尺度）は，一般には社会的に望ましい，あるいは好ましい行為と認められているが，実際には実行できそうもない質問項目である。被検者がどの程度自分を実際以上によく見せようとして回答しているかを調べる尺度で，L尺度の得点が高い被検者の全回答は信頼度が低いことになる。さらにE尺度とN尺度の項目に似た内容であるが，項目分析のさいに不適当なものとして採用されなかった12項目を加えて，全体の項目数が80になっている。この12項目は，検査の目的を曖昧にする意味をもち，また矛盾する回答を検出する役目ももっている。検査は15〜30分と比較的短時間で実施でき，被検者は3件法（はい，？，いいえ）によって回答することになる。

3) MMPI（ミネソタ多面人格目録）　MMPIはミネソタ多面人格目録（Minnesota Multiphasic Personality Inventory）の略称で，ハサウェイとマッキンリー（Hathaway, S. R. & McKinley, J. C.）によって1943年に公刊された。日本版のMMPIは何種類か作られているが，ここでは新日本版MMPIを紹介する。新日本版MMPIは14の基礎尺度があり，4つの妥当性尺度と10の臨床尺度に分けられる。尺度名，検査内容および項目数は，表4-5のようになっている。約550項目の文章について「当てはまる」か「当てはまらない」のいずれかの回答を選んでもらうものである。「どちらともいえない」という回答を許しているが，これは無回答か回答拒否とみなされる。検査には，カード形式と冊子形式がある。カード形式は，1枚ごとに1つの項目文章が印刷された550枚のカードがセットになったもので，被検者は無作為な順序になったそのカードを振り分けて回答していくものである。冊子形式は項目文章が印刷してある小冊子を見て，回答用紙に記入して回答していくものである。

4) 新版TEG（新版東大式エゴグラム）　エゴグラム（Egogram）は，バーン（Berne, E., 1910-1979）が創始した交流分析（Transactional Analysis, TA）の基礎理論の一つである構造分析の理論からデュセイ（Dusay, J.）が自我状態を量的に表現するために考案したものである。彼によれば，エゴグラムは「それぞれのパーソナリティの各部分同士の関係と，外部に放出してい

表4-5 MMPIの基礎尺度と査定内容

妥当性尺度			
疑問尺度（？）	不決断や否定的態度		
虚構尺度（L）	人の一般的な弱点を受け入れない傾向（社会的望ましさ）	(15)	
頻度尺度（F）	一般の考え方とのズレの程度・適応水準	(64)	
修正尺度（K）	自己開示と自己防衛のバランス	(30)	
臨床尺度			
第1尺度（Hs）	保守性・精神面の無視傾向・身体的訴えを使う場面回避	(33)	
第2尺度（D）	現状への不満・不適応感・抑うつ気分	(60)	
第3尺度（Hy）	ストレス対処の仕方（否認や抑圧傾向）	(60)	
第4尺度（Pd）	何か（人や制度など）に逆らい闘う傾向・主張する傾向	(50)	
第5尺度（Mf）	役割の柔軟性・性役割観	(60)	
第6尺度（Pa）	対人関係での感受性・疑問を抱く傾向	(40)	
第7尺度（Pt）	不安定・完全癖	(48)	
第8尺度（Sc）	現実との接触の仕方・疎外感	(78)	
第9尺度（Ma）	活動性	(46)	
第0尺度（Si）	社会参加や対人接触を避ける傾向	(70)	

注：（　）内は項目数

る心的エネルギーの量を棒グラフで示したもの」と定義されている。自我状態の構造分析によると，自我状態は親の自我状態P（Parent），成人の自我状態A（Adult），子どもの自我状態C（Child）の3つに分けられる（図4-1）。親は生育歴の中で親や親的な役割をもった人から取り入れた部分，成人は今の成人としての自分，子どもは子どものときから持ち続けてきた経験をもとにした部分であり，各自我状態はそれぞれの感情・思考・行動をともなっている（表4-6）。さらに親の自我状態のPは，批判的なP（Critical Parent, CP）と養育的なP（Nurturing Parent, NP）に分かれる。CPは，理想，良心，責任，批判などの価値判断や倫理観など父親的な厳しい部分を主としている。創造性を抑え，懲罰的で厳しい面が多いが，社会秩序の維持能力や理想追求など肯定的な面ももっている。NPは，共感，思いやり，保護，受容など子どもの成長を促進するような母親的な部分をいう。他人に受容的で，相手の話に耳を傾けようとする。同情的で親身になって世話をし，親切な言葉をかけて愛情深い。成人の自我状態のAは，事実に基づいて物事を判断しようとする部分である。データ処理におけるコンピューターのような働きをする。子どもの自我状態のC

構造モデル　　　　　　機能モデル

P　「親の自我状態」　　「批判的な親」CP|NP「養育的な親」

A　「成人の自我状態」　　　　　　　A　「成人」

C　「子どもの自我状態」「自由な子ども」FC|AC「順応した子ども」

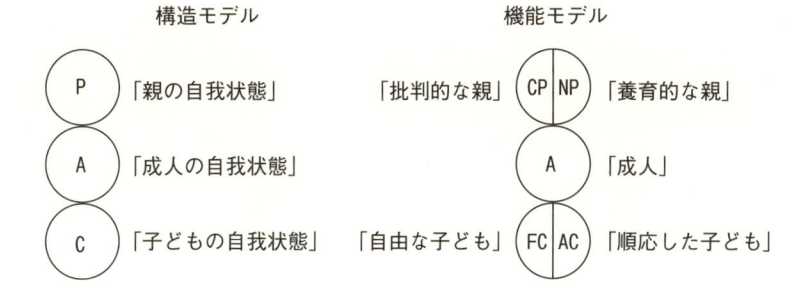

図 4-1　自我状態の構造と機能

表 4-6　各自我状態の一般的特徴

批判的な親（CP）	・責任感が強い ・厳格である ・批判的である ・理想をかかげる ・完全主義
養育的な親（NP）	・思いやりがある ・世話好き ・優しい ・受容的である ・同情しやすい
成　人（A）	・現実的である ・事実を重要視する ・冷静沈着である ・効率的に行動する ・客観性を重んじる
自由な子ども（FC）	・自由奔放である ・感情をストレートに表現する ・明朗快活である ・創造的である ・活動的である
順応した子ども（AC）	・人の評価を気にする ・他人を優先する ・遠慮がちである ・自己主張が少ない ・よい子としてふるまう

は，自由なC（Free Child, FC）と順応したC（Adapted Child, AC）に分かれる。FCは親の影響を受けていない，生まれながらの部分である。ホメオスタシスの原理に基づいた自然随順の営みで，快感を求めて天真爛漫にふるまう。直観的な感覚や創造性の源で，豊かな表現力は周囲に暖かさや明るさを与える。ACは，人生早期に周囲の人たち（とくに母親）の愛情を失わないために，子どもなりに身につけた処世術の部分である。親や大人の期待にそうように，つねに周囲に気がねして自由な感情を抑える「いい子」である。

TEGは1984年に開発され，新版TEGが2002年に出版された。5尺度（CP, NP, A, FC, AC）が各10項目および妥当性尺度（Low Frequency Scale, L尺度）が5項目の合計55項目と疑問尺度（Question, Q尺度）から構成されている。質問項目に対して3件法（はい，どちらでもない，いいえ）で回答するものである。L尺度は，被検者の検査に対する態度，質問項目の理解度，採点上の大きな誤りなどを見る。Q尺度は，「どちらでもない」と回答した項目の総数である。

エゴグラム・プロフィールの全体像を把握し，パターンによる人格特性を理解することできるようにTEGのパターン分類がなされている。

4-3-3 投映法

投映法は，曖昧で漠然とした，構造化されていない刺激材料や場面を与えて，被検査者の自由で独自な反応を引き出す方法である。そうした刺激に対する意味づけや解釈としての反応から自己の内面の欲求，感情，葛藤などを把握することができる。投映法は標準化が困難であり，実施や結果の処理が必ずしも容易ではなく，結果の解釈は主観的・洞察的にならざるをえない。したがって検査者には，臨床心理学などに関する高度な知識，豊富な経験，熟練した洞察力や直観力が必要とされる。

投映法には，さまざまなものがある。与えられる課題のタイプによって，次の5つに分けることができる。

①連想法：言語的刺激，視覚的刺激，聴覚的刺激によって何が浮かぶかを問うものである。これには，ロールシャッハ法，言語連想検査法などがある。

②構成法：検査素材が提供する枠組みにのっとってあれこれ想像させるものである。TAT（主題統覚検査），CAT（児童用主題統覚検査），MAPS（絵画物語検査），ブラッキー・テストなどがある。
③完成法：被検査者に文章や物語を完成させることを要求するものである。これは，かなり構造化されている構成法ともいえる。SCT（文章完成法テスト），TST（20問法），P-Fスタディ（絵画欲求不満検査）などがある。
④選択法または配列法：与えられた素材を物語の順番になるように並べたり，選択した順番に並べたりさせるもので，言語的説明をともなわないことが多い。ソンディ・テスト，カーン・シンボル・テストなどがある。
⑤表現法：検査刺激を用いず，被検査者に芸術的ないし創造的なものを表現したり創るように要求するものである。バウムテスト（樹木画テスト），DAP（人物画テスト），HTP（家-樹木-人物画テスト），家族画，サンドプレイ（箱庭法），風景構成法，コラージュ法，サイコドラマ（心理劇），フィンガー・ペインティング，ドルプレイ（人形遊び）などがある。

1）ロールシャッハ法　ロールシャッハ法は，スイスの精神科医ロールシャッハ（Rorschach, H.）によって1921年に創案された。10枚のイン

図4-2　インク・ブロット図の例

表4-7 ロールシャッハ法のスコアリング・カテゴリ（名大式）

反応領域
全体反応　　　　　W
切断全体反応　　　W'
作話全体反応　　　DW
部分反応　　　　　D
小部分反応　　　　d
異常反応　　　　　Dd
　稀少部分反応　　dr
　微小部分反応　　dd
　内部部分反応　　di
　外縁部分反応　　de
間隙反応　　　　　S
　反転間隙反応　　So
　付加的間隙反応　Se
　空洞間隙反応　　Si

決定因
純粋形態反応　　　F
人間運動反応　　　M
動物運動反応　　　FM
無生物運動反応　　Fm, mF, m
通景反応　　　　　FV, VF, V
弱立体反応　　　　FY, YF, Y
材質反応　　　　　FT, TF, T
黒白反応　　　　　FC', C'F, C'
色彩反応　　　　　FC, F/C, CF, C/F, C

反応内容
動物に関する反応
　動物反応　　　　　A
　非現実動物反応　　(A)
　動物部分反応　　　Ad
　非現実動物反応　　(Ad)
　動物製品反応　　　Aob

人間に関する反応
　人間反応　　　　　　H
　非現実人間反応　　　(H)
　人間部分反応　　　　Hd
　非現実人間部分反応　(Hd)
　内臓反応　　　　　　Atb
　性反応　　　　　　　Sex
　肛門反応　　　　　　Anal

芸術・抽象に関する反応
　芸術反応　　Art
　抽象反応　　Abs
　記号反応　　Sign

その他の反応
　血液反応　　Bl
　戦争反応　　War
　爆発反応　　Exp
　火反応　　　Fi
　食物反応　　Fd
　音楽反応　　Mu
　科学反応　　Sc
　宗教反応　　Rel

自然・建物・地理などの反応
　自然反応　　Nat
　洞穴反応　　Cave
　建物反応　　Arch
　地理反応　　Geo
　風景反応　　Lds
　雲反応　　　Cl

植物に関する反応
　花反応　　　Flo
　植物反応　　Bot

表4-8 ロールシャッハ反応の整理と意味づけの手続き（名大式）

1. 反応数・反応拒否・反応時間など　2. 反応領域　3. 決定因　4. 形態水準
5. 記号間の比率　6. 反応内容　7. 平凡反応
8. 感情象徴分析（敵意感情，不安感情，身体的関心，依存感情，快的感情，その他の感情，中性感情など）
9. 思考・言語過程の分析（Constrictive Attitude, Abstraction and Card Impression, Defensive Attitude, Obsessive and Circumstantial Response, Fabulization Response, Associative Debilitation and "Labile Bewusstseinslage", Repetition, Arbitrary Thinking, Autistic Thinking, Personal Response and Ego-Boundary Disturbance, Verbal Strangeness, Association Looseness, Inappropriate Behavior）
10. 基礎ロールシャッハ得点（BRS）

クの染みの図版を用いた検査で、そのインクの染みの図版が「何に見えるか」という視覚的体験を3つの視覚的な構成要素から分析しようとする（図4-2）。つまり、①反応が図版のどの部分を用いて形成されたかという反応領域（location）、②図版のどのような刺激的特徴が反応の形成に寄与したかという反応決定因（determinant）、そして③図版が何に見えるかという反応内容（content）である。検査は、反応が産出される自由反応段階と、反応の構成要素を明確にする質疑段階に分かれる。3つの構成要素に分類する作業がスコアリングであるが、スコアリング・システムは、ベック法、クロッパー法、ピオトロフスキー法、エクスナー法、名大式（表4-7）、片口式、阪大式など様々あるのが現状である。反応の質を評価するものとして、形態水準と平凡（ポピュラー）反応がある。形態水準は、①反応内容と形がうまく適合しているかどうか、②形の把握の的確さ、明細化の程度、部分を全体にまとめあげる構成化の程度などによって判定される。平凡反応は、ブロット領域に対して、高い頻度で出現するような特定の反応を称している。

　分析方法には、形式分析、継列分析、内容分析（主題分析）がある。形式分析は記号化に基づく量的分析で、継列分析と内容分析は質的分析といえよう。継列分析は反応の流れを時間軸に即して検討する。内容分析は、とくに反応内容に注目して被検者の内的世界や関心のあり方を検討しようとする。

2）TATとCAT　　TAT（Thematic Apperception Test）は、主題統覚検査あるいは課題統覚検査と訳されている。統覚とは、人が知覚したものについての意味ある解釈とされる。ある場面やある状況にいる1人または複数の人物が描かれた絵を被検者に提示して、その絵から簡単な空想物語を自由に作ってもらうものである。絵の場面はどのような場面で、絵の中の人物はどのような人間であり、どのようなことを考えているのか、このような状況になるまでの経緯や今後どのようになっていくかなどを含めて、空想物語を作ってもらい、この空想物語が分析に用いられる。マレー（Murray, H. A.）とモーガン（Morgan, C. D.）によって1935年に、白紙を含んだ31枚の図版（ハーヴァード版）が発表された。どの被検者にも用いる11枚の共通図版（図版1, 2, 4, 5, 10, 11, 14, 15, 16, 19, 20）と、性別と年齢別（14歳以下と14歳を越えるもの）に応じて用いる図版（M：成人男性，F：成人女性，B：少年，G：少女）に分か

JM1

図 4-3　名大式 TAT 図版の例

れている。実際には被検者の年齢や性別，問題の性質によって，20枚程度の図版について物語を作ってもらうのである。

　刺激となる絵画は研究者によって異なり，わが国では精研版，早大版，名大版（図4-3）が発表されている。各版によって刺激価が異なり，実施枚数も異なっている。物語の分析と解釈の仮説は，マレーの欲求−圧力理論（Need-Press theory）に基づくものだったが，その後さまざまな方向に修正発展され，研究者が立脚する理論的立場が反映されるようになっている（表4-9）。

　検査対象によっても異なり，ベラック（Bellak, L.）は児童向けに CAT（Children's Apperception Test），高齢者向けに SAT（Senior Apperception Test）を公刊している。ベラック版の CAT は3歳から7歳頃までの児童用で，人物の代わりに動物の絵が描かれている。日常場面を描いた10枚の図版から構成されている。わが国では，早大版 CAT 幼児・児童用（5歳〜10歳），精研版 CAT 幼児・生徒用（7歳〜15歳）などがある。また，ベラック版 SAT は65歳以上を対象にしており，高齢者と場面を描いた16枚で構成されていて，老年期における心理・社会的問題が描かれている。このほかに，いくつかの画像を背景の絵にして物語を作る MAPS（Make-A-Picture-Story），漫画の黒い犬を主人公にしたブラッキー・テスト（Blacky Pictures Test）などがある。

　3）バウムテスト（樹木画テスト）　　スイスのコッホ（Koch, K.）が1949年に発表した課題描画テストで，描かれた木から被検者の発達的，性格的側面

表 4-9 名大式 TAT の実施と分析方法

名大式の図版は，JM1，J2，M3，J4，J6M，J6F，J7M，J7F，J9，J13，J18，J22の10枚が標準セットとなっている。

教　示：「これから1枚ずつ絵をお見せしますから，それについて物語をつくってください。絵に描かれた場面のことを現在として，それより前にどんなことがあって，現在何をしているのか，またこれから先どうなっていくのか，絵の中の人は何を感じ，何を考えているのかといったことについて，あなたの好きなように想像して，浮かんだままのことを何でも話してください。」教示では，物語は過去・現在・未来にわたって言及されること，人物の考えや感情が述べられること，物語に正誤の基準はないので自由に想像すること，などが十分に徹底されることが求められる。

記　録：各図版に対する初発反応時間と反応所要時間，被検者の物語反応，検査者の質疑（物語の不備の補足など）と被検者の回答，被検者の態度や中断・拒否などを記録する。

分析の方法と手続き

1. 第1回通読：反応の全体的特徴を把握するため，まず1回通読する。初発反応時間と反応所要時間に関する図版別の差異とそれらの平均値，拒否カードの有無との性質，物語の構成，情調の在り方や物語に反映される全体的特徴などの項目について，その概略をつかむ。
2. 第2回通読　形式分析：2回目の通読によって，図版別に形式分析を行う。形式分析（総括），形式の特性，内容の特性の3つの側面からの分析結果に基づき，さらに「形式分析から得た特徴」として形式分析の総合的所見がまとめられる。

〔形式分析（総括）の分析項目〕（第1表）
1.初発時間，2.質問回数，3.叙述の速度，4.叙述の中断，5.言語の水準，6.構成の良否，7.構成の独創性，8.内容の豊富さの程度，9.絵の誤認の有無，10.質疑による主題の変化，11.固執反復の程度，12.言語表現様式の常同性，13.病気についての固執，14.幸福対悲惨の主題の反復，15.内感的または外感的傾向，16.内罰的または外罰的傾向

〔形式の特性の分析項目〕（第2表）
1.断片的文章，2.貧弱な文章構造，3.奇妙な文章構造，4.一貫性のない文章構造，5.長い沈黙，6.接続詞の欠如，7.因果関係の欠如，8.不正確な言語・新造語，9.二枚以上にわたる話の連続，10.悠長な記述の過多，11.一人称の記述，12.不確かな決定しにくい表現，13.絵の細部にわたる叙述，14.検査の指示への迎合，15.検査の指示への反抗，16.テストの目的の疑惑，17.絵優位の叙述，18.概念優位の叙述，19.過去の強調，20.現在の強調，21.未来の強調，22.感嘆詞・間投詞，23.拒否

〔内容の特性の分析項目〕（第3表）
1.人物の態度と表現の欠如，2.人間関係の叙述の欠如，3.物語の人物との同一化の欠如，4.人間関係の分裂，5.非人格的具体描写，6.逃避の内容，7.幻覚の内容，8.支離滅裂の内容，9.奇妙な内容，10.絵にそぐわない内容・場面・考えの導入，11.極端に社会的に不適な内容，12.感情にない調子，13.不安定な情緒的内容，14.行為が劇的強迫的内容，15.ためらいやおののきの意味を持つ表現，16.物語の人物との強い同一化，17.自己告白的自伝的経験の叙述，18.自伝的叙述の否定，19.自己防衛的，20.欲求不満で終わる性的空想内容，21.攻撃的態度の否定，22.孤立の不安，23.葛藤の結末が欲求不満または悲劇的，24.嫌疑スパイ等の主題，25.証明的叙述，26.現在の恐怖の叙述，27.陰うつな内容と結末，28.罪道徳についての叙述，29.用心深さの表現，30.絵についての美的感情の表現，31.絵の批判

3. 第3回精読　標準反応分析：3回目は精読によって，「標準反応分析（偏位反応）」を，次の7項目について評定を行う。（第1図）

　　St（構成structure）　物語の構成の良否によって，3段階に評定する
　　H（主人公Hero）　物語の中心となる人物
　　Th（主題Theme）　物語の主要な筋書
　　H.R.（人間関係Human relation）　絵に描かれている人物の人間関係
　　E（情調Emotional tone）　情緒的な調子の在り方に応じて，+2から-2までの5段階に評定する
　　O（結末Outcome）　物語の結末の在り方に応じて，+2から-2までの5段階に評定される
　　Sh（移行Shift）　情調から結末への推移の在り方について，+4から-4までの9段階に評定する

4. 内容分析：図版ごとに，物語の主題と主人公を把握し，その主人公の在り方を通じてみられる特性や，反応の細部にわたる事項について正しく理解する。内容分析の分析表示例のように，①欲求体系とその潜在的構造（1～3）②環境に関する力動的体制（4～6）③内的状況と外的適応性（7～10）の3側面から，図版別に要約する。（第2図）
5. 総合的分析：偏位反応と内容分析の結果を中心に，形式分析における特徴を考慮しながら，「パーソナリティ特徴の全体的解釈」に示されるように総合的な観点からパーソナリティ特徴に関する分析と記述を行う。（第3図）

を見るものである。バウムは，ドイツ語の木を意味している。バウムテストは実施が簡単で，発達的な理解と病理的な理解が可能である。実施には，A4判の上質紙か画用紙，HBから4B程度の鉛筆，消しゴムが用いられる。一般的な教示は，「実のなる木を1本描いてください」である（図4-4）。実を描くことや本数を示さない方法もある。時間の制限は，とくにない。描き終わったら，「この木は何の木でしょうか」などと質問したり，「この木の印象や感じはどんなものでしょう」などと感想を求める。解釈には，全体的評価，形式分析，内容分析などが用いられる。コッホは，描かれた木を意味空間に位置づけるのに美術史家のグリュンワルト（Grünwald, M.）の空間象徴図式を用いている（図4-5）。この他に，ボランダー（Bolander, K.）の用紙の象徴性も参考になるだろう（図4-6）。

4）コラージュ法　コラージュ（collage）とは，"coller" というフランス語に由来することばで，「にかわで貼る，付ける」という意味がある。コラージュ法は，写真や絵，文字などを雑誌や新聞などから切り抜き，それらを台紙に貼ってひとつの作品を作るものである。コラージュ法には，次の2通りの方法に大別される。

①マガジン・ピクチャー・コラージュ法　この方法では，八つ切りか四つ切の画用紙を台紙として用いる。カラーの台紙でもよい。制作者に切片用の雑誌を持参してもらうか，制作者が使いそうなものを検査者が用意する。制作者は雑誌をめくって，好きなもの，目にとまったもの，心惹かれるもの，気になるものをはさみで切り抜いて切片を集める。それらの切片を台紙に置いてみて，位置や構成が決まったら，のりで貼り付ける。

②コラージュ・ボックス法　台紙としてA4かB4の用紙を用いる。あらかじめ検査者が切り抜いて大中小の切片を30枚から50枚ほど箱に入れておいて，そこから制作者が選んで構成して台紙に貼るものである。

コラージュ法では，丸い紙に貼る円形コラージュ，葉書用箋に貼る連作向きの葉書コラージュ，課題を指定する課題コラージュ法などのさまざまな方法が提案されている。個人コラージュ法のほかに，1枚の台紙に合同で制作する合同コラージュ法（図4-7），5～6人程度の集団で模造紙大の台紙に貼る集団コラージュ法も行われている。また，クライアントとセラピストが，同時にそれ

図 4-4　バウムテストの例

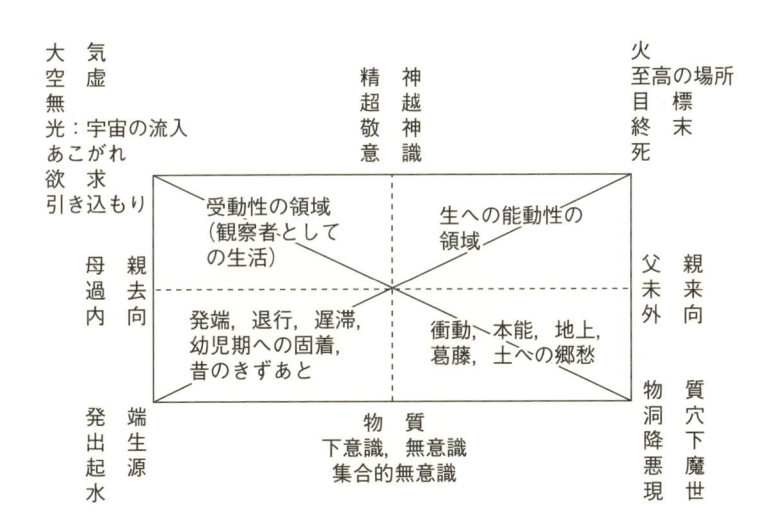

図 4-5　グリュンワルトの空間図式

ぞれの作品を制作する同時制作法もある。
　コラージュの制作プロセスには，雑誌に触ってみる，はさみで切りとる，いろいろと構成を試してみる，のりで貼る，作品を鑑賞するなどの行為が含まれ

(7)	(8a)	(8b)	(9)
神秘主義	狂信性	努　力	完　成
直　観	理想主義	目　標	計画性
憧　憬	愛他主義	自　覚	十分な財力
幻　想	信　仰	達　成	独　立
夢　想	想　像	几帳面	実　験
芸　術	宗　教	哲　学	科　学
(4)	(5a)	(5b)	(6)
感情的判断	喜　び	決　意	意　志
気　分	保　護	主導性	仕　事
記　憶	献　身	自己統制	伝　統
熱　望	同　情	責　任	常　識
受動性	悲しみ	虚栄心	具体性
感情の固着	後　悔	拒　否	活動性
(1)	(2a)	(2b)	(3)
依　存	無意識の欲求	無意識の権力欲	無気力
安全への要求	無意識の記憶	識閾下の知覚	自己愛
退　行	母性的本能	自我本能	恐怖：混乱
口唇的固着	再生への性本能	生殖器への性本能	肛門的固着
前意識	女性の原型	集合的男性の原型	死
発端の原型	豊饒神崇拝儀式	男根儀式	回　帰

図4-6　ボランダーの用紙の象徴性

図4-7 共同コラージュ法の例

ている。雑誌から切り取った絵や写真を使うので，比較的簡単で，それなりの作品ができやすい。良い作品ができたという満足感が，心の安定をもたらす。また切ったり貼ったりする工作的な手続きは，子どもの心に戻っていく作業でもある。制作した表現作品と向かい合うと，制作者本人が自ずから気づくことも少なくない。

　傷ついた心を開きすぎると，状態が悪化することがある。その点コラージュ法は，安心して実施できる安全性の高さがある。たとえば，嫌な絵や写真は切り取らない，切り取っても使わない，貼ってもその上に他の切片を貼ることができるなど，コラージュ法には安全性が保証されている。ある。もちろん，コラージュ表現を拒否できる自由も保証されなくてはならない。

5）ソンディテスト　ソンディテスト（Szondi test）または実験衝動診断法は，ハンガリーの精神医学者で遺伝学者のリポート・ソンディ（Lipot Szondi, L.）によって1939年に考案された人格診断法である。

　ソンディテストは，ソンディの理論（衝動学説，運命分析学など）の正当性を実証するために考案されたもので，検査の基盤となっている理論や思想的背景の理解が必要である。

　本検査は8枚1組の顔写真が6組で，合計48枚の顔写真から構成されている。各組には，精神疾患（衝動疾患）患者の顔写真を含んでいる。具体的には，8枚の顔写真の中から，もっとも好きな（共感できる）顔写真2枚，もっとも嫌いな（共感できない）顔写真2枚を選択するように求められる。このような操

作が第1組から第6組まで反復施行され，テストの第Ⅰ段階が終了する。次に，最初の手続きで選ばれなかった残りの4枚の写真につき，比較的嫌いな（共感できない）顔写真2枚を選択するよう要求され，同様に第6組まで反復施行されて，テストの第2段階が終了し，以上で第1回目のテスト施行が完了する。臨床的に有効な知見を得るには，1日から1週間程度の時間をおいて，テストを反復施行（少なくとも8回，可能なかぎり10回）しなければならない。

　ソンディは，4種類の衝動領域（ベクター）を設定している。つまり，性衝動領域（S），発作（感情）衝動領域（P），自我衝動領域（Sch），接触衝動領域（C）である。各衝動領域は，それぞれが2種類の衝動因子から成り立っていて，同性愛（h因子），加虐愛（s因子），てんかん（e因子），ヒステリー（hy因子），緊張病（k因子），妄想病（p因子），うつ状態（d因子），躁状態（m因子）の8種類である。さらに，その衝動因子は，対立する衝動傾向（＋と－）から構成されている。

　ソンディテストは，言語表現を媒介としない選択検査であり，幼児や老人にも容易に施行できる。反復施行（10回プロフィール法）をするために，人格の動きをとらえることができる。つまり，力動的な縦断的診断が可能であり，経過分析ができる。さらに，衝動危険性と自我防衛機制，前景人格と背景人格，動物的本能と人間的衝動などの弁証法的理解によって，全人間像が把握され，未来の運命への予見が可能である。

　6）人物画と家族画　　白紙に人物や家族を描かせる描画法の検査である。簡単な方法は，自画像や家族の成員像（父親や母親など）を描かせるものである（図4-8）。この検査には，いくつかの方法がある。

　DAM：グッドイナフ（Goodenough, F. L.）は，「男の人を1人描いてください（Draw a man）」という教示を用いて，描かせている。

　DAP：マッコーバー（Machover, K.）は，「人を1人描いてください」と教示し，別の白紙に「こんどは，女（男）の人を描いてください」と，最初の絵と反対の性の人を描くよう教示している。

　DAF：ハリス（Harris, D.）は，「男の人を描いてください（Make a picture of a man）と教示し，描き終わると，次に「では今度は，女の人を描いてください」と求め，最後に「あなた自身を描いてください」と3枚の人物画を描か

図 4-8 人物画・家族画の例

せる方法を用いている。

　HTP法：バック（Buck, J. N.）のHTP法は，B5判の3枚の画用紙に，家，木，人の順で描いてもらい，描いた後に64項目の質問を行うものである。HTP法の変法として，4枚目の用紙に最初に描いた人物と反対の性の人物も描かせるHTPP法や，1枚の絵に3つの課題（家，木，人）を含めて描いてもらう統合型HTP（S-HTP）法がある。

　動的家族画法（KFD）：バーンズ（Burns, R. C.）とカウフマン（Kaufman, S. H.）は，家族画に動的な要素を求めて動的家族画（Kinetic Family Drawings, KFD）を始めた。KFDでは，A4判の画用紙を用いて，「あなたも含めて，あなたの家族の人たちが何かをしているところを絵に描いてください。人物は，全体を描くようにしてください。家族の人たちが，なんらかの行為や動作をしているところを思い出して描いてください」と教示される。

円枠家族描画法（F-C-C-D）

　さらにバーンズは，円枠家族描画法（Family-Centered-Circle-Drawings, F-C-C-D）を考案している。B4の白紙に直径21cmの円が中央に描かれている用紙を用いて，「円の中心にお母さんを描いてください。その円の周辺にお母さんに関して自由連想したものを描いてくだい。中心に描く人物像は，全身像を描

図 4-9　風景構成法の例

くようにしてください」と教示する。最初に母親が描き終わったら，次は別の新しい用紙に父親，その次に描き手である自分を描くように求める。こうして母親，父親，自分の3枚の円枠家族描画が得られる。

7) 風景構成法　箱庭療法を統合失調症に適用する場合の適否を鑑別する方法として，1969年に中井久夫によって考案された描画法である。検査者が黒のサインペンで，A4サイズの白紙にフリーハンドで内枠を描いて，被検査者に渡す。被検査者は10のアイテムを順番に描いていって，全体で風景になるように構成することを求められる。具体的には，①川，②山，③田や畑あるいは草原，④道，⑤家，⑥木，⑦人，⑧花，⑨動物，⑩石か岩，その他の付け加えたいものを順に描いていく。そして，12色から36色のクレヨンで彩色するのである。なお，付加のアイテムとして，太陽，雲，橋などが描かれることが多い（図4-9）。

描画後に，絵についての感想や，描かれた風景についていろいろと尋ねる。質問は，たとえば，「季節はいつか？」「時刻はいつか？」「川はどちらから流れているか？」「人は，どういう人か？」「動物は何か？」など，である。

8) フィンガー・ペインティング　フィンガー・ペインティングは，ナポリ（Napoli, P. J.）やショー（Shaw, R. F.）によって考案し，体系化された。四つ切りなどの大きさのケント紙に，好きな色のペイントを指先，手のひら，腕につけたり，使ったりして，自由に絵を描かせるものである（図4-10）。ことばは必要でないので，連想が自由に生じやすい。無意識の欲求，不安，衝動，

図 4-10 フィンガー・ペインティングの例

葛藤などが表現され，心理的な緊張が発散され，解放される。診断法としてだけでなく，治療的な効果も期待できる。

　小麦粉に水を入れて煮て，のり状にする。さましてから防腐液，潤滑油（グリセリン），洗剤を少量入れる。小さな器（小鉢など）に分けて，器ごとに赤，青，黄，白の粉絵の具を入れてかき混ぜる。厚手のケント紙，小鉢，エプロン，水入れの容器，手拭タオル，新聞紙，ティッシュなどを用意する。ペイントをそのまま，あるいは混ぜ合わせて，指，手のひらなどを使って思いのままに自由に描いていく。個人，ペア，小集団でも用いられ，その対象は情緒障害児，精神発達遅滞児，精神病者などである。

4-3-4　作業検査法

　作業検査法は，被検者に一定の単純な作業（連続加算や図形の模写など）を行わせて，その作業の量や質，作業中の態度などからパーソナリティを査定する方法である。作業検査法の長所としては，被検査者に検査の意図がわかりにくいために偽装ができないこと，集団でも実施できることなどが挙げられる。短所としては，検査の条件が限定されていてパーソナリティの一部しかとらえられず，パーソナリティの構造全体を把握できないことがある。

　作業検査法としては，内田クレペリン精神作業検査，ベンダー・ゲシュタルト・テスト，ブルドン抹消検査，アメフリ検査，桐原ダウニィ－意志気質検査などがある。

1) **内田クレペリン精神作業検査**　ドイツの精神病理学者クレペリン（Kraepelin, E.）が開発した連続加算法をもとに内田勇三郎によって作成された検査法である。左から右へ、3～9の数字がランダムに並んでいて、隣り合う1桁の数字を2つずつ加算し、その答えの1桁の数字のみを2つの数字の中間下方に記入していく検査で、できるだけ速く正確に作業することが求められる。各行につき1分間ずつ15分間続けて連続加算（前期）を行い、5分間休憩したのちに、さらに15分間の連続加算（後期）を同様に行って終了する。検査用紙には、標準型と児童用（小学生が対象）がある。

分析は、量的段階、非定型特徴の有無、それらの特徴の程度によって行われる。健常者の常態定型曲線の特徴は、次のようなものである。

①前期の作業曲線がU字型の構造をとる。②後期の作業曲線が右下がりの構造をとる。③後期の作業量が前期を上回る。④作業曲線が適度に動揺している。⑤誤答がほとんどない。⑥作業量が極端に少ないということがない。

これに対して、非定型の特徴は次のようなものである。

①誤答が多発している。②大きな落ち込みが見られる。③大きな突出が見られる。④激しい動揺が見られる。⑤動揺が極端に欠落している。⑥前期に比べて、全体的に後期の作業量が減少している。⑦後期の初頭に著しい低位が見られる。⑧全体の作業量が著しく少ない。

4-3-5　行動アセスメント

行動アセスメントというと、行動論的面接、自己報告（自己評定尺度、質問票）、直接的行動観察、生理学的測定が含まれる。ここでは、直接的行動観察と生理学的測定について述べる。

行動観察は、アセスメントにとってもっとも基本的なものである。いわゆる観察法では、個人の観察可能な行動（言語的行動と非言語的行動）が対象になる。これには、実際の日常生活場面での行動を観察する自然観察法と、実験的な操作によって特殊な場面を作ってそこでの行動を観察する、統制あるいは実験的観察法がある。組織的観察法は、自然観察を効率的に行うために、観察場面や観察時間を限定して、観察内容とその基準を明確にして観察する方法である。また観察者の役割によって参加観察と非参加観察に分かれる。観察対象

は人（文章による行動描写，チェックリストや評定尺度などによる表記）か機器（視聴覚機器など），あるいはその両方によって記録され，観察記録は行動を標本（サンプル）か徴候（サイン）として記号化することになる。

心理−生理的反応を直接的に測定することは，行動の生理的な位相を理解するうえで有益な情報を提供してくれる。一般的に使用される心理−生理的な測度としては，神経・筋系では体温，脳波，筋電図，眼球運動，GSR（電気皮膚反応）など，呼吸器系では呼吸数，呼吸曲線など，また循環器系では心電図，心拍数，血流測度などがある。

4-3-6　面接法

面接法は，面接者が被面接者（対象者）と直接顔を合わせて，言語のやりとりを双方向に行いながら，対象者の内的世界（考え，感情，生活経験，人間関係など）を明らかにしようとする。その際には言語的内容だけでなく，外見，態度，表情，姿勢，動作といった非言語的情報にも注意が払われる。対象者との関係づくりが重視され，互いの間に信頼感（ラポール）を築くことが面接を進展させる前提と考えられている。対象者が気づいていない側面を引き出したり，言語化されない内容をある程度推し量ることもできる。検査法などと併用することによって，パーソナリティをより全体的に見ることができる。信頼できる面接の資料を得るためにも，面接者の豊かな経験と洞察力が求められる。面接法には，非構造的面接法，構造的面接法，半構造的面接法がある。構造的面接法は，尋ねる標準的な質問項目があり，それを尋ねていくものである。非構造的面接法は，相手に自分について自由に話してもらうものである。半構造的面接法は，この中間に当たるものである。

とくに臨床的面接法は心理援助のために行われるが，訴えや問題の概要を把握し治療を引き受けるかどうかを判断する受理面接法，査定や診断を目的とした診断的面接法と，治療や援助を目的とした治療的面接法がある。受理面接法では，臨床場面に現れる人（クライアント）は，どのような訴えをしているのか，訴えとなっている問題はなにか，そうした問題がどのように生じて，どのような経過をたどっているのか，この先どのようになっていくのか，などの情報が収集され，査定される。診断的面接法では，クライアントのパーソナリ

ティの全体像，病理水準，問題点を把握する必要があり，諸検査の結果や集められた関連の情報を総合して事例の全体像を把握し，治療（処遇）の方針や方法を決め，予後を予測することになる。治療的面接法は，サイコセラピーやカウンセリングのことである。

文献

安香　宏・大塚義孝・村瀬孝雄編（1992）『臨床心理学体系第6巻　人格の理解②』　金子書房

安香　宏・田中富士夫・福島　章編（1991）『臨床心理学体系第5巻　人格の理解①』　金子書房

Buck, J. H.（1948）*The H-T-P technique: A qualitative and quantitative scoring manual.* Journal of Clinical Psychology, Monograph Supplement No.5, Vermont: Bandan.（加藤孝正・荻野恒一訳（1982）『HTP診断法』新曜社）

Bolander, K.（1977）*Assessing personality through tree drawing.* New York: Basic Books.（高橋依子訳（1999）『樹木画によるパーソナリティの理解』　ナカニシヤ出版）

Eysenck, H. J.（1959）*Manual of Maudsley Personality Inventory.* London: Univ. London Press.

Goodenough, F. L.（1926）*Measurement of intelligence by drawing.* New York: World Book.

Haris, D.（1963）*Children's drawings as measures of intellectual maturity.* New York: Harcourt.

Koch, C.（1952）*The tree test.* Bern: Hans Huber.（林　勝造・国吉政一・一谷　彊訳（1970）『バウム・テスト―樹木画による人格診断法』日本文化科学社）

Machover, K.（1949）*Personarity projection in the drawing of the human figure.* Springfield: Thomas.

松原達哉編（2002）『心理テスト法入門（第4版）』　日本文化科学社

松原達哉・楡木満生・澤田富雄・宮城まり子編（2005）『心のケアのためのカウンセリング大事典』　培風館

三上直子（1995）『S-HTP法―統合型HTP法における臨床的・発達的アプローチ』　誠信書房

MMPI新日本版研究会編（1993）『新日本版MMPIマニュアル』　三京房

森谷寛之・杉浦京子・入江　茂・山中康裕編（2004）『コラージュ療法入門』　創元社

大塚義孝（1993）『衝動病理学―ソンディ・テスト［増補］』　誠信書房

鈴木睦夫（1997）『TATの世界』　誠信書房

高橋雅春・高橋依子（1991）『人物画テスト』　文教書院

戸川行男他監修　本明　寛・外林大作作（1959）『TAT（心理診断法双書3）』　中山書店

東京大学医学部心療内科TEG研究会編（1999）『新版TEG実施マニュアル』金子書房

辻岡美延（1982）『新性格検査』　日本心理テスト研究所

氏原　寛他編（2006）『心理査定実践ハンドブック』　創元社

氏原　寛・成田善弘編（2000）『臨床心理学2 診断と見立て―心理アセスメント―』 培風館
山中康裕編（1984）『風景構成法』 岩崎学術出版社

付表と付図文献
丸井文男（1959）B　形式的分析　戸川行男他監修・本明　寛編　『TAT（心理診断法双書3)』　中山書店　pp.74-92.
丸井文男（1959）D　臨床的分析法（名大式）　戸川行男他監修・本明　寛編　『TAT（心理診断法双書3)』　中山書店　pp.127-179.

第1表　形式分析（総括）

1. 初 発 語 時 間	
2. 質 問 回 数	
3. 叙 述 の 速 度	
4. 叙 述 の 中 断	
5. 言 語 の 水 準	
6. 構 成 の 良 否	
7. 構 成 の 独 創 性	
8. 内容の豊富さの程度	
9. 質疑による主題の変化	
10. 固 執 反 復 の 程 度	
11. 言語表現様式の常同性	
12. 病 気 に つ い て の 固 執	
13. 幸福対悲惨の主題の反復	
14. 内感的又は外感的傾向	
15. 内罰的又は外罰的傾向	

第2表　形式の特性

図版符号 形式の特性	1 J M 1	2 J M 2	3 M 3	4 J 4	5 J 6 M	6 J 6 F	7 J 7 M	8 J 7 F	9 J 9	10 J 13	11 J 18	12 J 22	13	14	15	16	17	18	19	20	総計 枚
1. 断片的文章																					
2. 貧弱な文章構造																					
3. 奇妙な文章構造																					
4. 一貫性のない文章構造																					
5. 長い沈黙																					
6. 接続詞の欠如																					
7. 因果関係の欠如																					
8. 不正確な言葉・新造語																					
9. 2枚以上にわたる話の連続																					
10. 悠長な記述の過多																					
11. 1人称の記述																					
12. 不確かな決定しにくい表現																					
13. 絵の細部にわたる叙述																					
14. 検者の指示への迎合																					
15. 検者の指示への反抗																					
16. テストの目的の疑惑																					
17. 絵優位の叙述																					
18. 概念優位の叙述																					
19. 過去の強調																					
20. 現在の強調																					
21. 未来の強調																					
22. 感嘆詞・間投詞																					
23. 拒否																					

第3表　内容の特性

内容の特性	図版の符号	1 J M 1	2 J 2	3 M 3	4 J 4	5 J 6 M	6 J 6 F	7 J 7 M	8 J 7 F	9 J 4	10 J 13	11 J 18	12 J 22	13	14	15	16	17	18	19	20	総計	枚
1. 人物の態度の表現の欠如	1.																						
2. 人間関係の叙述の欠如	2.																						
3. 物語の人間関係との同一化の欠如	3.																						
4. 人間関係の分裂	4.																						
5. 非人格的描写	5.																						
6. 逃避的内容	6.																						
7. 幻覚的内容	7.																						
8. 支離裂滅の内容	8.																						
9. 奇妙な内容	9.																						
10. 絵にそぐわない内容・場面考えの導入	10.																						
11. 極端に社会的に不適切な内容	11.																						
12. 感情のない単調子	12.																						
13. 不安定情的内容	13.																						
14. 行為が劇的強迫的内容	14.																						
15. ためらい、おののきの意味の持つ表現	15.																						
16. 物語の人物との強い同一化	16.																						
17. 自己告白的自伝経験の叙述	17.																						
18. 自伝的叙述の否定	18.																						
19. 自己防衛	19.																						
20. 欲求不満で終る空想的内容	20.																						
21. 攻撃的態度の否定	21.																						
22. 孤立の不安	22.																						
23. 葛藤の結末が欲求不満乃至悲劇的	23.																						
24. 嫌疑スパイ等の主題	24.																						
25. 証明的叙述	25.																						
26. 現在の恐怖の叙述	26.																						
27. 陰うつな内容と結末	27.																						
28. 罪・道徳についての叙述	28.																						
29. 用心深さの表現	29.																						
30. 絵についての美的感情の表現	30.																						
31. 絵の批判	31.																						

第1図　標準反応分析表

図版 項目	JM1	J2	M3	J4	J6M J6F	J7M J7F	J9	J13	J18	J22			
St													
H													
T													
H.R													
E													
O													
Sh													
P.D													

〔注〕　St　構成　　　　E　　Emotional tone
　　　　H　　主人公　　　O　　Outcome
　　　　T　　主題　　　　Sh　 Shift
　　　　H.R　人間関係　　P.D　Perceptual Distortion

第2図　内容分析表

Name_____ Story No._____ (TAT Picture No._____

1. Main theme :

2. Main hero : age_____ sex_____ traits_____
  adequacy   ?   1   2   3   others_____

3. Main needs of hero :
  a) behavioral needs of hero : _____
     _____
     dynamic inference : _____
  b) figures, objects, or circumstances *introduced* : _____
     _____
     implying need for or to : _____
  c) figures, objects, or circumstances *omitted* : _____
     _____
     implying need for or to : _____
  c) figures, objects, or circumstances *misunderstood* : _____
     _____
     implying need for or to : _____

4. Press Situation : _____ others._____

5. Interpersonal relationship :
  Parental figures   (m_____, f_____ are seen as_____ and hero's reaction is_____
  Contemp.figures   (m_____, f_____ are seen as_____ and hero's reaction is_____
  Junior figures   (m_____, f_____ are seen as_____ and hero's reaction is_____

6. Significt Conflicts : _____
     _____

7. Nature of Anxieties :
     guilt feeling :

8. Security Operation :

9. Adjustment mechanism :

10. Solution : adequate_____ inadequate_____ no solution_____
    Outcome : happy_____ unhappy_____ neutral_____
    realistic_____ unrealistic_____

Summary

Analysis Sheet for use with the TAT Blank
Department of Neuropsychiatry
Nagoya University
School of Medicine

注　この用紙の裏面に各図版ごとの物語が記載される。

第3図　Personality Characteristics by the Holistic Interpretation

1. Level of Intellectual Capacities : _____

2. Organization and Logic of Intellectual Approach : _____

3. Creativity and Imagination : _____

4. Inner Adjustment :
　a. Basic emotional attitude : _____

　b. Attitude toward impulse : _____

　c. Anxiety : _____
　d. Maturity : _____

　e. Self-Integration : _____

5. Security Operation and Adjustment Mechanism : _____

6. Emotional Reactivity :
　a. Drive towards outer world : _____

　b. Spontaneity and personal freedom of action : _____

7. Family Dynamics :
　a. Relationship to father, mother, and siblings : _____

　b. Emotional atmosphere : _____

　c. Specific problems : _____

8. Sexual Adjustment :
　a. Adequacy : _____

　b. Anxiety : _____

　c. Specific problems : _____

5 サイコセラピーとその方法 (1)

5-1 サイコセラピーとは何か

5-1-1 サイコセラピーとは何か

　サイコセラピー（心理療法，心理治療）とは，専門的な訓練を受けたサイコセラピスト（心理治療家）と，発達上や適応上の問題や悩みで援助を必要としているクライアント（来談者）との間で，主に言語的手段を媒介にして営まれる治療活動およびその過程である。これは，一般的な定義である。
　サイコセラピストは，専門的な知識があるとか技法や方法を知っているだけでは不十分である。それらをうまく治療的に活用できるように専門的な訓練を受け，そのような経験をもった人であることが重要である。サイコセラピーでは，必要に応じて言語だけでなく遊戯（遊び），描画，音楽，箱庭などの非言語的な表現・伝達手段が使われたりする。
　次に挙げるサイコセラピーの定義は，河合（1992）を参考にしているが，かなり積極的なものである。
　サイコセラピーとは，悩みや問題の解決のために来談したクライアント（来談者）に対して，専門的な訓練を受けたサイコセラピスト（心理治療家）が，主として心理的な接近法によって，クライアントが悩みや問題の解決をはかり，自らの人生を発見的，創造的に歩むのを援助する営みである。
　このようにサイコセラピーの具体的な目的としては，①身体症状や精神症状

の軽減や消失，②問題の解決，不適応行動の除去，および適応行動の獲得や形成，③主体性，自律性などの心理的成長や自己実現が挙げられる。①と②は，実際的な治療効果である。腹痛や頭痛がなくなる，不安感やイライラ感が弱くなる，対人関係の不調が改善される，登校や出勤ができるようになる。このことによって現実生活において人間関係や社会生活がおくりやすくなる。これは，心身の苦痛をなくすか軽減し，社会生活への現実適応が目指される。③は①と②と関係があり，自主性，自発性，主体性，自律性，独立性，自己選択，自己決定，アイデンティティの確立などである。充実感や生きがい感をもって自らの人生を自己実現的に生きることができるようになる。現実的に社会生活が営むようになるには，その背後に心理的成長が考えられる。また，心理的な成長が生じれば，症状や不適応行動は消失するか軽減し，現実生活をおくりやすくなるだろう。さらに自分の人生の意義や生き方を考えるようになるかもしれない。

5-1-2　サイコセラピー的介入のモデル

　サイコセラピー（カウンセリング）的介入の立方体モデル（図5-1）によると，介入の対象として①個人，②第一次集団（家族），③共同集団，④機関とコミュニティが，目的として①治療，②予防，③発達（開発）が，および方法として①直接的サービス，②コンサルテーションとトレーニング，③メディアが挙げられている。サイコセラピーの基本は，問題化した個人を対象に，治療を目的に，直接的にかかわることであった。しかし今日では，社会のニーズも伴って，実践の対象，目的，方法には多様な広がりが見られている。

5-1-3　サイコセラピーの潮流と立場

　サイコセラピーには，さまざまな立場がある。それらを次の4つの潮流に大別することができる。これらの潮流は，相互に影響しているものである。
　①精神分析の潮流：人間を無意識に反応する存在と見る立場
　②行動主義（療法）の潮流：人間を刺激に反応する存在と見る立場
　③人間性心理学の潮流：人間を生成過程にある存在と見る立場
　④トランスパーソナル心理学の潮流：人間を超越する存在と見る立場

5-1 サイコセラピーとは何か   103

2. 介入の目的
(1)治 療　(2)予 防　(3)発達(開発)

1. 介入の対象
(1)個　人
(2)第一次集団
(3)共同集団
(4)機関とコミュニティ

3. 介入の方法
(3)メディア
(2)コンサルテーションとトレーニング
(1)直接的サービス

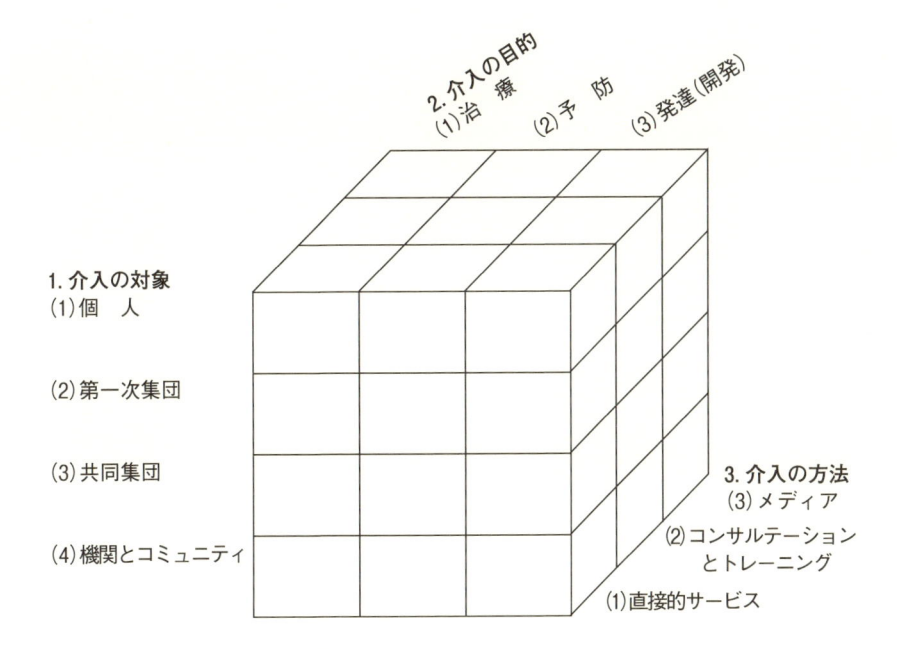

図5-1　カウンセリング的介入の立方体モデル（Morrill, W. H. ほか, 1974)

　精神分析の潮流は，人間の本質を無意識に反応する存在とみなしている。この立場には精神分析の創始者のフロイト（Freud, S.）をはじめ，個人心理学のアドラー（Adler, A.），分析心理学のユング（Jung, C. G.），ホーナイ（Horney, K.），フロム（Fromm, E.），サリヴァン（Sullivan, H. S.），自我心理学派のエリクソン（Erikson, E. H.）などがいる。行動主義（療法）の潮流は，人間の本質を刺激に反応する存在とみなしている。この立場にはワトソン（Watson, J. B.）をはじめ，スキナー（Skinner, B. F.）などがいる。人間性心理学の潮流は，人間の本質を生成過程にある存在とみなしている。この立場には，パーソンセンタード・セラピーのロジャーズ（Rogers, C. R.），ゲシュタルト療法のパールズ（Perls, F.）などがいる。トランスパーソナル心理学の潮流は比較的新しい勢力であり，人間の本質を超越する存在とみなしている。この立場には，サイコシンセシスのアサジオリ（Assagioli, R.）などがいる。精神分析，行動主義，人間性心理学の潮流の比較は，表5-1が参考になるだろう。

表5-1 サイコセラピーに対する精神分析的,行動主義的,および人間学的実存的なパラダイムの比較 (Korchin, 1976)

問題	精神分析	行動療法	人間学的実存心理療法
基本的人間性	生物学的本能(基本的本能と攻撃的本能)が即座に解放を求め、人間を社会的現実との葛藤に陥れる。	他の動物と同じように、人間にも、生得的にあるのは学習能力だけである。その能力はあらゆる種に共通な同一の基本原理にしたがって発達する。	人間は自由意志・選択力および目的をもっている。人間は自己決定と自己実現の能力をもっている。
正常な人間の発達	順次にくる発達危機と心理・性的諸段階で葛藤を解決することを通して成長する。同一化と内面化を通してより成熟した自己統制と性格構造が生まれる。	適応行動は強化と模倣を通して学習される。	生き落ちたちとさから独自の自己体系が発達する。個人は独自の知覚、感情等の様式を発展させる。
精神病理の本質	病理は、不十分な葛藤の解決と初期の発達への固着の表われである。それが極端に強い衝動と(あるいは)弱い統制力を後に残す。症状または部分的適応は代償的満足、不安への防衛的反応である。	症状的行動は不適応行動を誤って学習したことに由来する。症状の基底にある疾病というものはない。	否定的な自己と潜在的な望ましい自己の間に不一致が存在する。個人は満足と自尊心を得るために過度に他者に依存する。無目的感と無意味感が存在する。
治療目的	心理・性的成熟、自我機能の強化、抑圧された無意識的な衝動による支配の軽減。	不適応行動を抑制するか置き換えることによって症状的行動を低減する。	人間の潜在力を解放し覚知を拡大することによって自己決定と真実性と統合を促す。
治療者の役割	根底にある葛藤と抵抗を探し出す究者。患者の転移反応を司るために距離をとり、中性的・非指示的である。	患者が古い行動を学習解除して(あるいは)新しい行動を学習するのを援助する訓練者。強化の統制が重要である。治療者-患者の関係にはほとんど関心をもたない。	クライアントと真に出会い、経験を共有する、1人の人間の潜在力な人間。クライアントの成長への援助を促進させる。転移はあまり重視しないか、ほとんど形式的な知識よりも、人間的な訓練や誠実さと共感が評価される。

104　5　サイコセラピーとその方法 (1)

5-1 サイコセラピーとは何か

問題	精神分析	行動療法	人間学的実存心理療法
必要な資格と技術	理論と監督実習に関する高度な訓練。多くの技法的専門的知識。逆転移の危険を回避するために確かな自己認識をもたなければならない。	第一に学習原理の知識。第二にパーソナリティ理論の理解と精神病理の理解。自己認識には関心がなし、実際の助手では非専門的な助手でもできる。	専門的訓練や形式的な知識よりも、人間的な誠実さと共感が評価される。
時間的志向	過去の葛藤と抑圧された感情を発見し、解釈することを志向する。それらを現在の状況説明の中で吟味する。	過去の歴史や病因論にはほとんど、あるいはまったく関心がない。現在の行動が検討され治療される。	現在の現象的経験に焦点を当てる。いま、ここのこと。
無意識的素材の役割	古典的精神分析では基本的なもの。新フロイト派や自我心理学派はそれほど重視しない。全体的に、大きな概念的重要性をもっている。	無意識的過程には関心なし。意識の領域による主観的経験は非科学的として回避される。実際にも関心なし。主観的経験は非科学的として回避される。	認める者もいるが、重点は意識的経験にある。
重視される心理的領域	行動と感情、空想と認知。運動行動や治療室外の行動には最小限の関心。	行動および観察可能な感情と行為。治療室外の行為を重視する。	知覚・意味・価値。ある人達にとっては感覚的および運動的過程。
洞察の役割	中心的。ただし、知的理解ではなく、「修正的情動経験」の中で現われているもの。	無関係、そして（または）不必要。	覚知をより重視する。「なぜ」という質問よりも「いかに」「何が」という質問を重視する。

これらの潮流は，人間の可能性を示していると考えられるが，これらを全体的に統合して，統一的な人間像が描かれることが期待されるところである。

5-2　パーソンセンタード・セラピーまたはクライアント中心療法

5-2-1　パーソンセンタード・セラピー

人間性心理学の潮流では，ロジャーズ（1902-1987）のパーソンセンタード・セラピー（Person-Crntered Therapy, PCT）またはクライアント中心療法（Client-Centered Therapy, CCT）が代表的である。包括的にパーソンセンタード・アプローチ（Person-Centered Approach, PCA）といっている。パーソンセンタード・セラピーまたはクライアント中心療法は，非指示的カウンセリング（NDC, 1940～1950），クライアント中心療法（CCT, 1950～），体験過程療法（EXT, 1957～），エンカウンターグループ（EG, 1960年代半ば～），パーソンセンタード・アプローチ（PCA, 1974～），パーソンセンタード／体験過程療法（PCET, 1987～）と発展してきている（表5-2）。

名称や用語が変わってきており，強調点にも変化が見られる。つまり，方法（処遇，非指示的カウンセリング）は療法（来談者中心療法，基本的態度の強調）に，さらにアプローチ（パーソンセンタード・アプローチ）へと変わり，患者はクライアント（来談者）に，さらにパーソン（人間）に変わってきた。しかし変わらない基本仮説は，①人間有機体がもっている実現傾向（有機体が維持し強化する方向に全能力を発展させようとする，有機体に内在する傾向）への信頼と②この実現傾向は，ある特徴的な人間関係（建設的な人格変化の必要十分条件，1957）によって解放される，である。

PCA（Person-Centered Approach）はサイコセラピーの領域にとどまらず，その社会的適用は，教育・学習，家庭・結婚，グループ・リーダーシップ，集団，産業，地域，異文化，国際関係と適用の領域が拡大してきている。

5-2-2　自己理論

ロジャーズの自己理論（パーソナリティ理論）は，19の命題にまとめられている（表5-3）。有機体的自己（経験）と自己概念（自己構造）が一致してい

図5-2 自己概念と経験の関係（Rogers, 1951 を改変）

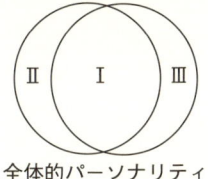

(1) 適応状態 / (2) 不適応状態
自己概念（自己構造）　経　験
全体的パーソナリティ

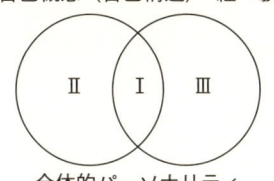

Ⅰ：自己概念と経験が一致している領域（一致）
Ⅱ：経験に即さないで意識化された自己概念（歪曲）
Ⅲ：意識化されない経験（否認）

る程度が心理的適応を決め，不一致が大きいほど心理的不適応になる。心理的不適応のときに用いられる防衛機制として，知覚の否認と歪曲が挙げられている（図5-2）。ここで自己概念とは，意識化された自己知覚の体制化され，一貫性をもった概念的ゲシュタルトである。

　パーソナリティ変化の必要にして十分な条件（Rogers, 1957, 1959）は，以下の6つである。

① 2人の人間が心理的接触をもっていること（最小限の関係）。
② 一方のクライアントと呼ばれる人間は，不一致（incongruence）の状態にあり，傷つきやすいか，あるいは不安な状態にあること。
③ 他方のセラピストと呼ばれる人間は，2人の関係の中で一致している状態にあること。
④ セラピストは，クライアントに対して無条件の肯定的関心を経験していること。
⑤ セラピストは，クライアントをその内的照合枠から共感的に理解するという経験をしていること。
⑥ クライアントは，条件4および5，すなわち自分に対するセラピストの無条件の肯定的関心および共感的理解を，少なくとも最低限に知覚していること。

①の心理的接触は，前提条件である。クライアントの条件は，②の自己不一

表 5-2 パーソンセンタード・アプローチ (PCA) の発展 (Wood, 1982 を改変)

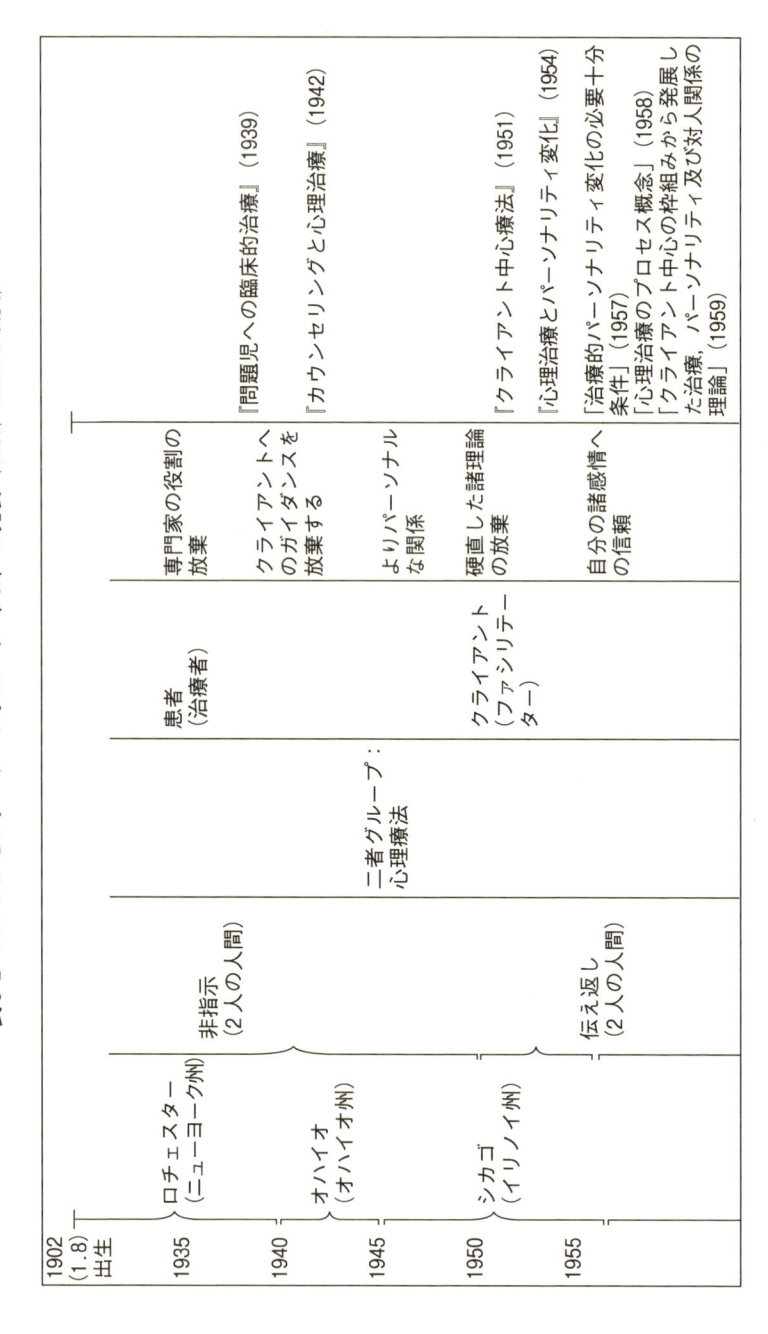

年	場所	方法		呼称	焦点	著作
1902 (1.8) 出生						
1935	ロチェスター(ニューヨーク州)	非指示(2人の人間)		患者(治療者)	専門家の役割の放棄	
1940	オハイオ(オハイオ州)		三者グループ：心理療法		クライアントへのガイダンスを放棄する	「問題児への臨床的治療」(1939) 「カウンセリングと心理治療」(1942)
1945					よりパーソナルな関係	
1950	シカゴ(イリノイ州)			クライアント(ファシリテーター)	硬直した諸理論の放棄	「クライアント中心療法」(1951) 「心理治療とパーソナリティ変化」(1954)
1955		伝え返し(2人の人間)			自分の諸感情への信頼	「治療的パーソナリティ変化の必要十分条件」(1957) 「心理治療のプロセス概念」(1958) 「クライアント中心の枠組みから発展した治療、パーソナリティ及び対人関係の理論」(1959)

5-2 パーソンセンタード・セラピーまたはクライアント中心療法 109

年				ロジャーズの主要な文献（著書・論文）
1960	(1961年初来日) ウィスコンシン		自分の体験との一致	『人間になること』(1961) 『十分に機能をする人間の概念』(1963)
1965	カリフォルニア (WBSI、西部行動科学研究所)	体験過程 (2人の人間) (応用)	スモールグループ：心理療法＆社会療法	治療者の体験入する関係のインパクト』(1967) 『人は人によりてのみ』(1968) 知性による統制の放棄 『学習の自由』(1969)
1970		出会い (スモールグループ)	大グループ：心理療法、社会療法＆創造、治癒＆文化の超越	直観的な過程を信頼する 『エンカウンターグループにおけるロジャーズ』(1970) パーソン 『パートナーになること』(1972)
1975	カリフォルニア (CSP、人間研究センター)	学習のためのコミュニティ (大グループ)		(コンビーナー) 諸理論を放棄し、体験を信頼する 『パーソナルパワーにおけるロジャーズ』(1977)
1980				有機的決定のためにグループ、個人を超えた自己認識への信頼の大きさを信頼 『存在すること』(1980)
1987 (2.4) 死亡	(1983年再度来日)		"他者"をより全体的にみる	行為よりも存在を重んじる 『80年代のための学習の自由』(1983) 『人間科学に向けて』(1985)
	ロジャーズは西へと移動する 一組織化の範囲の拡大ー	治療的努力の複雑さの増大 真実の人間として治療者が、より多くの人間と関与することの増大— "現実" 生活により近づくー		治療の深化は、複雑さの増大に道を譲る

表5-3 自己理論：19の命題 (Rogers, 1951)

命題1：個人はすべて，自分が中心であるところの，絶え間なく変化している経験の世界に存在する。

命題2：有機体は，場に対して，その場が経験され知覚されるままのものに反応する。この知覚の場は，個人にとって実在である。

命題3：有機体は，一つの体制化された全体として，この現象の場に反応する。

命題4：有機体は，一つの基本的な傾向と渇望をもっている。すなわち，経験している有機体を現実化し，維持し，強化することである。

命題5：行動とは，基本的には，知覚されたままの場において，有機体が経験されたままの要求を満足させようとする目標指向的な企てである。

命題6：情動は前述のような目標指向的な行動をともない，かつ，一般的には，このような目標指向的な行動を促進するものである。情動の種類は，行動の追求的様相が完成的様相に関連しており，情動の強さは，有機体の維持と強化に対する意味についての知覚と結びついている。

命題7：行動を理解するために最も有利な観点は，その個人自身の内的照合枠から得られる。

命題8：全体的な知覚の場の一部は，しだいに自己として分化される。

命題9：環境との相互作用の結果として，とくに個人との評価的な相互作用の結果として，自己の構造が——"わたしは"もしくは"わたしに（を）"の特質や関係についての知覚の，体制化された，流動的な，しかも首尾一貫している概念形式が，これらの諸概念に結びついている諸価値とともに——形成される。

命題10：いろいろな経験に結びつけられていく諸価値や，自己構造の一部である諸価値は，ある場合には有機体によって直接的に経験される諸価値であり，ある場合には他人から取り入れられ，もしくは受けつがれるが，あたかも直接的に経験されたかのように歪めたかたちで知覚される。

命題11：いろいろな経験が個人の生活において生起すると，それらの経験は，(a) なんらかの自己との関係へと象徴化されか，知覚され体制化されるか，(b) 自己構造との関係が全然知覚されないので無視されるか，(c) その経験が自己の構造と矛盾するので象徴化を拒否されるか，もしくは歪曲された象徴化を与えられるか，のいずれかである。

命題12：有機体によって採択される行動の仕方は，ほとんど自己概念と首尾一貫しているような仕方である。

命題13：ある場合には，行動は，象徴化されていない有機的な経験や要求から起こることもあるだろう。このような行動は自己の構造と矛盾するだろうが，このような行動はその人自身によって"自分のものとして認められ"ないのである。

命題14：心理的不適応は，有機体が重要な感官的・内臓的経験を意識することを拒否し，したがってそのような経験が象徴化されず，自己構造のゲシュタルトへと体制化されないときに存在する。この状況が存在するとき，基本的もしくは潜在的な心理的緊張がある。

命題15：心理的適応は，自己概念が象徴のレベルにおいて，有機体の感官的・内臓的経験をことごとく自己概念と首尾一貫した関係に同化しているか，もしくは同化するときに存在する。

命題16：自己体制もしくは自己構造と矛盾対立するいかなる経験も，なんらかの脅威として知覚され，このような知覚が多いほど，自己構造はそれ自体を維持するように強固に体制化される。

命題17：自己構造に対して基本的になんらの脅威も包含していない条件下では，自己構造と矛盾対立する経験は知覚され検討されるようになり，また自己構造はそのような経験を同化し包含するように修正されるだろう。

命題18：個人が，自分の感官的・内臓的経験のすべてを知覚し，それを首尾一貫した統合されている一つの体系へと受容するならば，その個人は必然的に他の人々をよりいっそう理解しており，かつ，それぞれ独立した個人としてよりいっそう受容している。

命題19：個人は，自分の有機的経験を自己構造へとますます多く知覚し受容するにつれて，自分が歪曲して象徴されていた取り入れにきわめて大きく基礎づけられた現在の価値体系を，次々と起こっている有機体的な価値づけ過程と置き換えていることに気づく。

致と⑥の無条件の肯定的関心と共感的理解の知覚である。セラピストの中核条件は，③の自己一致，④の無条件の肯定的関心および⑤の共感的理解である。第四の態度条件になりうるものとして，存在（プレゼンス）または直観（関係の中にまったくの存在として居て，自分の中の超越的な核心に触れ，直観的に反応すること）(Rogers, 1986, 1987) が指摘されたが，今のところ共感の枠組みの中で理解できるとされている。

　もしこれらの6条件（A）がある期間継続すれば，クライアントにはBのプロセスとCの行動的変化が生じると考えられている（表5-4）。

　クライアントの変化の過程は，プロセススケール（7段階評定尺度）を用いて測られる。プロセススケールは，①感情と個人的意味づけ，②体験過程，③自己不一致，④自己の伝達，⑤体験の解釈，⑥問題に対する関係，⑦関係の仕方，の7つのストランドで構成されている。治療が進展して到達する理想的な人間像が，十分に機能する人間 (fully functioning person) として提示されている。十分に機能する人間の特徴としては，①経験に開かれている，②実存的に生きている，③有機体をもっとも満足のいく行動のための信頼できる手段とみなす，が挙げられている。

　PCTのビデオ事例としては，グロリアの事例（「サイコセラピーへの3つのアプローチ」，1965：日本語翻訳版「グロリアと3人のセラピスト」，1980)，キャシーの事例（「サイコセラピーへの3つのアプローチⅡ」，1974)，Miss Munの事例（日本語版「Miss Mun—進行中のセラピー（第17回）の全実録—」，2007)，Tさんの事例（Tさんとの面接—治療的面接の実際—（1992)，カウンセラー：佐治守夫氏）などがある。

5-2-3　セラピストの中核条件

1) 自己一致　　自己一致または真実性は，クライアントに対するセラピストの外的反応が，クライアントとの関係で抱いている内的な感情や感覚と，一貫して調和しているときの，セラピストの在る状態である。セラピストが，クライアントとの関係において完全にそこにいる（存在）ことである。セラピストの自己不一致の源は2つあって，図5-3におけるAとBのように説明される。

　自己一致が重要であるのは，以下の点による。

表5-4　セラピーの条件，プロセスおよび変化（Rogers, 1959）

A　セラピーの過程が起こるための条件
　セラピーが生じるには，以下の諸条件が備わっていることが必要である。
1. 2人の人が接触（contact）していること。
2. われわれがクライアントと呼ぶ一方の人間は，不一致（incongruence）の状態にあり，傷つきやすい（vulnerable）状態にあるか，不安な（anxious）状態にあること。
3. 他方のわれわれがセラピストと呼ぶ人は，2人の関係（relationship）の中で一致している状態にあること。
4. セラピストは，クライアントに対して無条件の肯定的関心を経験していること。
5. セラピストは，クライアントの内的照合枠を共感的に理解するという経験をしていること。
6. クライアントは，条件4および5，すなわち自分に対するセラピストの無条件の肯定的関心と共感的理解を，少なくとも最少限度は知覚していること。

B　セラピーのプロセス
　Aの諸条件が継続的に満たされるときに，以下に述べるような特徴をもった方向のプロセスが展開し始める。
1. クライアントは，言葉および（または）行動によって，しだいに自由に自分の感情を表現するようになる。
2. クライアントが表わす感情は，非自己より，自己に関係したものがしだいに多くなる。
3. クライアントは，自分の環境，他人，自己，自分の経験，およびこれらのものの相互関係などを含めて，自分の感情や知覚の対象を，しだいに分化させ，弁別できるようになっていく。クライアントの知覚はほとんど内在的でなくなり，いっそう外在的になっていく。いいかえると，彼の経験はいっそう正確に象徴化されるようになる。
4. クライアントの表わす感情は，自分の経験の中のあるものと，自己概念との間の不一致に関係したものがしだいに多くなっていく。
5. クライアントは，そのような不一致からきた脅威を，意識の上で経験するようになる。
　a クライアントがこの脅威を経験できるのは，セラピストがいつも変わらずに無条件の肯定的関心を示すことによってのみ可能となる。すなわち，セラピストが不一致に対しても一致に対するのと同様に，また不安に対しても不安のない状態に対するのと同様の関心をもって対することによってのみ，このことが可能となる。
6. クライアントは，過去において意識することを拒否していたり，歪曲して意識していた感情を，意識の上で十分に経験するようになる。
7. クライアントの自己概念は，以前には意識することを拒否してきたり，歪めて意識していた経験を同化し，取り入れるように再体制化されていく。
8. このような自己の構造の再体制化が続くと，クライアントの自己概念は，ますます自分の経験と一致するようになっていく。すなわち，自己は，以前にはあまりにも脅威を感じすぎたために意識することのできなかった経験を，今や包含するようになる。
　a これによる必然的な帰結として，知覚の上でも歪めて意識すること，あるいは意識するのを拒否することが少なくなるような傾向へと向かっていく。なぜならば，脅威を感じさせるような経験が少なくなっていくからである。いいかえれば，防衛性が減少する。
9. クライアントは，脅威を感じることなしに，セラピストの示す無条件の肯定的関心をますます経験することができるようになっていく。
10. クライアントは，ますます無条件の肯定的な自己尊重を感じるようになっていく。
11. クライアントは，ますます自分自身を，評価の主体として経験するようになっていく。
12. クライアントは，経験に対して，自分の価値の条件に基づいて反応することが少なくなり，ますます有機体的な価値づけの過程に基づいて反応するようになる。

C パーソナリティと行動に現われたセラピーの結果

　プロセスの結果を区別することは困難である。プロセスについて述べた項目は、結果の分化した側面を表わすものにすぎない。ここでは、通常結果とか成果とかいうことばで呼ばれるような変化や、セラピーの関係の外側から観察されるようないろいろな変化を一括してある。これらの変化は、比較的永続的な変化と仮定とされている。

1. クライアントはよりいっそう一致の状態になり、いっそう自分の経験に対して開かれ、あまり防衛的でなくなる。
2. その結果、クライアントの知覚は、より現実的、客観的で、外在的なものになる。
3. その結果、クライアントは、いっそう効果的に問題を解決するようになる。
4. クライアントの心理的適応は改善され、もっとも適当な状態へと近づいていく。
　a これは、B7 および B8 で述べたような自己構造の変化によるものであり、その継続である。
5. 自己と経験の一致が増加すること（前述のC4）により、クライアントの脅威に対する傷つきやすさは減少する。
6. 上に述べた C2 の結果、クライアントの理想的自己は、より現実的なものになり、達成できやすいものになる。
7. C4 と C5 の変化が生じる結果、クライアントの自己は、自分の理想的自己と一致するようになる。
8. 自己と理想的自己の一致が増加し（C6）、自己と経験の一致がいっそう大きくなっていくと、あらゆるタイプの緊張——生理的緊張、心理的緊張、不安と定義されている特殊な型の心理的緊張——が減少する。
9. クライアントの肯定的な自己尊重は増大してくる。
10. クライアントは、評価の主体および選択の主体が、自分の中にあることを知覚するようになる。
　a C9 と C10 の結果、クライアントはいっそう自信をもつようになり、以前にまして自己指示的になる。
　b C1 と C10 の結果、クライアントは価値判断を、有機体的な価値づけの過程に基づいて行うようになる。
11. C1 と C2 の結果、クライアントは他人を、より現実的に、より正確に知覚するようになる。
12. クライアントは、他人を歪めて知覚する必要があまりなくなる結果、他人に対して以前よりもいっそう多くの受容を経験する。
13. クライアントの行動は、いろいろな点で変化する。
　a 経験が自己の構造に同化される割合で大きくなるので、自己に所属するものとして"所有される"ことのできる行動が多くなってくる。
　b 逆に、自己経験として所有されない行動、つまり"自分自身ではない"と感じるような行動が減少する。
　c したがってクライアントは、自分の行動が以前よりもいっそう自分自身の統制下にあると知覚するようになる。
14. クライアントの行動は、他人から見るといっそう社会的になり、成熟したように知覚される。
15. C1, 2, 3, の結果、クライアントの行動はより創造的になり、それぞれの新しい状況や問題に独自な仕方で適応し、自分自身の目的や価値をもっと十分に表現するようになる。

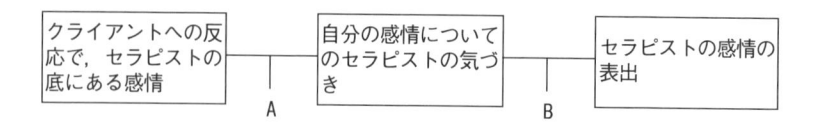

```
┌─────────────┐     ┌─────────────┐     ┌─────────────┐
│クライアントへの反│     │自分の感情について│     │セラピストの感情の│
│応で，セラピストの│─────┤のセラピストの気づ│─────┤表出         │
│底にある感情   │     │き          │     │            │
└─────────────┘  A  └─────────────┘  B  └─────────────┘
```

図5-3　セラピストの自己不一致の2つの要素 (Mearns & Thorne, 1988)

①クライアントは，自らがもっと一致するようになろうとしている。②クライアントに対するセラピストの反応の質を高める。③セラピストとサイコセラピーを信頼させる。④セラピストが弱さや欠点に率直であることは，クライアントの自己受容の新しい可能性をもたらす。

セラピストが自己一致を用いる指針としては，次の点が考えられる。

①セラピストの外的な反応は，内的な体験過程と一貫して調和していること。②クライアントの，今の関心と関係がある反応であること。③セラピストが反応する感情は，比較的持続しているか，とくに顕著な感情であること。

2) 無条件の肯定的関心　　無条件の肯定的関心は，クライアントの人間性に深く価値を置き，クライアントのいかなる行動によってもその価値づけが歪んだり偏ることがない態度である。この態度は，クライアントに対する絶え間ない暖かさと一貫した受容に表われる。

クライアントは「価値の条件」（他者に承認され評価されるように取り入れられた他者の価値や期待）に支配されていたり，「自滅の循環」（図5-4）に落ち込んでいる。セラピストの無条件の肯定的関心が，クライアントの「価値の条件」や「自滅の循環」に入り込んで，それらを破壊するのである。

セラピストが暖かさを伝えるにも個人のレパートリーがある。たとえば，ほほ笑む，暖かい声，視線を合わせる，純粋に興味関心を示す，優しいことばを用いる，ドアまで迎える，お茶を出す，などである。

セラピストは，苦手なクライアント（「条件つき」であること）に気づくことが求められる。たとえば，冗舌な女性，寡黙な生徒，悪口をいい続ける女性，セラピストの能力を疑う年配の男性，自分の感情を話さない知的な男性，幼児を虐待した母親，子どもに関心がない父親，すべてが夫任せの妻，セラピストに恋しているという若い女性，変わりそうにないクライアント，死にたいという男性，乱暴な生徒，性的な話をしたがる患者，私生活を聞きたがる患

私はますます防衛的にふるまう

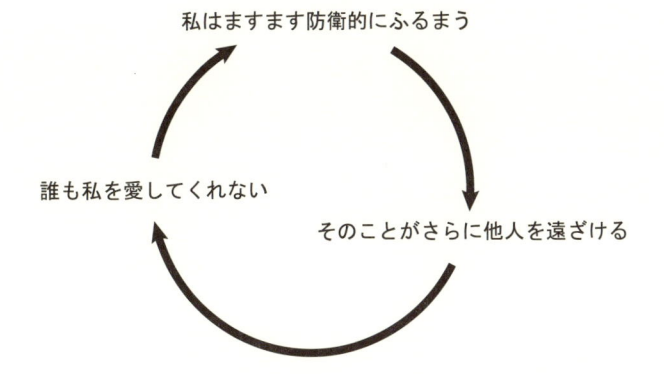

誰も私を愛してくれない

そのことがさらに他人を遠ざける

図 5-4 クライアントの自滅の循環（Mearns & Thorne, 1988）

者，甘えたがる男性などがあるだろう。

3）共感的理解 共感は，セラピストが自分自身の体験様式や現実の知覚様式を横に置いて，クライアントの体験と知覚を感じて反応しようとする持続的な過程である。この感覚は，セラピストがあたかも自分自身に起こったかのように，クライアントの考えと感情を実際に強く体験するので，強烈で持続的なものとなる。「あたかも～のように」という特質をもちながら，ともにいる一つのプロセスである。

セラピストは自分の内的準拠枠を横に置いて，クライアントの内的準拠枠を用いて，その世界の出来事をクライアントがどのように体験しているかを感受的に知る。その準拠枠の中で道に迷うことなく自由に歩き回り，そうしようと思えばいつでもその準拠枠を離れて，自分の世界に戻ることができる。セラピストは，一種の共感的な旅に同行する。クライアントに反応する技術ではなく，クライアントとの関係における在り方とみなされる。クライアント自身がセラピストに理解されていると感じなければならない。

共感が重要なのは，次の点によっている。

①クライアントの自己尊重を増大させる。
②クライアントの表層と基底にある感情に焦点を当てることで，クライアントの気づきが増大する。
③クライアントのより深い自己探究を促進する。

共感の障害となるものは，①セラピストのパーソナルな理論，②クライアントとの共通の経験による過剰同一視，③セラピスト自身の強い欲求や不安や恐れ，④過剰関与と過少関与，が考えられる。

セラピストのパーソナルな発達とともに3つの次元（自己一致，無条件の肯定的関心，正確な共感）の統合が重要となる。

5-3 精神分析的療法

5-3-1 精神分析療法

精神分析は，フロイト（Frued, S., 1856-1939）によって創始され，体系化された。精神分析は，人間理解の研究法であり，精神障害の治療法であり，かつ心理学および精神病理学の理論体系である。人間の意識にのぼらない心の深層の領域や過程である無意識の世界を探究したものであり，無意識の過程，本能論，心的決定論，心理力動論，発生論的接近などがパーソナリティ理論の特徴である。フロイトの理論と方法は，その後継者たちによって発展してきている（図5-5）。

標準的な精神分析的療法の特徴として，①人間の言動は無意識の動機によって大きく影響されること，②治療の目標は，個人の無意識を意識化して，自我機能の正常化を促進し，自我の洞察をはかること（「エス（イド）があったところに自我をあらしめよ」とフロイトは述べている），③とくに幼児期の情緒的問題〔性的な心的外傷体験（トラウマ）など〕を重視し，これを明るみに出し解決することによって症状を除去し，パーソナリティを再構成することを目的とする，④治療では，自由連想法，夢の分析，解釈，抵抗や転移の処理などを活用すること，⑤頻繁なセッションを長期間（数ヶ月から数年）行うこと，が考えられる。

1) 自由連想法　自由連想法では，被分析者が寝椅子に横になって心に浮かんできたことをなんでもそのまますべて話す，という基本原則にしたがうことで行われる。分析家は，寝椅子に横たわっている被分析者から見えないが，その表情や動作がよく見えるように被分析者の頭側に座る。受身的中立性，分析家の隠れ身などの態度が求められる。分析家を空白のスクリーンとして提示

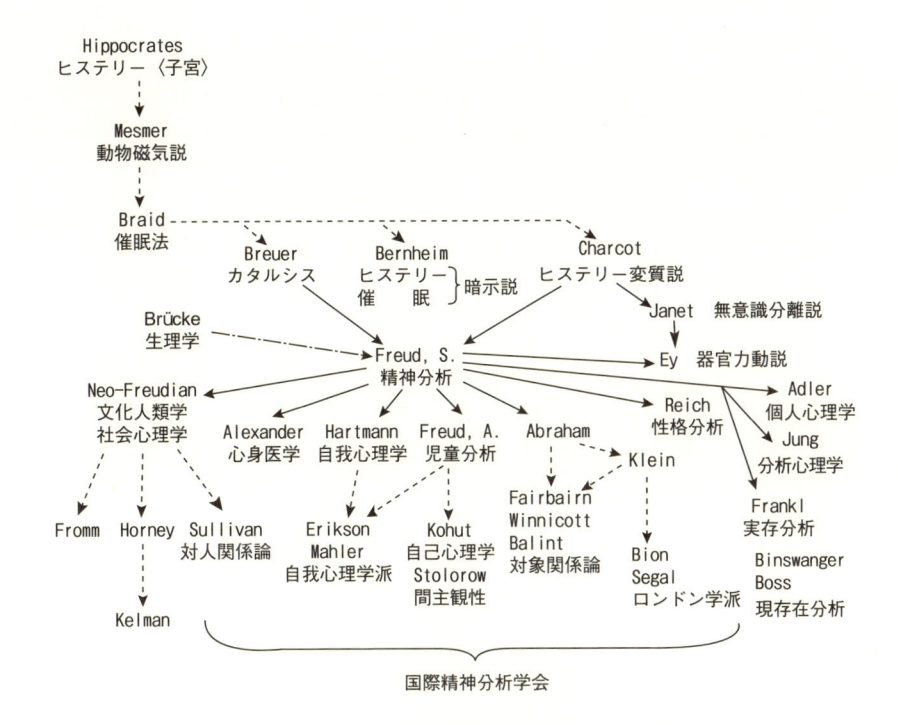

図5-5 精神分析の発展

し，患者の葛藤や親との関係などを投影しやすくする。患者の話しや連想に自由に漂う注意をまんべんなく向けて，患者を理解しようとする。

2) 解　釈　解釈は，無意識を意識化するという意味をもつ。つまり無意識的な意味や原因や起源，患者の感情や信念や他の心理的出来事の無意識的な機能の仕方などを覚知の中にもたらすことを意味する。解釈の標的は，抵抗，つまり自己認識と人格的成長を回避するために用いる防衛である。解釈が洞察を促すものであっても，同じ領域を何度も視点を変えつつ繰り返し分析しなければならない。これが徹底操作と呼ばれる過程である。

3) 夢の分析　フロイトは，夢を無意識への王道と呼んだ。夢は，無意識の願望を充足させる試みとみなされた。夢は，無意識的欲求に関する情報の宝庫である。夢を想起し，詳しく話すことを求め，それをセッションの中で話し合い，分析する。夢のテーマやイメージを自由連想の刺激として用いて，さら

に深く探求することもある。夢の仕事として，圧縮（凝縮），置き換え，象徴化がある。超自我の検閲を逃れて，無意識の願望や葛藤を差し障りのないイメージに変装させるのである。

4）抵　抗　自己の理解や洞察を避けて，そのままの状態を維持したい傾向が抵抗である。抵抗には，抑圧（防衛）抵抗，疾病利得抵抗，転移抵抗，イド（反復強迫）抵抗，超自我抵抗がある。抵抗は誰にでも必ず起こるものであり，患者の過去と重要な材料を含んでいる。この抵抗の分析と克服が重要な課題となる。

5）転　移　治療の関係（治療同盟）では，転移-逆転移が重視される。古典的には，転移は，患者が過去において重要な人物（両親など）に向けていた感情を治療者に向けることをいう。転移感情には，肯定的な陽性感情と否定的な陰性感情がある。患者が愛情，信頼，尊敬，賞賛，好意，友情などの肯定的な感情を面接者に向けることを陽性転移といい，憎しみ，不信，敵意，嫌悪，軽蔑，怒りなどの否定的な感情を面接者に向けることを陰性転移という。治療者が過去の重要な人物への感情を患者に向けることを逆転移といい，逆転移感情にも陽性と陰性の両方がある。最近では，患者が治療者に感情を向けることを転移といい，治療者が患者に感情を向けることを逆転移というようになり，転移と逆転移を広くとらえるようになってきている。転移-逆転移については，融和型同一視と補足型同一視，内的葛藤の外在化，投影性同一視と逆投影性同一視などが論じられている。治療者はフロイト的な逆転移ができるだけ起きないようにすることが求められたが，最近は逆転移が起きた場合にそれを治療的にどのように利用するかが重視されるようになっている。

5-3-2　分析心理学

分析心理学は，ユング（Jung, C. G.）が創始した立場である。治療において夢分析が重要視されたが，夢分析では夢に現われたイメージから離れずに連想を重ねていくのが特徴である。夢は，自我を補償するものと考えられている。

フロイトの自由連想法では，連想が連想を呼ぶように，連想が線的に進んでいくが，ユング派の夢分析では連想が広がっていく。そして象徴の意味を明確にしていくことになる。

患者がその夢をどのように考えるかという点が重視される。これは主観的拡充法と言われて，それについての連想を求める。その連想は，どのようなものでも尊重される。主観的な連想が患者の意識に浮かばない場合だけ，客観的拡充法，つまり被分析者の連想を助ける意味で分析者の解釈が必要に応じて与えられる。

夢は，起承転結で構成される。第1は，場所，時，登場人物の提示で，夢の始まりである。第2は発端で，夢の課題の提示とその展開である。第3が急転とも言うべき紛糾と葛藤，それに続くクライマックスである。第4は，その解決や解消である。注目すべきは第3の急転で，そこには期待もしていなかった予測せざる何かが起こる。夢の分析では，そこについて，なぜ起こったかという観点からでなく，何のためにそのようなことが夢の中で起こったかを考えることが重要である。意識には不都合なことでも，全体の心の働きにとって重要なことがしばしば起こるからである。フロイトの言う「願望の充足」ではなくて，心の全体の自律的活動である補償作用が夢を通して起こるのである。

精神分析には，この他に，アドラーの個人心理学，新フロイト派，自我心理学派，対象関係論（メラニー・クライン，フェアバーン，ウィニコット），自己心理学（コフート）などがある。

5-4 行動療法

5-4-1 行動療法

行動療法（behavior therapy）は，1950年代末から60年代のはじめにかけて，リンズリー（Lindsley, O. R.），ウォルピ（Wolpe, J.），アイゼンク（Eysenck, H. J.）などによって発展させられた。行動療法あるいは行動変容は，症状や不適応行動を変革する目的で，実験上で確認された学習理論の諸原理を適用し，人間の症状や不適応行動を減弱，除去するとともに，適応行動を触発，強化する方法（Wolpe, 1969）である。

行動療法の特徴として，以下の点が挙げられる。

①行動は，「刺激‐反応」の図式によってとらえられるものとする。
②外顕的な行動の歴史的要因よりも現在の要因を重視する。
③客観性や客観的操作を重視し，介入の対象は観察可能な不適応行動または

症状そのものとする。

④不適応行動は誤った学習または未学習の結果と考え，不適応行動を軽減や除去し，または新たな行動を学習し獲得するのを介入の目標とする。治療上の目標は，いくつかの精密な下位目標に分けられる。ここで学習とは，経験によってもたらされる比較的持続的な行動の変容を意味している。

⑤治療法を心理学の基礎研究から求める。

⑥標的となる行動や結果の評価を明確にする。

治療者は，行動変容の専門家か訓練者として機能する。治療に必要な情報を与え，対処の技法と行動変容の方法を積極的に教える。治療者は，あらかじめ決められた一連の活動にしたがってセッションを進行させることに責任を負う。一方，クライアントは，積極的に学習すること，学習したことを日常の生活状況に適用すること，治療セッションの外で新しい行動を実行することが期待される。

行動療法におけるさまざまな技法の理論的背景となる代表的な学習理論として，古典的（レスポンデント）条件づけ，オペラント条件づけ，モデリング（観察学習）がある。

行動療法は総称であり，技法としては系統的脱感作法，現実暴露法，自己主張訓練，社会的技能訓練法，自己主張訓練，自己コントロール法，嫌悪技法，オペラント条件づけ法，コーチング，適切な行動のモデリングとリハーサルなどがある。

行動療法の対象は，夜尿，チック，吃音，発達遅滞，自閉症，習癖，登校拒否，摂食障害，心身症，神経症（不安，恐怖，強迫），うつ病，慢性疾患や統合失調症のリハビリテーションなどである。

5-4-2 古典的（レスポンデント）条件づけ

古典的条件づけは，パブロフ型の条件づけである。これは，パブロフ（Pavlov, I. P.）の実験に示されるように，無条件反応（唾液分泌）を引き起こす無条件刺激（食物）に中性刺激（ベル）を繰り返し対提示することにより，中性刺激だけでも無条件反応が引き起こされる現象である。条件反応を引き起こす中性刺激は条件刺激と呼ばれる。この手続きにおいて，条件刺激と無条件

刺激を対提示すると条件反応が強まり（これを強化と言う），条件づけの成立後に条件刺激だけを提示すれば条件反応は弱まり，しだいに消失する（これを消去という）。この応答的になされる学習のメカニズムをレスポンデント条件づけともいう。

古典的条件づけが用いられるものとして，①不快な情動反応や自律神経系の反応に対する使用，②積極的条件づけ療法，③系統的脱感作法，がある。

5-4-3　オペラント条件づけ

オペラント条件づけは，行動はその行動に随伴する結果によって変容することを基本にしている。主体の反応は，①先行する刺激に誘発される行動（レスポンデント反応）と②後に続いて起こる環境の変化の影響を受ける行動（オペラント反応）に分けられる。前者は古典的条件づけで形成されるが，後者はスキナー（Skinner, B. F.）の実験に示されるように，生体の自発的行動（バー押し）に報酬や罰といった強化子（食物）を随伴させることにより，その行動の生起率が高められる現象である。この手続きにおいて，特定の自発的行動に続いて繰り返し報酬や罰を随伴させることで強化され，強化子を与えなければ反応は消去される。誉められれば，それが報酬になってその行動は強められ，叱られればそれが罰になってその行動は弱められる。不適応行動も，なんらかの報酬がともなうことによって持続していると考えられる。

知的障害や自閉症，神経症の患者の行動変容に対して，①オペラント条件づけ，②バイオフィードバック法，③条件制止療法が用いられている。

5-4-4　モデリング（観察学習）

モデリング（観察学習）はバンデューラ（Bandura, A.）によって唱えられたもので，他者の行動を観察することによって学習が成立することをいう。日常の多くの行動は，模倣することによって学習されている。モデリング療法は，恐怖症や基本的生活習慣の習得に対して用いられている。

5-4-5　行動療法の長所と批判

行動療法の長所として，次の点が挙げられる。

①時間と努力がともに経済的である。
②手続きがわかりやすく，客観的である。
③治療の効果を測定しやすい。
また行動療法の批判としては，次の点が指摘されている。
①人間の行動は，刺激と反応という単純なものではない。
②動物実験での知見をそのまま人間に応用している。
③治療者とクライアントとの信頼関係を軽視している。
④クライアント側の要因（たとえば，遺伝的要因，生活歴，内的世界）を無視している。
⑤治療効果は一時的な場合も多く，その代理症が出やすい。
しかし現在の行動療法では，治療関係やクライアントの内的要因も治療に影響することを認めるようになってきている。

5-4-6 認知行動療法

認知的要素（思考，期待，出来事の解釈）が行動の重要な決定因であるという証拠が出され，それに対応して多くの行動療法家は，自らの治療的アプローチに認知を組み入れてきている。認知行動療法は行動変容の方法を用いるが，同時に不適切な信念や認知を変化させる手法を併用する治療法である。セラピストは，経験や出来事についてより現実的で有効な解釈の仕方や考え方を教えることによって，クライアントがうつや不安のような感情的な反応を制御するのを援助するのである。

認知行動療法では不適切な認知や信念の歪みを修正することが重視されるが，クライアントの認知の歪みとして，次のものがある。①過剰一般化（特定のものから一般的なものを導き出す誤り），②否定的なものに焦点を当てる（悲運と悲嘆），③肯定的なものを無視する，④歪んだ現在の見方から誤った未来を予測する，⑤感情的理論づけ（感情体験から論理的結論を導き出す誤り），⑥すべてか無かの二分化思考，⑦個人化（別の意味をもつことがありえるような出来事や状況から，自分についての結論を引き出す誤り），である。

認知行動療法の特徴は，以下のものである（Persons, 2001）。
①心理的問題や症状を緩和し，解決し，除去することが主要な目標である。

②実証的態度が保たれる。効果研究から，特定の問題にもっとも有効な治療形態や介入方法が選ばれる。
③構造化された積極的な問題解決アプローチを用いる。
④過去ではなく，現在（いま，ここ）に焦点を当てる。
⑤クライアント–セラピストの協力的関係を築く。
⑥事例定式化（事例–特定化理論）を用いる。
⑦認知と学習に関する諸理論を基本原理にする。
⑧クライアントに宿題を課す。

文献

Dryden, W., & Mytton, J.（1999）*Four approaches to counselling and psychotherapy*. London: Routledge.

Korchin, S. J.（1976）*Modern clinical psychology: Principles of intervention in the clinic and community*. New York: Basic Books.（村瀬孝雄監訳（1980）『現代臨床心理学：クリニックとコミュニティにおける介入の原理』弘文堂）

Mearns, D., & Thorne, B.（1988）*Person-centred counselling in action*. London: Sage Publications.（伊藤義美訳（2000）『パーソンセンタード・カウンセリング』ナカニシヤ出版）

Morril, W. H., Oetting, E. R., & Hurst, J. C.（1974）Dimmensions of counselor functioning. *The Personal and Guidance Journal*, **52**, 354-359.

Persons, J. B.（2001）認知行動療法　ヴォンデンボス, G. R.ほか編（岩壁　茂訳）『心理療法の構造：アメリカ心理学会による12の理論の解説書』誠信書房　第11章　339-371.

Rogers（1951）*Client-centered therapy*. Boston: Houghton Mifflin.

Rogers（1957）The necessary and sufficient conditions of therapeutic personality change. *Journal of consulting psychology*, **21**, 95-103.

Rogers（1959）A theory of therapy, personality and interpersonal relationships as developed in the client-centered framework. In S. Koch（Ed.）, *Psychology: A study of science: Formulations of the person and the social context*, New York: McGraw-Hill, pp.184-256.

Rogers（1986）Client-centered therapy. In I. L. Kutash & A. Wolf（Eds.）, *Psychotherapist's casebook: Therapy and technique in practice*. San Francisco: Jossey-Bass. pp.197-208.

Rogers（1987）Rogers, Kohut, and Erickson：A personal perspective on some similarities and differences. In Jeffrey K. Zeig（Ed.）1987 *Evolution of psychotherapy*. New York: Brunner/Mazel, pp.179-187.

Wolpe, J.（1969）*The practice of behavior therapy*. New York: Pergamon.

Wood, J. K. (1982) Person-centered group therapy. In G. M. Gazda (Ed.), *Basic approaches to group psychotherapy and group counseling* (3rd ed.), Springfield, Ill.: Charles C. Thomass.

6 サイコセラピーとその方法 (2)

6-1 フォーカシングまたはフォーカシング指向心理療法

　フォーカシング（Focusing）またはフォーカシング指向心理療法（Focusing-Oriented Psychotherapy）の創始者は，ユージン・T・ジェンドリン（Gendlin, E. T., 1926-）である。ジェンドリンのサイコセラピーはかつて体験過程療法（experiential psychotherapy）と呼ばれて，その技法としてフォーカシングがあったが，1996年にフォーカシング指向心理療法を明らかにした。フォーカシングとは，①内側のはっきりしない何かに注意を向ける，②はっきりと身体で感じることができる，③その身体の感じに触れ続け，優しい，友好的な，判断しないやり方で，その感じが開けるために時間をとる，④その人の人生・生活の何かの部分とつながっている，⑤成長や変化のステップ（体験的一歩）をもたらす，である。
　フォーカシングはパーソナリティ変化のエッセンスである。その効果として，①自己理解・発見　②自己の癒し・変化・成長　③心理療法・カウンセリングの過程の促進　④問題解決や創造的活動　⑤ストレス軽減・危機介入の方法　⑥セルフヘルプの方法　⑦結果としてのトランスパーソナル的体験，が考えられる。
　フォーカシングの重要な概念は，フェルトセンス，フォーカシング的態度，フォーカシング・パートナーシップである。フェルトセンス（felt sense）は，

①意味を含んだ，より全体的な身体感覚，②漠然としてはっきりしないが，明確な質，③単なる情動ではなく，情動を含むそれ以上のもの，④人生や生活における何かとつながっているもの，とされる。その特徴（Gendlin, 1996）として，①意識と無意識の境界領域で形成される，②独特で明白だが，最初はただはっきりしない雰囲気・質として感じられるだけ，③身体で感じられる，④内的には複雑だが，一つの全体として体験される，⑤体験的一歩を重ねることで前進する，⑥体験的一歩によって人は自分自身に近づいていく，⑦プロセスの一歩には，それ自体に成長の方向がある，⑧体験的一歩の理論的な説明は，後から振り返って見ることでしかできない，が挙げられている。

　フォーカシング的態度とは，①そこにあるどんなものにも興味・関心，好奇心をもつこと，②そこにあるものには何でもその存在を許すこと，③そこにあるどんなものにも優しく，友好的であること，④尊重し，ともにいて，待つこと，⑤そこにやって来るものは何でも受け取ること，⑥傾聴する在り方（共感をともなって，内側の場所に耳を傾けること），⑦意味を与えることができる，内側に安全な場所を創ること，⑧技法よりも重要である，である。

　フォーカシング・パートナーシップをもつことでは，①日常生活の場に自分の定期的な特定のフォーカシング・パートナーをもつこと，②両者の役割を固定せず，お互いが平等に時間を使い，何かのリソースを相手から受け取り，相手にも提供すること，が勧められている。

　フォーカシングは自然に生じるプロセスであるが，フォーカシングを教えるための6ステップ（ジェンドリン法）が考案されている。それらは，①空間をつくる，②フェルトセンス，③取っ手（ハンドル）をつかむ，④共鳴させる，⑤問いかける，⑥受け取る，である。図6-1は，フォーカシングのプロセスとフォーカサーの体験を示している。

　フォーカシング指向心理療法においてフォーカシングを活用するためにセラピストの技法（Gendlin, 1996）として，次の点が挙げられている。
　①微妙なそれぞれの雰囲気を聴き取り，確認する。
　②「そこにある何か」を創り出すために応答する。
　③「ハンドル」となることばやイメージを見つける。
　④ハンドルの言葉やイメージが共鳴するかどうかを感じ取る。

〔フォーカシングの流れ〕　　　　〔フォーカサーの体験〕

A　目　印
　概念的にはっきりしないフェルトセンス　←──　何かについての身体の感じ
　（ステップCから始める）
　別の目印：外在化した，または行き詰まりの感情，など
　　↓

B　準備のステップ
　ステップ1　"空間をつくる"　　　　　　──→　解放感，安堵感，楽になる，重荷を降ろす，ひと息つく，間がとれる
　　身体の内側に注意を向けて，想像上の内的空間に問題を一つずつ並べて置く
　　↓
　問題（事柄，感情，状況など）を一つ選ぶ
　　↓

C　フォーカシング
　ステップ2　それについてのフェルトセンスを感じる（"フェルトセンス"）　──→　全体的なフェルトセンスが形づくられる
　　↓
　ステップ3　フェルトセンスを表わす，適切なことばやイメージ（"ハンドル"）を探る　←─┐
　　↓↑　　　　　　　　　　　　　　　　　　　　　　　　　　　　　　　　　　　　　　│
　ステップ4　フェルトセンスと照合して，そのことばやイメージを確認する（"共鳴させる"）（"一緒に居る"）　──→　部分的な解決：フェルトセンスが分化して，「ぴったり」という感じがある
　　↓
　ステップ5　オプション：表現されたフェルトセンスをより深く探る（"問いかける"）（ステップ2に戻る）　──→　より深い解決：フェルトシフトが起こり，新しい考えや気持ちが現われる
　　↓
　ステップ6　新しく表現されたフェルトセンスと一緒に居る（"受け取る"）　←──　フォーカシングの"次のステップ"への興味（ステップ2に戻る）
　　↓
　ステップ7　（セッションの内，または外で）新しい問題に移行する（"推進する"）　←──　新しい問題のための準備状態

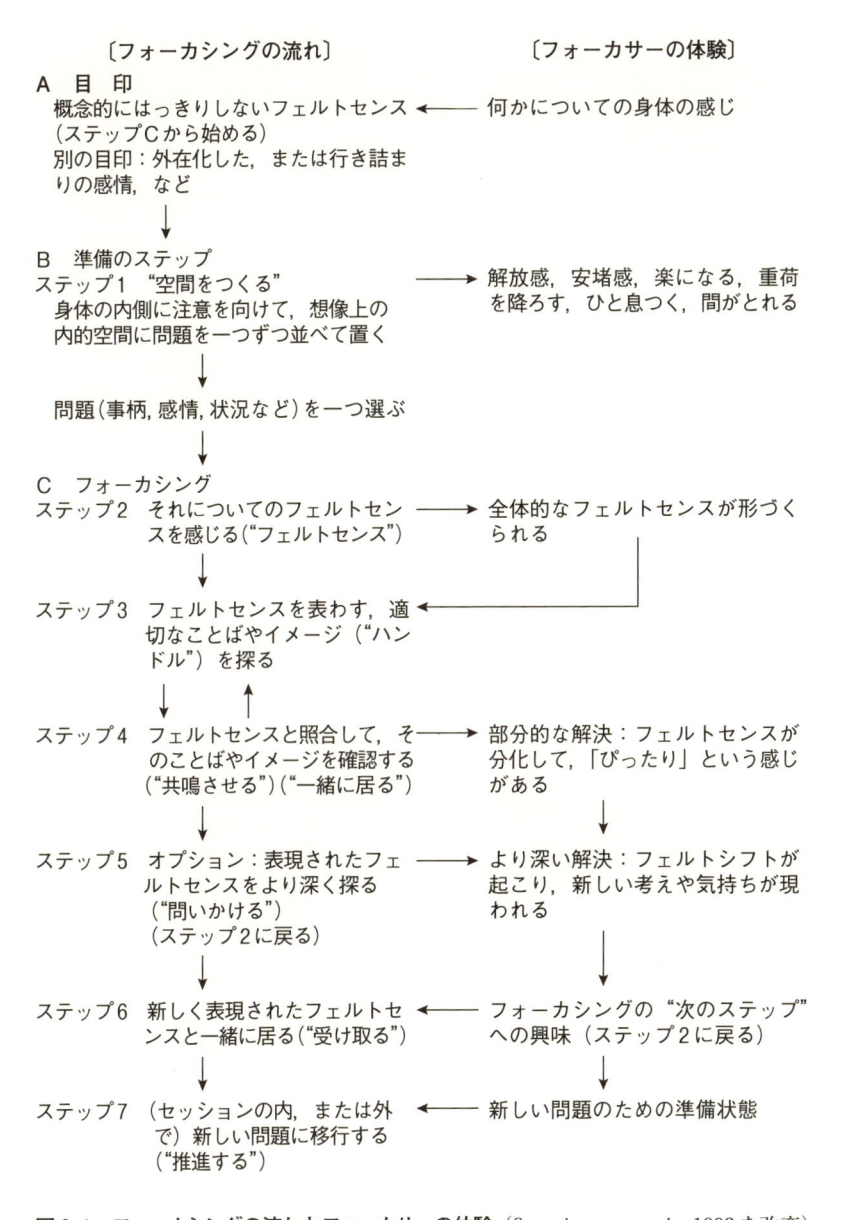

図6-1　フォーカシングの流れとフォーカサーの体験（Greenberg, et al., 1993を改変）

⑤フェルトセンスを呼び出し，それにフォーカスするようにクライアントに具体的に働きかける。
⑥それに軽く触れて，それを感じ，それとともに居て，そのそばにとどまるための教示を与える。
⑦フェルトセンスに友好的態度で接し，そこから生じるものすべてを優しく

表6-1 フォーカシングにおけるセラピストの介入（Greenberg, et al., 1993を改変）

A　準　備
　1. クライアントがフォーカシングに入るための準備をするのを手伝う。
　　a. 指標を確認し，介入を試みるための同意をクライアントから得る。
　　b. クライアントがゆったりするのを手伝う。
　　c. 内的空間を想像するのを手伝う。
　　d. 問題を一つずつ内的空間に浮かばせ，それを横に置いておくのを想像するよう提案する。（「空間づくり」のステップ）
　　e. 焦点を当てる問題を一つ選ぶよう求める。
B　はじめのフォーカシング的介入
　2. フェルトセンスの形成を促進する。（「フェルトセンス」のステップ）
　　a. クライアントに注意を内側の問題に向けるよう提案する。
　　b. フェルトセンス全体を包むようクライアントに促す。
C　フォーカシング的探索
　3. クライアントがことばやイメージ（取っ手）を見つけるのを促す。（「取っ手（ハンドル）をつかむ」のステップ）
　　a. 取っ手になることばやイメージに耳を傾け，それを伝え返す。
　　b. 必要に応じてフォーカシング的質問を用いて，クライアントが取っ手を探すのを促す。
　　c. 取っ手が浮かぶよう促す。
　4. ことばやイメージが合っているか照合し，フェルトセンスと共鳴させる。（「共鳴させる」のステップ）
　　a. 必要に応じて，ことばやイメージがフェルトセンスにぴったりするまで照合するよう提案する。
　5. クライアントがフェルトセンスをより深く探索するのを促進する。（「問いかける」のステップ）
　　a. 必要に応じて，一般的質問，要点的質問，フェルトシフトを促す質問を用いる。
D　完了のための介入
　6. クライアントが新たな，または起こりつつある体験を受け取るのを促す。（「受け取る」のステップ）
　　a. 必要に応じて，自己批判をしばらく横に置いて，新たな体験に「とどまる」よう提案する。
　　b. 進展とその感覚の共感的探索に純粋な尊重を示す。
　7. 推　進
　　a. 理解を広げることによる新たな結びつき，セラピーの外の世界での行動に耳を傾け，伝え返す。

受け取る。

表6-1は，フォーカシングにおけるセラピストの介入を示している。

フォーカシングを教える最初のステップである空間づくり（Clearing a Space）は，問題や感情が，内的な自己と分離して存在するために特定の空間や場所を内的に視覚的に創ることである。この心の空間づくりの意義は，次のとおりである。

①様々な問題群から離れて，ひと息つける心の空間を獲得すること（重荷おろし）
②全体的で完全である存在の自然な状態に触れ，ライフ・エナジーを保有すること（ライフ・エナジーの備給）
③問題と適切な距離をとって，全体をながめ，問題群をどのように整理したり，優先させるかを知ること（目録づくり）
④問題と"我－それ"の関係をもつこと（3人称的な関係づくり）
⑤ストレス軽減，リラクセーション，危機介入の方法として活用できること

この空間づくりは，臨床的に活用されてきている。

フォーカシングの臨床的適用として，神経症，境界例，精神病，うつ病，心身症，性的虐待，近親姦，多重人格障害，放火犯，家庭内暴力，癌，自殺企図，学習困難，ダイエット，ドラッグ／アルコールなどが報告されている。また，他の方法，たとえば，ムーブメント療法，キャリアカウンセリング，プレイセラピー，バイオフィードバック，ボディワーク，プリセラピィ，ブリーフ・セラピー，ボディ・オリエンティッド・セラピー，ペイン・マネジメント，自己主張訓練などの方法との併用が報告されている。

6-2 ゲシュタルト療法

ゲシュタルト療法（Gestalt Therapy）は，精神科医のフレデリック・パールズ（Perls, F., 1893-1970）によって1940年代に創始された現象学的・実存主義的サイコセラピーである。ゲシュタルトとは，ドイツ語で形態，全体，完成，統合を意味している。

ゲシュタルト療法は，気づき（Awareness）＋現在（Present Time）＝現実

(Reality）の公式の上に成り立つ。自分自身を見出す状況の部分をすべて取り上げて，我と汝，いま・ここ（here and now）という基盤の上にのみ現われてくる経験の全貌，すなわちゲシュタルトを発達させようとする。

　セラピストが，クライアントとの対話（dialogue）を介して，相互の"いま，ここ"での現象学的な視点（気づき）を伝え合い，分かち合われた気づきから協同的に創造されるさまざまな実験（experimentation）を行うことで，個人内あるいは対人的プロセスが促進される。クライアントは何をどのようにしているかに気づき，行為を自らのものにすることで，いかにして自分を変え，自分に価値を見出すかを学ぶのである。

　ゲシュタルト療法の主な概念として，以下のものが挙げられる。

①気づき（現象学的視点）：意識化や洞察に近いが，「あっ，そうか！」（アッハ体験）という身体的な感覚をともなう。

②図と地，およびその反転：経験（図）は意識の前景にあり，背景にある地は意識にのぼっていない。図と地は経験の二面性で，相互に関係し合い，両者は入れ替わるものである。

③我と汝の対話：我と汝の真実の水平的な関係において対話や関与が行われる。

④"いま，ここ"：まさに，"いま，ここ"での直接的体験や現在的現実が重視される。

⑤コンタクト（contact）：外界とどのようにかかわりをもっているか，その関係の仕方をいう。

気づきの領域として，次の3つの層が考えられている。

①内層：身体の内部，つまり皮膚から内で起きていることを意識化することである。すなわち感情，怒り，身体感覚，緊張，姿勢などを意識することである。

②外層：外界で起こっていることを意識することである。すなわち見る，聞く，触る，味わう，嗅ぐといった外にあるものに対する気づきである。

③中間層：内層と外層の中間をいい，頭の中で想像することである。したがって思考，想像，判断，分析などである。

　ゲシュタルト療法の治療は，クライアントの自己への気づきに始まり，新た

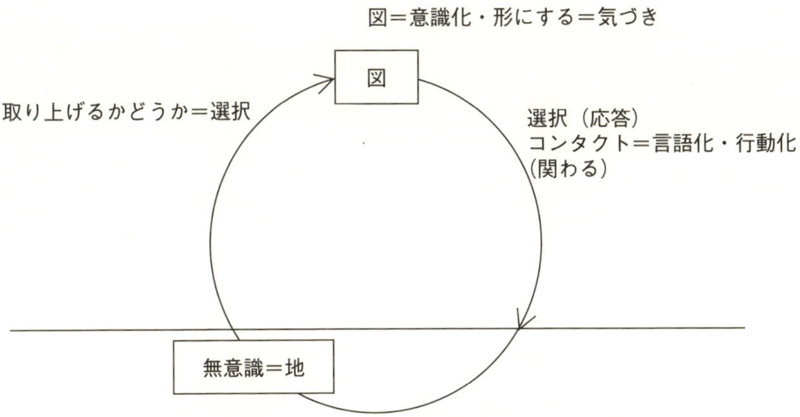

```
            図＝意識化・形にする＝気づき
                    ┌─────┐
                    │  図  │
                    └─────┘
取り上げるかどうか＝選択      選択（応答）
                              コンタクト＝言語化・行動化
                              （関わる）

              ┌─────────┐
              │ 無意識＝地 │
              └─────────┘
```

図6-2　ゲシュタルト療法における気づきのプロセス（倉戸，2005を改変）

な気づきが連続して起こり，まとまりのある全体的な気づきへと発展していく一連のプロセスである。これは，地から図へとのぼってきたものにコンタクト（言語化と行動化）することで，図地反転を経験するプロセスでもある（図6-2）。セラピストは，"いま，ここ"という現象学的場における治療的介入によってこのプロセスを促進するのである。

治療的介入の特徴として，次の点が挙げられる。

①解釈や説明をせず，クライアントが自ら気づく機会を提供する。解釈，説明，薬物療法は，クライアントの気づきを妨げる。

②"いま，ここ"での自明な現象を取り上げる。"いま，ここ"で演じさせ，再体験させる。

③第一人称の現在形（私は……です）で話すようにさせて，過去や未来に逃避させない。

④他者を操作するのに用いているエネルギーを自己支持のために使わせる。

⑤自己対決（対峙）の機会を提供する。そのために追い込んだり，不満を起こさせたりさえする。

⑥言語的内容よりも非言語的表現（表情，姿勢，ジェスチャー，指先や脚の動きなど）を重視する。

⑦セラピストの気づきをクライアントと分かち合う。「ご自分の涙に気づい

ていますか」など。
⑧動作や行為を誇張してくりかえさせて，動作や行為の目的を探究させる。
⑨実験を通して気づきを促す。クッションを母親に見立てて，話しかけたり怒りを表現したりする。
⑩図にのぼってくるものの言語化を促す。
⑪未解決や未完の経験や仕事を完了する機会を提供する。

ゲシュタルト療法で用いられる治療技法には，次のものがある。
①ホットシート：空椅子（エンプティチェア）に想像する他者や自己を座らせて，それと対話する技法である。
②ファンタジー・トリップ：ファンタジーやイメージの世界に入り，その世界で何を体験できるか試みる方法である。
③夢のワーク：夢に登場するもの（人物，事物，雰囲気など）はすべて自分である。夢に現われるものになってみる。夢を再現して，言語化や行動化する体験である。夢を生きるともいう。
④ボディワーク：擬人法によって身体と対話したり，各部分になって演じてみる体験を行う。

パールズは，"いま，ここを生きる人間"のガイドラインを次のように提案している。
①"いま，ここ"に生きる。②ありのままの自分を受け入れよ。③自分に正直であれ。④環境をじかに見つめ，思惑をもたずにかかわりをもて。⑤合理化，期待，判断，理屈などで自分や他人を操作せず，自分の欲求，意志，感情で自己を表現せよ。⑥快不快を問わず，感情を目いっぱい体験せよ。⑦自分に合わないような外部の要求を受け入れるな。⑧新たな局面で試し，ぶつかってみよ。⑨変化や成長に対して心を大きく開け。など。

6-3　遊戯療法

遊戯療法（プレイセラピー）とは，言語を媒介にすることが難しい子ども（幼児や児童）を対象にする場合に，遊びを媒介にして行うサイコセラピーである。

遊戯療法における遊びの意味として，次の2点が挙げられる。
①遊びそれ自体に治癒的機能がある。子どもは，遊びによって自己の内的世界を自由に表現し，エネルギーを発散することができる。
②大人の言語に代わって，遊びは子どもにとって心の内面にかかわることができ，他者（治療者）との重要なコミュニケーションの媒体である。

遊戯療法では，子どもは玩具や遊具がある遊戯療法室（プレイルーム）で，自由に遊び，治療者との治療的な人間関係を経験することができる。遊びの中で不安や恐れを解消し，自分と対象（他人や物）との関係を学び，想像力や創造性を育んでいくことになる。

遊戯療法の立場としては，①治療関係の形成を重視するアレン（Allen, F.），②感情転移を重視し，ことばによる精神分析的解釈を行うクライン（Klein, M.），③遊びの治癒力を重視するウィニコット（Winnicott, D. W.）に分かれる。

非指示遊戯療法のアクスライン（Axline, 1947）は，次のような治療的な8つの原則を提案している。
①セラピストは，良いラポールができるだけ早くつくれるような，暖かい友好的な関係を発達させなければならない。
②セラピストは，子どもをまさにありのままに受容する。
③セラピストは，子どもが感情を完全に自由に表現できるような許容的な関係を確立する。
④セラピストは，子どもが表現している感情を敏感に察知し，子どもが行動を洞察できるようにその感情を伝え返す。
⑤セラピストは，そうする機会を与えられれば，子どもが自分自身の問題を解決できる能力を深く尊重する。選択し変化を起こす責任は，子どものものである。
⑥セラピストは，子どもの行動や会話をどの方向にも向けようとしない。子どもがリードし，セラピストはそれにしたがう。
⑦セラピストは，セラピーを急がせない。セラピーは徐々に進むプロセスであり，セラピストはこのことを理解している。
⑧セラピストは，セラピーが現実世界と関係をもつために，また子どもが治療関係に自分の責任があることに気づくためにのみ必要な制限を設ける。

これらの原則は，学派を問わずどの立場にも適用される基本的な原理とみなされている。

遊戯治療の進展について，ムスターカス（Moustakas, C. E.）は，次のような段階を挙げている。

①広汎な否定的感情の表出
②概して不安か敵意だが，アンビバレントな感情表出
③敵意や恐怖といった否定的感情の直接的な表出
④肯定的で否定的なアンビバレントな感情の表出
⑤肯定的態度と否定的態度の明確で現実的な分化

6-4 箱庭療法

箱庭療法（サンドプレイ）の原形は，イギリスのローエンフェルト（Lowenfeld, M.）による，子どものための治療技法である世界技法（The World Technique）である。この世界技法にカルフ（Kalff, D.）がユング（Jung, C. G.）の分析心理学の理論を加えて，Sandspiel（Sandplay therapy，砂遊び療法）を発展させ，わが国には河合によって1965年に『箱庭療法』と呼称して紹介され，普及してきている。

箱庭療法では，砂が入った内法タテ57×ヨコ72×タカサ7cmの砂箱とミニチュア玩具を用いる。これらは，プレイルーム（遊戯室）やカウンセリングルームに中に置かれる。箱の内側と底を青く塗り，内に適度に湿った砂を深さ3分の2程度入れる。青く塗るのは，砂を掘ったときに現われる水を表わすためである。水を実際に使えるように内側にブリキがはられている。砂は細かい砂がよく，茶色の砂と白い砂の2種類を用意しておく。また湿った砂と乾いた砂の箱の2種類を用意することもある。ミニチュア玩具は，内的な世界を表現するために必要となる，人間，動物，植物，乗物，建物，家具など大小さまざまなものをできるだけ多く備えておく。こうしたミニチュア玩具は，専用の棚を置き，そこに並べられる。クライエントが玩具をざっと眺めて，自由に選択できるようにしておく。

教示としては，「この砂と玩具を使って，何でもいいから作ってください」

と言う。後は制作者の邪魔にならないところに位置する。制作の場が「自由で保護された空間」になるようにし，受容的・許容的な態度で臨み，制作される作品とその制作過程を味わうように見守るようにいることになる。

箱庭の制作は，強制されるものでなく，治療の流れの中で，自由な表現欲求にしたがって作られるのが望ましい。制作者が退出してから，制作された作品を写真にとって記録しておく。制作後に若干の質問をして，作品の説明や感想などを求める。

箱庭作品の見方は，①全体から受ける感じ，②全体的な布置，③系列的理解，④置かれたものの象徴的意味，がある。

①全体から受ける感じ：作品を鑑賞するように作品から受ける印象が重視される。

②全体的な布置：玩具の空間配置がどのようであるかを見る。その際にグリュンワルトの空間象徴理論が参考になる（図4-5）。

③系列的理解：1回だけの作品ではなく，何回か連続して作られた作品を系列的に見ると意味が見出されやすい。

④置かれたものの象徴的意味：置かれた玩具が制作者にとってどのような意味を含んでいるかに注意を払う。

箱庭療法の治療過程は，①動物的・植物的段階，②戦いの段階，③集団への適応の段階の3段階に分けられる。

①動物的・植物的段階：無意識にある本能的・衝動的，自律的なものが投影されて，作品になったものである。動物や植物の玩具を用いて制作される。

②戦いの段階：この段階では，戦争，怪獣との戦いの場面などが示される。制作者にエネルギッシュで活動的なものが回復してくる。

③集団への適応の段階：新しい統合が生じてまとまりができ，外界への適応ができるようになったことが示される。

6-5　実存療法とロゴテラピー

人間は，実体（本質）やメカニズムとしてではなく，「現われ出る」という

意味における「実存（existence）」として理解される。実存療法は，フッサール（Husserl, E.）の現象学とハイデッガー（Heidegger, M.）の実存哲学に由来している。基本的な実存的現象は，ビンスワンガー（Binswanger, L.）やボス（Boss, M.）のようなフロイト以後の精神分析家によって精神分析と統合された。人間は現存在〔世界-内-存在（being-in-the-world）〕であり，世界への関与によって客観的現実に意味が与えられる。人において，現実の現象は主観的に体験できる唯一の現実である。人は，選択もなしに世界に投げ出されたものとして自らを体験する。生きている人間として気づき，自分自身に責任をもつようになり，自らの生と死に選択をもつ。つまり，人は自他に責任と選択を有するのである。

実存療法は，単一ではない。ビンスワンガーとボスの現存在分析，フランクル（Frankl, V. E.）の実存分析（ロゴテラピー），ロロ・メイ（May, R.）の実存的療法などが考えられる。実存的療法は，「一つの治療体系ではなく，治療に対する一つの態度であり，一つの新しい技法形態ではなく，あらゆる技法の底に流れる人間とその経験の構造を理解する一つの関心」（May, 1961）とされている。

その特徴は，次のとおりである。①人間は自由であり，選択することができる。②人間は，他者や世界と分かちがたく関係している。関与，現前および出会いが重要な概念である。③実存（存在）は，非存在を包含する。死が実存に意味を与える。④人間は，出会いを通して成長し発展する。⑤現代人は，自然と人間の世界から疎外されている。人生に意味が欠けていることから孤独感と不充実感を感じ，実存神経症になる現代人が多い。

多くの人が，実存的真空の中で生きている。治療は，出会いによる。それは信頼，開放性，主観性の尊重に基づく関係をつくり，相互にコミュニケートしている状態である。セラピストは，実存的な伴侶となる。最終目標は，自分自身の実存をリアルに経験できるよう援助することである。それによって人生に意味が見出されるにつれて，自由に選択をし，関与し，単に存在する（be）のでなく成る（become）ことができるようになる。

その影響は大きく，たとえば個人の直接的経験や治療関係の重視は，サイコセラピー全般にさえ影響を及ぼしている。

とくに，フランクルのロゴテラピー（実存分析）について述べておく。ロゴテラピーは，対話を通して，人間の意識と責任そして実現すべき人生の意味を発見させる治療法である。人生において実現すべき価値として，創造価値（何かを創り出すことによって，世界に何かを与えるという価値），体験価値（出会いと体験を通して，世界から何かを受け取るという価値），態度価値（極限の運命に直面したとき，それに対してとる態度の価値）の3つを挙げている。技法としては，逆説的志向（症状を皮肉る力を与える）と反省除去（症状を無視する）がある。とりわけ強迫行動と恐怖的行動の治療に有効とされる。恐怖の対象を恐れて，それを避けようとすればするほど予期不安が高まる。この悪循環を断ち切るために，恐れるものそのものを自ら志向し，それを欲することが勧められる。この逆説的志向を，ユーモアをもって行うのである。自分自身と自分の弱点を笑うことは，克服の重要な一歩になる。反省除去は，注意を症状から解き放し，恐れるものを無視し忘れさせる方法である。このような治療法は，個人でもグループでも用いられる。

6-6　交流分析

　交流分析（Transactional Analysis, TA）は，エリック・バーン（Berne, E.）が提唱したパーソナリティ理論であり，それに基づいて行われるサイコセラピーである。そのねらいは，パーソナリティの感情的側面と知的側面の間に，きわめて開放的で真正なコミュニケーションを確立することである。交流とは，個人内における様々な自我状態の間の関係を指している。交流分析には，構造分析（個人のパーソナリティの分析），交流パターン分析（人が互いに話したり行ったりすることの分析），ゲーム分析（一定の結末へと導く裏面的な交流の分析），脚本分析（人がいやおうなしに演じる特定の人生ドラマの分析）が含まれ，通常の場合にこの順序で扱われる。

　構造分析では，人は親（P）〔批判的な親（CP）と養育的な親（NP）に分かれる〕，成人（A），子ども（C）〔自由な子ども（FC）と順応した子ども（AC）に分かれる〕の3つの（もしくは5つの）自我状態をもつとされる。この自我状態を測定してグラフに表わすのが，エゴグラムである。交流分析では，P, A,

Cを用いて，われわれが互いに交わすことば，態度，行動などを分析する。あらゆるコミュニケーションは，相補的交流，交叉的交流，裏面的交流の3つのパターンに分類できる。相補的交流は，あいさつ，情報の交換など，期待どおりの適切な交流が行われている。交叉的交流は，意見の対立，親子の断絶，困惑などのように，予想外の反応が生じるときに体験される。裏面的交流では，本音と建前，裏腹な態度のように，顕在的な表の交流と潜在的な裏の交流の両方が同時に行われている複雑な交流である。

TAの中核をなすものが，ゲーム分析である。われわれの社会生活の多くは，いわゆるゲームから成り立っていて，人と人との親密で真実の関係を妨げている。ここでいうゲームとは，人間が隠された目的を達成しようとする組織化された儀式である。繰り返して起こる一連の交流であり，しばしば反復的で，表面上には合理的であるが背後に隠された動機をともなっている。ゲームのレベルには，それほど害のないものから，最後には自己破壊に至るような複雑なものまである。「はい，でも（Why Don't You-Yes But）」「あなたのせいでこうなった（See What you made Me Do）」「苦労性（Harried）」など，32ほどのゲームが挙げられている（Berne, 1964）。

脚本は，子ども時代に親を中心とする周囲の影響のもとで発達し，その後の対人関係を含めた人生経験によって強められ，固定化してきた人生の青写真，あるいは無意識の人生計画である。人は，子どもの自我状態に書き込まれた脚本をいやおうなしに演じざるをえないと感じてしまう。ゲームは，この脚本の一部である。親の養育態度を通じて伝えられる禁止令が，脚本の形成に重要な働きをしている。禁止令とは，幼少期における親との間での外傷体験や，親の不健康な生活態度などを子どもがどのように認知したかを文章化したものである。「存在してはいけない（Don't exist.）」「成長してはいけない（Don't grow up.）」「考えてはいけない（Don't think.）」など，12の禁止令がよく用いられている（Goulding & Goulding, 1979）。

交流分析グループでは，集団状況においてメンバーが行うゲームを暴露し，分析する。リーダーは一般的にきわめて指示的で，メンバー個々の行動に疑問をぶつけて，対決し，それを解釈する。メンバーが自分自身を理解し，自分のゲームから自らを解放できるようにさせるのである。リーダーの介入によって

個人はゲームから解放され，真実の関係が獲得できるとされる。より深いパーソナリティの問題がある場合は，脚本分析がなされることになる。人は自分の脚本を分析して，古い脚本を新しく書き換えることで，人生の計画を自ら望ましい方向に変えることができると考えられている。

6-7 論理療法

　論理療法（Rational Emotive Therapy, RET）あるいは論理情動療法は，アルバート・エリス（Ellis, A.）によって提唱されたサイコセラピーである。人がもつさまざまな問題を，認知，情動（感情），行動の点から積極的に解決をはかろうとする包括的な統合的・折衷的立場である。RETの考え方は，A-B-C理論にまとめられる。AはActivating Eventのことで，生じた問題の事実（出来事）をさす。BはBeliefで個人がもつ信念の大系をさす。CはConcequenceで結果としての悪感情，不適切な感情をさす。さらにA-B-C-D-E理論と呼ぶことがある。この場合，DはDisputeで論駁をさし，EはEffectで効果（合理的な考え方）を示す。A-B-Cで問題の成り立ちを示し，D-Eでそれを打ち破る方法を説いている。BをDする。つまり思い込みを論駁することを意味しているのである。RETでは，イラショナル・ビリーフ（理性的・論理的でない考え方，思い込み）を克服し，より建設的な考え方，つまりラショナル・ビリーフ（理性的・論理的な考え方）をもつように援助される。イラショナル・ビリーフは，「〜ねば（なければ）ならない」「〜なくてはならない」「〜べきである」「当然〜である」というmustで代表される要求・命令・絶対的な考え方である。これは，事実に即していないか，論理的必然性に乏しいビリーフである。ラショナル・ビリーフ（理性的な考え方，価値，目標）は，「できるなら〜であるにこしたことはない」という考え方（願望，選択）である。これは論理的で現実的で，絶対主義的でなく，人々を幸福にし自己実現を促進するものである。

　イラショナル・ビリーフは，①自分に関するもの，②他の人々に関するもの，③状況・環境に関するものがある。①は，不安，憂うつ，絶望の原因となる。②は怒り，敵意，殺人，戦争の原因になる。③は欲求不満耐性の低さ，自

己憐憫，憂うつの原因となる。

　RETは認知-感情-行動の3つの側面に総合的に働きかけるので，そのために数多くの技法を用いる。その技法は，人のどの側面に働きかけるかによって次の3種類に大別される。

　①認知（思考）面に働きかける技法：反論説得法／論駁法，論理的自己宣伝法，損得勘定法，言葉使い修正法，ABC宿題用紙などがある。

　②感情面に働きかける技法：論理療法的情動心像法／論理療法的イメージ法，羞恥心粉砕法，感情的自己宣伝法，感情的自己討論法，ラショナル音頭などがある。

　③行動面に働きかける技法：現実場面での脱感作法／インヴィヴォ脱感作法，強化法，罰則法，スキル訓練法，戦略法などがある。

　人生哲学や，基本的な態度を根本的に変える目的のために有効ならばどのような技法でも用いられる。この目的を達成するための段階として，次の4つのステップが考えられている。つまり，①まず，イラショナル・ビリーフに働きかけ，症状を取り去る，②関連した症状また他の症状を取り去る，③効果的な新しい人生哲学を確立し，同じことが生じても，不安や憂うつを感じなくてすむようにする，④もし，また不安や憂うつを感じる自分に逆戻りしたら，すぐにそれに気づいてその症状を取り去る，である。

　RETのグループには，一般小グループ，特別小グループ，ワークショップ・グループなどがある。

　一般小グループでは，8～12名のメンバーが週に1回集まり，各メンバーが提出する一般的な問題が扱われる。各メンバーには，約15分が使われる。グループは，次のように進められる。①まず，あるメンバーの前回の宿題についてグループで検討する，②次に，そのメンバーの新しい問題について検討する，③そのメンバーのイラショナル・ビリーフを見つける，④そのイラショナル・ビリーフにグループが反論／反駁する，⑤最後に，次回の宿題と報酬・罰を検討する。こうして次のメンバーへと移り，同様の作業がなされる。当該のメンバーは自分の問題を検討する練習をし，グループの他のメンバーたちは他の人の問題についてイラショナル・ビリーフを見つけて反駁する練習を積むことになる。

6-8 内観療法

　内観療法は，浄土真宗の修行法である「身調べ」をもとにして，吉本伊信(1919-1988)によって創始された。自己治療の色彩が強いサイコセラピーである。内観には，1週間こもって集中して行う集中内観，日常生活で短時間行う日常内観，2泊3日の短期内観，集団で行う集団内観がある。研修所，病院，施設などにおいて個室で，または部屋の隅に屛風を立てて，楽な姿勢で静かに一人座る。そして過去から現在まで生育歴にそって年齢順に年代（小学生時代，中学生時代，高校生時代など）を区切って，重要な他者に対しての自分を見つめていくものである。

　内観するテーマは，①してもらったこと（お世話になったこと），②して返したこと（ご恩返しをしたこと），③迷惑をかけたこと，である。これらの3つのテーマにそって①母，②父，③先生，④配偶者（夫，妻），⑤友人や職場の人などの対象に対して自分自身を調べることになる。3つのテーマのほかに，養育費の計算（親に経済的に世話になったこと）や，嘘と盗み（迷惑をかけたことに入る）というテーマもある。内観の期間中に1～2時間おきに内観指導者による3～5分の面接があり，そこで内観したことを報告し自己開示するのである。

　内観の効果として，感情が安定する，思いやりが出てくる，責任感が強くなる，対人関係が好転する，意欲が向上する，本来の自己を取り戻して自分らしさを発揮したり，自己の新しい可能性に気がつき，実現への努力をする。こうして人生の目的や使命を自覚する。その結果として，人間関係の不和，不登校，非行，うつ病，心身症，アルコール依存，ギャンブル依存などの心の問題が解決したり，症状が改善することがある。また，研修の経験が次の研修で花開いたり，ずっと後になって効果が出てくることがある。

　治療要因としては，①愛情の再体験，②自己中心性の自覚，③自他の理解と意欲の向上，がある。
　①愛情の再体験：愛されていた自己に気づくことで，愛されていないという不信感や被害者意識，愛情飢餓，寂しさが癒される。人間や世の中に対す

る信頼感が生まれ，心が満たされ，安心感に包まれる。閉ざされていた心が開かれ，周囲の人々や動植物に自然な愛情が湧き，生きることの自信や困難な現実に直面する勇気が生まれる。

②自己中心性の自覚：自分の自己中心的で身勝手な考えや行動によって周囲の人々がどれほど迷惑し，辛くて寂しい思いをしたかを自覚する。周囲の人々を非難する態度が消え，母や父や配偶者や子どもなど一人ひとりがかけがえのない人間であることを実感し，他者への共感性が向上する。仕事や勉学や人生に対する自己の責任を自覚するようになる。

③自他の理解と意欲の向上：周囲の人々との関係を過去から現在まで，表層から深層まで，多面的に掘り下げて考える機会になる。その当時は理解できなかったことも理解できたり，誤解だったことに気づかされることも多くある。自己や他者を重層的，多面的，歴史的に理解し，自己理解や他者理解が深まり，精神的に健康になり，社会的に適応した行動がとれるようになる。

6-9 森田療法

　森田療法は神経症（森田神経質，いわゆる神経衰弱）の心理療法で，森田正馬（せいま，または，まさたけ）（1874-1936）によって1920年頃に創案された。この療法は，森田自身の神経症とその克服の経験に基づいている。その根底には，日本の伝統的な事実唯真や自然法爾という深い人間観・思想がある。人間が本来備えている自然治癒力の発動を目的としている。その独自の方法の特徴から臥褥療法，作業療法，家庭的療法，日記療法，あるがまま療法，不問療法などと言われている。本来の治療は入院して行われるが，最近は外来での治療が主になってきている。

　神経症（森田神経質）は，普通神経症，強迫神経症，不安神経症の3つに分けられる。神経症になりやすい人の基本特徴として，①自己内省的，理知的，意識的である，②粘着性が強い，③感受性が強く心配性，④欲望が強い，が挙げられている。神経症の本態は，次のように考えられる。人間には基本的に「生の欲望」が存在しており，神経症者は正常人に比べて「生の欲望」が人一

倍強く，それが適切に発動されることが必要である。「ヒポコンドリー性基調（不安に陥りやすい生来的傾向）」が，内外の刺激（機会）によって心身の反応（感覚や観念）を引き起こす。それが心身の自然な反応であっても，そこに注意（意識）が集中しすぎて，感覚（や観念）が敏感になる。この「精神交互作用（感覚または観念と，注意との交互作用）」によって，ますます注意（意識）を向け，それ（症状）にとらわれてしまうという悪循環に陥るのである。また，「思想の矛盾」という原理がある。思想の矛盾は完全欲のとらわれのことで，「こうでなければならない」という思想と，「こうである」という事実との矛盾である。この事実を無視した完全欲のとらわれも，精神交互作用と併行して症状形成を促進する。

　森田療法の考え方を表わすものに，事実唯真（事実を正しく認識する），不安心即安心（不安な心があるからこそ安心がある），恐怖突入（逃げずにあえて恐怖や不安のままに踏み切る），外装整わば内おのずから順で（形を先に整えれば，気持ちは後からそれにふさわしいものが生じてくる），気分本位から物事（事実，目的）本位へ（物事にしたがい，事実にしたがって行動する），あるがままの受容などがある。

　森田療法の治療法としての特徴は，以下のものがある。

　①無意識を探索することは無意味である。②症状の内容を解釈しないし，その原因も探らない。③過去を過去として葬り去り，現在を問題にし，その現在からの解放や解脱の手段を追及する。④症状形成の根本的なものは欲望だとするが，「生の欲望」として積極的に肯定・是認する。そしてこの欲望を健康な正当な方向に導き，発展させる。⑤自然なもの，事実や現実を尊び，自然に即して調和して生きることが強調される。⑥軽重の作業を重視する。言語レベルにおける治療者-患者間の交流を重視せず，働くことになりきることを求める。

　伝統的には入院治療が行われ，入院治療は次の4期に分けられる。

　第一期　臥褥（がじょく）療法（隔離，1週間）　この時期には，絶対臥褥，絶対安静が必要である。横になったまま，浮かんでくるままに悩みや苦しいことを考えさせる。不安に直面させ，健康な活動欲に気づかせる。

　第二期　軽い作業療法（数日〜1週間）　この時期には院内での活動が許

され，一人でできる軽い作業（草むしり，掃除など）をさせる。自発的活動が起きてくる。

　第三期　重い作業療法（2〜3ヶ月）　この時期には，やや重い作業（溝さらえ，庭いじり，畑仕事など）をさせる。

　第四期　複雑な実際生活期（1ヶ月以内）　この時期では実生活に戻る。読書法と外出が行われる。退院後の準備も始まる。社会復帰のために施設から学校や職場に通ったりする。

　入院生活は，原則として40日ということになっているが，実際には2ヶ月ぐらいかかることが多いという。外来治療では，①日記指導を行い，②『生活の発見会（現在は『メンタルヘルス友の会』と称されている）』の集談会への参加が勧められる。生活の発見会（『メンタルヘルス友の会』）は，森田療法を受けたり，自分で実践することで悩みを克服しようとする人々で構成されるセルフヘルプ・グループである。会合では参加者の神経症の体験が話され，あるテーマについて学習が行われたり，悩みの相談や指導が行われる。

文　献

Axline, V. M.（1947）*Play therapy: The inner dynamics of childhood.* Boston: Houghton Mifflin Company.（小林治夫訳（1972）『遊戯療法』岩崎学術出版社）

Berne, E.（1964）*Games people play.* New York: Grove Press.

Gendlin, E. T.（1996）*Focusing-Oriented Psychotherapy: A manual of the experiential method.* New York: The Guilford Press.（村瀬孝雄・池見　陽・日笠摩子監訳（1998, 1999）『フォーカシング指向心理療法（上）（下）』金剛出版）

Greenberg, L. S., Rice, L. N. and Elliott, R.（1993）*Facilitating emotional change: The moment-by-moment process.* New York: The Guilford Press.

Goulding, M. M. & Gouiding, R. L.（1979）*Changing lives through redecision therapy.* New York: Grove Press.（深沢道子訳（1980）『自己実現への再決断：TA・ゲシュタルト療法入門』星和書店）

伊藤義美編（2002）『フォーカシングの実践と研究』ナカニシヤ出版

伊藤義美編（2005）『フォーカシングの展開』ナカニシヤ出版

倉戸ヨシヤ（2005）ゲシュタルト療法　乾　吉佑ほか編『心理療法ハンドブック』創元社　pp.158-164.

May, R.（1961）*Existential psychology.* New York: Random House.

氏原　寛・成田善弘編（1999）『カウンセリングと精神療法〔心理療法〕（臨床心理学①）』培風館

7 サイコセラピーとその方法（3）
―― 家族療法，グループアプローチおよびコミュニティアプローチ ――

　サイコセラピーは便宜上，個人アプローチ，家族アプローチ，グループアプローチ，コミュニティアプローチに大別することができる。ここでは，家族アプローチ（家族療法），グループアプローチおよびコミュニティアプローチについて述べていく。

7-1　家族療法―システム論的家族療法―

7-1-1　家族療法

　家族に対する治療は，これまで①個人サイコセラピーにおいて心的現実として親や家族を扱う，②子どもの治療や統合失調症の治療において親治療面接（カウンセリング）や親ガイダンスを並行して，または適宜に行う，③家族内の関係（親子関係や夫婦関係など）を治療対象として，親子や夫婦の改善をはかる，④家族を一つのシステムとして，全体としての家族を扱うシステム家族療法，などが行われてきている。

　家族療法（Family Therapy）は，家族を対象に行われる心理療法である。とくに米国では，1940年代に家族研究が始められ，1950年代から家族療法が盛んに実践されるようになった。家族療法にも，アッカーマン（Ackerman, N.）の精神力動的家族療法，ボーエン（Bowen, M.）の多世代派家族療法から最近の物語論的家族療法などさまざまな立場がある。多くの家族療法があるが，それらが共有している基本的理論として，12項目が挙げられている（Green &

Framo, 1981)。それらは，①解放システムとしての家族，②家族のホメオスタシスと変化，③社会的組織としての家族，④コミュニケーション，⑤個体性・役割と家族葛藤，⑥機能的家族における夫婦葛藤と両親の同盟，⑦機能不全と未解決の夫婦葛藤，⑧三角関係化と世代境界の崩壊，⑨転移と投影，⑩世代間伝達，⑪情緒表現，⑫不完全な喪の作業，である。

　ここでは，システム論的家族療法について述べる。システム論的家族療法の理論的基礎は，「一般システム理論」(Bertalanffy, 1968) である。家族は，一つの有機的なまとまりをもつシステムとみなされる。心理的問題をクライアント一人の問題とせず，その人が属する社会的システム，とりわけ家族システムの問題としてとらえる。クライアントは家族システムの病理を代表して，症状や問題を表わしている家族成員という意味で，IP (identified patient：患者の役割を担う人) と呼ばれる。客観的な現実というものは存在せず，各人がそれぞれのやり方で現実を構成しているのである。この現実の構成は，つねにコミュニケーション過程において行われる。繰り返し問題を再生産するシステムは，特定のコミュニケーション・パターン（したがって特定の現実構成）に縛られたシステムと考えられる。治療とは，家族のコミュニケーションに介入して，そのパターンを変える試みである。このように家族（システム）内の問題をシステム全体との関連でとらえて，システムそれ自体が変化できるように働きかけることで症状や問題を消失させるのである。そこでは問題の内容（コンテント）よりも，問題の文脈・状況（コンテクスト）が注目される。また，精神分析が取り扱う直線的因果律よりも，家族の円環的パターンや相互作用といった関係性そのものを取り上げる円環的因果律で問題をとらえる。治療チームが組まれて，家族がもつ有効な資質を積極的に活用して，家族の問題解決システムを活性化させるものである。表7-1は，家族に対するシステム論的アプローチの特徴を精神分析的アプローチとの比較において示している。

7-1-2　システム論的家族療法

　システム論的家族療法に関係がある立場としては，構造的アプローチ，戦略的アプローチ，ミラノ派 (The Milan School) のアプローチがある。

　構造的アプローチは，ミニューチン (Minuchin, S.) を中心としたフィラデ

表7-1 家族へのシステム論的アプローチと精神分析的アプローチの比較（馬場，1990を改変）

	家族へのシステム論的アプローチ	家族への精神分析的アプローチ
目　標	a. 家族内の相互交流のパターンを変化させること。 b. より行動志向的。 c. 具体的な問題解決。	a. 相互交流の背後にあるもの（内的対象関係）を変化させること。 b. より内界志向的。 c. 家族の成長，可能性の拡大。
技　法	a. 硬直したシステムのバランスを崩すために，種々の技法を用いて積極的に介入する。治療者はシステムの一部となってシステムを動かす。 b. 現在の家族状況に焦点を合わせる。	a. 成員相互間の防衛（投影，投影性同一視など）を解釈して家族力動を動かす。特殊な技法を用いず，家族全員に対して中立の立場を保つ。 b. 現在ばかりでなく，過去の家族史にも関心を向ける。
転　移	転移が生じにくいように治療場面を設定する。転移が生じた場合には，治療者は転移を消滅させるべく介入する。	きわめて広い意味での転移を扱う。治療者の逆転移を通して家族の有り様を明らかにする。
期　間	短期の問題解決を目指す。	長期的にならざるをえない。

ルフィア・チャイルド・ガイダンス・クリニックで発展した構造的家族療法をいう。家族システムにおける構造の次元に焦点を当て，家族構成員間の関係性に付随している隠されたルールを発見しようとする。個人の病理は家族構造と家族構成員間の関係性において理解され，機能障害を持続させている家族の交流パターンに働きかけて家族構造の変化を目指すものである。

　戦略的アプローチは，ヘイリー（Hayley, J.）の戦略的家族療法やコミュニケーション派家族療法のMRI（Mental Research Institute）の短期療法（ブリーフ・セラピー）が代表的である。家族システムを変えるために計画的に介入がなされるが，リフレーミング技法やパラドックス技法がよく用いられる。リフレーミング技法とは，ある状況が経験される概念的ないし情緒的文脈（枠組み）を変えることによって，その状況に帰属していた意味を根本的に変更することである。また，パラドックス技法は，一見治療目標とは逆の方向へ進むかに見えるが，実際には治療目標に向けて進ませる逆説的な指示である。

　イタリアのミラノ派のシステミック家族療法では，機能不全家族は，現実と合わない信念体系にしたがっているとみなされる。システミック家族療法の一

般的目標は，家族行動の破壊的パターンを粉砕し，共同集団の現実に合うように家族が家族信念パターンを変えることができることである。家族における症状をめぐる連合関係が，発症から現在までの時間経過の中でどのように変化してきたかを探る円環的質問法が特徴である。家族全体にとっての症状の意味を明らかにして，対抗逆説の技法によるパラドックス的な指示が用いられる。

　家族療法の学派は様々に発展しており，家族療法を統合する軸として，①歴史的視点（多世代派），②"いま，ここ"でのコミュニケーションの視点，③生態学的（構造派）視点が挙げられている。

7-2　グループアプローチ

　ここでは，グループアプローチについて述べていく。

7-2-1　グループアプローチとは

　個人の心理治療・成長・教育，個人間のコミュニケーションと対人関係の発展・改善・訓練及び組織やコミュニティの開発・変革などを目的として，グループがもつ特性・機能・過程・ダイナミックスなどを活用するグループの形態と方法の総称とみなすことができる。その目的としては，個人アプローチと同じように心理治療，予防，開発（発達），教育，研修，訓練が考えられる（表7-2）。

　グループアプローチには，グループサイコセラピー（集団心理療法），グループ・カウンセリング，エンカウンターグループ（非構成的グループ），感受性訓練（ST），Tグループ，心理劇（サイコドラマ），SST（社会的スキルトレーニング），グループ・エンカウンター（構成的グループ），サポートグループ，セルフヘルプ・グループなどがある。

7-2-2　エンカウンターグループ

　エンカウンターグループ（Encounter Group, EG）は，①人間性回復運動，②集中的グループ体験，③基本的出会いグループの3つの意味で用いられてきた。わが国では，基本的出会いグループと集中的グループ体験としてよく用い

表7-2 グループ介入のレベルと目的 (Conyne, 1985を改変)

介入のレベル		改善		向上	
	介入の目的	パーソナル	課題	パーソナル	課題
個人	タイプ	パーソナリティの変化	リハビリテーション	パーソナルな成長	スキルの発達
	例	サイコセラピー	社会的再治療	エンカウンターグループ	人間関係スキルの訓練
対人関係	タイプ	対人的適応問題の解決	再社会化	対人関係の成長	学習
	例	カウンセリング	社会的統制	エンカウンターグループ	体系的グループ討論
組織	タイプ	従業員の変化	組織の変革	経営の発展	組織の発展
	例	従業員の援助	社会的風土	チームの発達	クオリティサークル (QC)
コミュニティ	タイプ	二次的/三次的予防	コミュニティの変革	健康増進/一次的予防	コミュニティの発展
	例	相互援助	行動	人生の過渡	将来化

られている。

　ベーシック・エンカウンター・グループ（基本的出会いグループ）またはパーソンセンタード・グループアプローチは，カール・ロジャーズ（Rogers, C. R.）によって始められたグループアプローチである。ロジャーズは，「20世紀後半における最大の社会的発明だろう」（Rogers, 1970）と述べている。このグループは，シカゴ大学における，カウンセラー養成のためのワークショップでの集中的グループ経験（1946～1947年）を発展させたものとされる。パーソンセンタード・グループアプローチのねらいは，個人の成長，個人間のコミュニケーションおよび対人関係の発展と改善の促進である。このアプローチは，治療グループというよりも成長志向グループである。エンカウンターグループは，1960年代～70年代に盛んに実施されたが，その社会的背景として，①自由でありのままの，真実の人間でいられる場の渇望と，②投資できる経済的，時間的な余裕，が挙げられている。しかしこのほかには，③変化の激しい時代に生きる経験交流や再学習の場や，④サイコセラピーとの併用としての利

用価値，という特徴が考えられる．

7-2-3　エンカウンターグループ体験の特質とファシリテーターの役割

エンカウンターグループ体験の特質として，①脱日常的規範と脱日常性，②

表7-3　メンバーとグループのプロセスを妨げる要因（Eagan, 1970, 1973 から）

Ⅰ　メンバーの要因

最大の逃走：グループ経験にかかわる意志もなく，観察するという興味もない，ただ出席して時間がはやく過ぎればよいという人．

自発性や主体性のなさ：受動的で，問われると返事をしたり，2～3人で雑談をするだけの人．

皮肉屋：心を閉ざしたまま参加している人がとる防衛のスタイル．

沈　黙：グループの観察はできるが，グループを無言によって操作し続ける．

解釈ゲーム：知的遊戯で，納得したり，教訓を見つけ出したりして，当人は大いに学べたという気になっている．

ユーモア：相互作用を促進する面もあるが，問題に直面することや対決をきちんと受け止めない面がある．

質問屋：グループに知的な応答や解釈ゲームを引き起こして，感情の概念化をもたらす．

合理化：攻撃されないように他人（グループやファシリテーターなど）のせいにして逃げる．

退　屈：退屈に耐えているという言い訳や免責によって，積極的にかかわる責任から逃げる．

一般化：自分のことでなく，一般論的に話して，話の内容に自我関与が見られない．

葛藤や感情の耐性が弱い：対決や感情的な場面になると，すぐに仲裁したり救援にまわる．笑いでごまかし，話題を変え，気晴らしを入れることで事態への直面を避ける．

変化を好まない：変化を避けて動こうとしない．「できない」とか「やれない」と言って，自分が「しない」だけという自覚がない．

支　配：グループを自分の都合のよいように操ろうとする．

Ⅱ　グループの要因

過ぎたかかわりの分析：過ぎ去ったかかわりを分析するのは，"いま，ここ"から離れて，"あのとき，あそこ"でに戻り，進行中の相互交流を一時中止にする要求が隠されている．

まじめな話し：社会問題や時事問題が真剣に話されるにしても，グループの外での話しで，過去の話しである．

順番とゲーム依存：作為的なものに頼る傾向を助長し，真の自発的なかかわりを妨げる．

一人に集中する：メンバー間の交流のための時間を後へと引き延ばしてしまう．

暗黙の取り決め：思い込んでいるルールにグループがしたがっていることがある．

儀式行動：同じ感覚や行動を繰り返していることは安全で，気楽である．そこには，変化や前進が見られない．

足並みをそろえる：グループの進行についてこないメンバーが一人でもいると，そのメンバーの動きの水準までグループの活動水準が低下してしまう．

集中的グループ体験，③率直で素直な自己感情表現，④個々人の最大の尊重と他者との連携，⑤権力の分散と相互援助，が挙げられる（伊藤，2002）。

このようなグループ体験が実現するには，どのような参加者（メンバー）であるかということとグループのファシリテーターのあり方・かかわり方が関係してくる。グループ・ファシリテーターの役割は，①グループの安全感・信頼感の構築，②メンバーの自己理解の援助，③相互作用・相互関係の形成と活性化，④ファシリテーションシップの共有化，⑤グループからの脱落と心理的損傷の防止，である（野島，2000）。この中で，とくに①と⑤が重要となるだろう。これらの2つが確保されれば，他の役割はグループで自然と機能するようになると考えられる。とくにメンバーやグループのプロセスを妨げる要因（表7-3）が顕著な場合には，ファシリテーターがその要因をどのように扱うかが重要になる。エンカウンターグループでは，ファシリテーターが自らの自己表現をグループ促進的に活用するのが特徴である。

7-2-4　エンカウンターグループのプロセスと効果

グループのプロセスに関して，ロジャーズ（Rogers, 1970）は，15の現象を挙げている。つまり，①模索，②個人的表明あるいは探求への抵抗，③過去感情の述懐，④否定的感情の表現，⑤個人的に意味のある事柄の表明と探求，⑥グループにおける即時的な対人的感情の表明，⑦グループにおける治癒力の発展，⑧自己受容と変化のめばえ，⑨仮面の粉砕，⑩フィードバック，⑪対決，⑫グループ・セッション外での援助関係，⑬基本的出会い，⑭肯定的感情と親密さの表明，⑮グループにおける行動の変化，である。

わが国では，次のような6つの発展段階が提唱されている。

段階Ⅰ：当惑・模索，段階Ⅱ：グループの目的・同一性の模索，段階Ⅲ：否定的感情の表明，段階Ⅳ：相互信頼の発展，段階Ⅴ：親密感の確立，段階Ⅵ：深い相互関係と自己直面，終結段階，である（村山・野島，1977）。

エンカウンターグループの効果としては，以下のことが挙げられる。

①防衛から解放されて，自己の態度，行動，対人関係の変化を恐れなくなる。②より自由さを獲得し，対人的コミュニケーションが改善され，新しい変革が起こる。③グループでの学習が，日常生活の人間関係に影響を与える。

7-2-5 エンカウンターグループの批判・問題点

エンカウンターグループの批判や課題として，以下の5点を挙げておく（伊藤，1992）など。

1) 変化の非持続性 グループで変化が生じたとしても，その変化が長続きしない。グループ中やグループ直後で起きた変化が，グループから現実の日常生活に帰ると，また元に戻ってしまうことがある。

2) 心理的損傷の問題 グループで心理的に傷いたメンバーがいたとしても，ファシリテーターや他のメンバーがそのことに気づかなかったり，気づいてもグループ期間中にうまく処理されないまま終わってしまう。

3) 現実生活への復帰の問題 グループでは暖かい理解的な雰囲気を経験するが，現実場面は必ずしもそうではない。そのためにグループと現実生活を区別できなかったり，厳しい現実生活（家族関係，職場関係など）にうまく戻れないことがある。それまで蓋がされていた葛藤や不適応がかえってはっきりしてくる。そうすると，しだいにグループにしか居場所がなくなり，グループに入り浸りになる，いわゆるグルーピィーをつくり出している。

4) 古参プロの問題 何回かのグループ参加経験をもつ人の中には，新しい参加者にグループのルールを知っているといわんばかりに，ひそかに，あるいは堂々と，それを押しつけようとすることがある。真実の表現と自発性を促進するかわりに，対人関係の新たな独裁を打ち立てる企てをしているのである。

5) 個人療法との併用 個人セラピーとグループとの併用，つまりコンバインド・セラピー（同一のセラピストが，個人セラピーとグループを担当する場合）やコンジョインド・セラピー（異なる2人のセラピストが，それぞれ個人セラピーとグループを担当する場合）をもっと積極的に考えていく必要がある。

7-2-6 エンカウンターグループの社会的適用

エンカウンターグループは，学校や企業の人間関係や組織の改善，国際関係の改善，地域社会の緊張解消，人種差別問題などに活用されている。PCAのワークショップは，ベルファスト（1972），ブラジル（1977），南アフリカ（1982, 1986），日本（1983），オーストリア（1985），ソビエト連邦（1986）な

どで行われている．とくに1985年に行われたルスト（Rust）・ワークショップ―中央アメリカの挑戦―（11月1日〜4日）は，17ヶ国から文化・政治指導者約50名を集めて行われたものである．こうしてロジャーズは，1987年にノーベル平和賞の受賞候補者にノミネートされるまでになった．

7-2-7 ロジャーズによるエンカウンターグループの事例

わが国ではロジャーズがファシリテーターを務めたエンカウンターグループの記録が，ビデオとして2つ翻訳されている．

1）『出会いへの道―あるエンカウンターグループの記録―』（1968） 主な登場人物（メンバー）は，①ベス（空の巣症候群の中年期の女性），②ロズ（真実の自己と演じる女性像のずれに悩む女性），③カーリーン（被差別に苦しむアフリカ系アメリカ人），④ジェリー（感情を凍らせてきた管理職の男性）である．このほかにメンバーは，4名（キース，カール，ウィニー，ジョー）いた．ファシリテーターは，ロジャーズ，リチャード・ファースン（ディック）である．グループ・セッションは5セッション（金曜日夜，土曜日午前・夜，日曜日午前・午後）で，計16時間のセッションが約50分に編集してある．このグループにおけるメンバーの変化がプロセススケールを用いて明らかにされている（図7-1）．

2）『鋼鉄のシャッター（The Steel Shutter）―北アイルランド紛争とエンカウンターグループ―』（1973） これは，アイルランド共和軍（Ireland Republic Army, IRA, カトリック），アルスター防衛協会（Ulster Defense Association, UDA, プロテスタント），英国軍などによる北アイルランド紛争解決にエンカウンターグループを用いた事例である．社会的・文化的葛藤の解決にエンカウンターグループが貢献できるかが挑戦された．1972年の3日間（12月1日〜3日），計24時間にわたって，米国ペンシルバニア州ピッツバーグ市のWQED-TV（教育TV局）のスタジオで行われた．

ファシリテーターはカール・ロジャーズ，パトリック・ライス（Rice, P.）の2名だが，途中でロジャーズはオードリー・マッゴウ（McGaw, A.）に代わった．

参加メンバーはベルファスト（Belfast）の出身者で，過激派と穏健派，男性

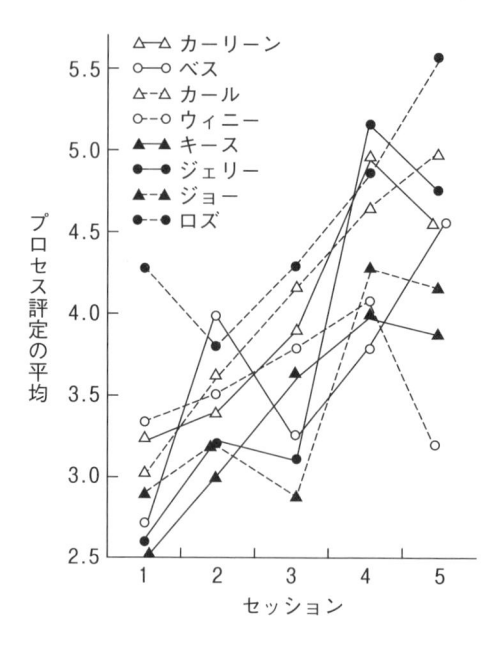

図7-1 セッションでのプロセス評価の変化 (Meador, 1971)

と女性,年配者と若者を考慮して選ばれた以下の9名である。
 ①カトリック教徒側:ショーン,C.(Sean, C.)(46歳),ペギー(Peggy, K.)(45歳),トム(Tom, D.)(33歳),ショーン,M.(Sean, M.)(24歳)の4名。
 ②プロテスタント教徒側:ブライアン(Brian, D.)(40歳),ジョージ(George, H.)(20歳),ジョージーナ(Georgina, C.)(48歳),リンダ(Linda, B.)(21歳),バーニー(Barny, F.)(57歳)〈中立的立場〉の5名。
 その後も参加者は,自発的に会合を続けた。映画が完成すると,参加者によって映画の上映と討論するグループが広がっていった。そして,エンカウンターグループの参加者やファシリテーターが増えていった。1998年に両派代表にノーベル平和賞が授与されることになった。

7-3　グループサイコセラピー

7-3-1　グループサイコセラピー（集団心理療法）の歴史

　グループセラピーの始まりは，1905年に米国ボストンの内科医ジョセフ・H・プラット（Pratt, J. H.）が肺結核患者に用いたクラス法（20〜30人）だとされている。このクラスは週2〜3回行われたが，このグループには現在の認知行動グループ，サイコエデュケーション・グループ，セルフヘルプ・グループの要素が含まれていた。トライガント・バロウ（Burrow, T., 1927）は，精神分析理論に基づき，入院していない患者のためのグループセラピー（グループ分析）を始めた。精神病院内で入院精神病患者に対して，集団的に精神分析的治療を行ったのは，ウエンダー（Wender, L., 1940）とシルダー（Schilder, P., 1936）であった。

　1930年代と1940年代には，バロウ，スラブソン（Slavson, S.）などが，主として精神分析的な概念をグループセラピーの実際に応用していた。ほとんどがグループセラピーを個人療法の貧弱な代替物とみなしていたが，サミュエル・スラブソンは積極的にグループセラピーを提唱した。精神分析や教育やグループワークの理論をもとに，主に問題のある子どもや青年を対象にして活動（遊戯）グループをつくった。スラブソン（Slavson, 1943）は分析的グループサイコセラピーと呼び，1948年にアメリカ・グループサイコセラピー学会をつくった。その関心は，グループ自体よりもグループにおける個人に集中していた。最大の貢献は，子どものグループサイコセラピーの発展である。1930年代のはじめにルイス・ウエンダー（Wender, L., 1940）はグループセラピーに精神分析の概念を適用し，コンバインド・セラピーのはじめになった。ウォルフとシュワルツ（Wolf & Schwartz, 1962）は，大人のグループに精神分析の原理を積極的に適用した。

　ヨーロッパでは，ルーマニアの精神科医ジェイコブ・L・モレノ（Moreno, J. L., 1898-1974）が，1910年にサイコドラマ（心理劇）を始めた。これは，役割演技と役割訓練法を含んでいた。そしてグループセラピーという用語を1931年に用いた。場理論のクルト・レビン（Lewin, K., 1947）は，グループ・

ダイナミックスに注目し，グループを全体とみなしたパイオニアである。

英国では，メラニー・クライン（Klein, 1932）学派のウィルフレッド・R・ビオン（Bion, 1959）は，グループは別個のメンタル・ライフをもつという仮説を提出した。つまり，それ自体のダイナミックスと複雑な情緒的状態をもち，基本的仮定文化（basic assumption culture）という名称で，依存，ペアリング，闘争-逃避を考えた。また，「全体としてのグループ」とのワークでよく知られている。ヘンリー・エズリエル（Ezriel, 1950）とジョン・D・サザーランド（Sutherland, 1952）は，グループセラピーをアクティブにとらえ，「いま，ここ（here-and-now）」と「あのとき，あそこ（then-and-there）」の観点を強調した。エズリエルは，メンバー間と，メンバーと全体としてのグループの間の転移を記述した最初の人物である。

グループでのセラピーと，グループによるセラピーが区別された。前者は，グループ・リーダーが，個人の患者に対して行われるように全体グループにおいて同じセラピーを行うものである。後者のグループによるセラピーでは，メンバーはセラピーで重要な役割を果たすことになる。とくに，モデリング，強化の手続き，グループ・ダイナミックスの要素が重要なものである。

入院患者グループの歴史には，2つの源がある。①治療的コミュニティもしくは環境セラピー運動と，②20世紀初頭のグループセラピー実験である。1930年代にメニンガー（Menninger, 1936）が，異なるタイプの社会的相互作用が様々な精神障害の個人を利するのに用いられるとしたのが①である。病院での最初の精神医学的グループは，1919年マサチューセッツ州のウォルセスター州立病院でコーディ・マーシュ（Marsh, L. C.）が精神病について講義し，話し合いのグループを組織したものである。退院前の試験に合格することを求められた。

第一次世界大戦直後に，ラゼル（Lazell, 1921）は，ワシントンDCの聖エリザベス病院で統合失調症患者のためのクラスをもっていて，問題の精神分析的ルーツについて教えた。第二次世界大戦の間，グループがいくつかの陸軍病院で用いられた。英国のノースフィールド陸軍病院で，ビオン，フォークス（Foulkes, S. H.），エズリエル，マイン（Main, 1965）が，精神医学的ユニット全体はグループだという考えを出した。

表7-4　主なグループアプローチの比較

1. パーソンセンタード・グループアプローチ
　グループの目標：メンバーが自分の感情を探究できるような安全な雰囲気を提供する。メンバーがしだいに新しい経験に開かれ，自分自身と自分の判断への自己信頼を発達させるのを援助する。メンバーが現在を生きることを促進する。メンバーが率直さ，正直さ，自発性を開発するのを援助する。メンバーがいま，ここで他者と出会い，疎外感を克服する場所としてグループを利用できるようにする。
　ファシリテーターの役割と機能：グループを方向づけることはせずにグループのプロセスを促進する。すなわち，コミュニケーションの問題をあつかう，安全と信頼の心理的風土を確立する，効果的に機能するようにグループを援助する。中心の課題は，セッションの中で真実であること，ケアと尊重，共感的理解を示すことである。寛容さと新しい行動を試みることが役割として求められる。しばしばグループで起きていることについて個人的な感情と印象を表現することによって共有する。
　構造化の程度と責任の分配：ファシリテーター：グループに構造や方向をほとんど与えない。メンバー：自らが意味ある方向を見つける，相互に助け合うことができる，建設的な成果を生み出す，という能力をもつ信頼できる存在とみなされる。
　グループの技法：技法よりもファシリテーターの態度が強調される。構造化された，あるいは計画された技法はほとんど用いられない。基本的な技法は，積極的傾聴，感情の伝え返し，明確化，支持，メンバーのために"そこにともに居ること（プレゼンス）"である。

2. 精神分析的グループアプローチ
　グループの目標：メンバーが幼児期の親子（家族）関係を再体験するのを助ける雰囲気を提供する。現在の行動を繰り返し起こさせる過去の出来事とむすびつく隠された感情を明るみに出す。心理的発達の歪みの原因を洞察させ，修正情動体験を起こさせる。
　セラピストの役割と機能：受容的で寛容な雰囲気づくりを助け，グループの相互作用を促進する。比較的匿名にして客観的なままでいて，メンバーのセラピストへの投影をつくりだす。転移と抵抗を指摘して，その意味を解釈する。グループに一定の制限を設ける。
　構造化の程度と責任の分配：セラピスト：指示的なリーダーシップを発揮せず，グループ自体にその進行を決めさせる。特定の行動パターンの意味を解釈する。メンバー：問題を話し，無意識の材料を提供する。自発的な相互作用，解釈，他者についての洞察の共有についての責任が増す。お互いの補助的なセラピストになる。
　グループの技法：解釈，夢分析，自由連想，抵抗分析，転移分析。すべての技法が無意識を意識化させ，洞察をもたらすためのものである。

3. 行動療法的グループアプローチ
　グループの目標：メンバーが不適応な行動を除去し，新しい効果的な適応行動パターンを学習するのを助ける。大きな目標は，精密な下位目標に分けられる。
　セラピストの役割と機能：行動変容の専門家として機能する。そのために指示的で，しばしば教師か訓練者として機能する。情報を与え，対処の技法と行動変容の方法を教える。したがってメンバーは，教えられたことをグループセッションの外で実行することが求められる。
　構造化の程度と責任の分配：セラピスト：積極的に教えることと，あらかじめ決められた一連の活動にしたがってグループを進行させることに責任を負う。メンバー：積極的であること，学習したことを日常の生活状況に適用すること，グループセッションの外で新しい行動を実行することが期待される。
　グループの技法：学習の原理に基づいた行動変容と認知的再構成を目的としている。系統的脱感作，断行治療，自己主張訓練，嫌悪療法，オペラント条件づけ，コーチング，モデリングなどがある。

158　7　サイコセラピーとその方法 (3)

```
                    洞察重視
        1             │            2
                      │      エンカウンターグループ
                      │           □
                      │
                      │         □
              交流分析 │       精神分析
                  □  │
理性重視 ─────────────┼───────────── 感情重視
          □          │  □
        現実療法   □  │ ゲシュタルト療法
               論理  │
                療法 │  □
                 □  │ Tグループ
              行動療法│
                      │
        3             │            4
                    アクション重視
```

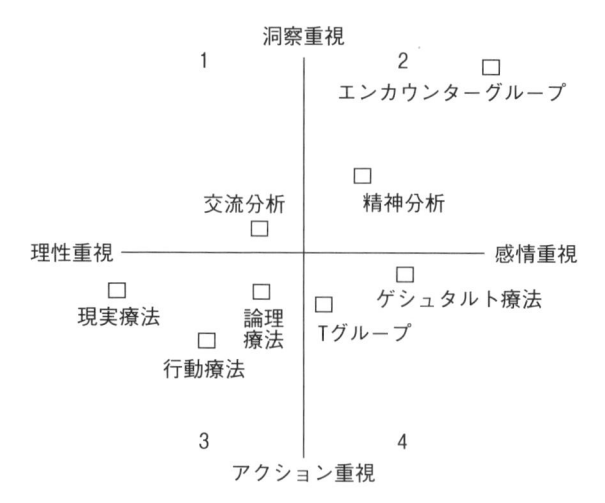

図7-2　グループ・サイコセラピーの比較(1) (Hansenら,1980 を改変)

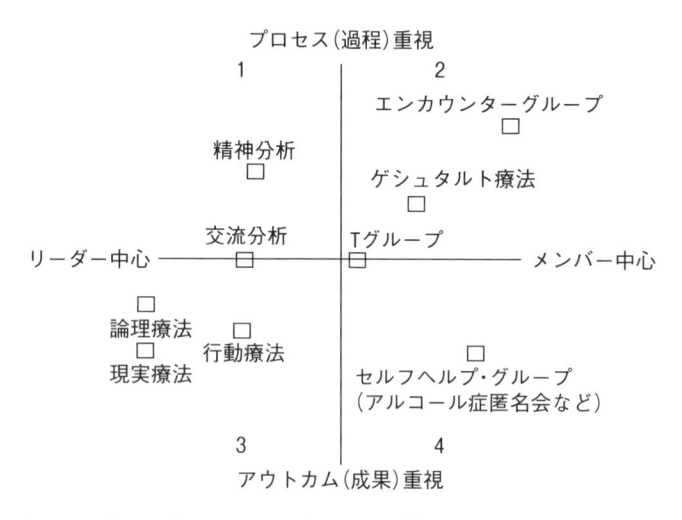

```
                  プロセス(過程)重視
        1             │            2
                      │      エンカウンターグループ
                      │           □
              精神分析 │
                  □  │    ゲシュタルト療法
                      │           □
              交流分析 │  Tグループ
リーダー中心 ──────□──┼──□────── メンバー中心
          □          │
        論理療法  □  │
                行動療法│      □
        現実療法    │    セルフヘルプ・グループ
                      │    (アルコール症匿名会など)
        3             │            4
                 アウトカム(成果)重視
```

図7-3　グループ・サイコセラピーの比較(2) (Hansenら,1980 を改変)

表7-5 グループサイコセラピーの構造と技法の比較 (Long, 1988を改変)

問題の解決	B	AC		EGT	パーソナリティの変化
組織的な方法	BE	CT	AG		個別的な計画
認知的	ABCT		EG		感情的
変化の機制：グループ	E			ABCGT	変化の機制：個人
言語的	ACT	E	BG		行動的
個人に焦点	ABCGT	E			グループに焦点
解　釈	T	AC	BEG		アクション／指示
外的経験	ABCT		EG		内的経験
顕在的意味	BE	ACT	G		潜在的意味
過去に焦点		ACT	BEG		現在／未来に焦点
リーダーの活動性	ABCGT		E		メンバーの活動性
心理的距離：大	ABCGT		E		心理的距離：小

A＝アドラー派療法　B＝行動療法　C＝認知療法　E＝エンカウンター療法
G＝ゲシュタルト療法　T＝交流分析療法

7-3-2　グループサイコセラピーの立場

　グループサイコセラピーの立場としては，個人セラピーとだいたい同じである。エンカウンター・グループセラピー，精神分析的グループセラピー，行動的グループセラピー，ゲシュタルト・グループセラピー，サイコドラマ，実存的グループセラピー，交流分析的グループセラピー，論理情動的グループセラピー，家族療法などがある。これらの理解には，伊藤（2002）などが参考になる。主なアプローチの比較は，表7-4に示されている。

　グループの立場についてハンセンら（Hansen, et al.,1980）は，「理性（論理・認知）」重視-「感情」重視の横軸と「洞察」-「行動」の縦軸，および「リーダー中心（熟練専門家としてのセラピストやリーダー）-メンバー中心（メンバー間の相互作用のファシリテーターとしてのリーダー）」の横軸と「プロセス」重視-「アウトカム」重視の縦軸の座標上に位置づけている（図7-2と図7-3）。また，ロング（Long, 1988）は，表7-5のようにグループの構造と技法に関する12の次元（連続体）において6つの立場の特徴を比較している。6つの立場は，エンカウンター療法・ゲシュタルト療法，アドラー派の精神分析療法・認知療法・交流分析療法，そして行動療法の3群に大別されるが，行動療法は前者よりも後者に近いといえよう。これらの枠組みは，各立場の理解や

表7-6　グループサイコセラピーの治療要因（Corsini & Rosenberg, 1955）

普遍化：自分だけが特別ではなく，他者も同じような，あるいは似たような問題をもっていることを知ること。
知性化：グループでの学習や知識の獲得の過程。解釈，知性化，説明，理解，再学習，再教育，など。
観察効果：自分自身と他者に耳を傾けたり，観察して利益を得ること。他者の模倣，客観的に自分自身に耳を傾けること，など。
受　容：所属感，グループに温かく居心地よく居れること。グループとの同一視，グループや治療者の受容や支持，安全感，ともに居ること，など。
愛他性：他者を助けたいと思い，他者のために何かをすること。激励，メンバーによる助言・示唆・解釈，互いに助け合うこと，愛情を与えること，など。
現実吟味：グループ状況は現実の重要なことが起きる場なので，メンバーは安全な雰囲気の中で自分自身を吟味することができる。現実吟味，徹底操作，過去の家族葛藤の再体験，社会的現実の吟味，社会的関係のための実践の場，など。
感情転移：治療者やグループおよびメンバーに対する強い情動的なこだわり。治療者やメンバーへの転移，逆転移，メンバー間の転移，治療者への同一視，など。
相互作用：相互作用，関係，関係のパターン，グループの相互作用，など。
通風作用：抑圧された感情の解放と考えの表出。カタルシス，除反応，敵意・不安・罪悪感の解放，ファンタジーの言語化，など。
その他：昇華，自発性，共有，強化，リラクセーション，トラウマとの直面，など。

統合を考えるときに参考になるだろう。

7-3-3　グループサイコセラピーの治療メカニズムと治療要因

　グループサイコセラピーの治療メカニズムに働く治療要因として，以下のものがある（Corsini & Rosenberg, 1955）。

　①知的要因として普遍化，知性化，観察効果，②情動的要因として受容，愛他性，感情転移，③行為的要因として現実吟味，相互作用，通風作用，そして④その他，である（表7-6）。

　また，グループの治療メカニズムの治療要因として，希望の涌出（期待し，希望をもたらすこと），普遍性（自分の問題は普遍的で，自分一人のものではないとの認識），情報の提供（さまざまな情報の伝達，とくにa.教訓の教示とb.直接の助言），愛他主義（他人の役に立つこと），原家族の修正的再体験（家族内葛藤の修正的やり直し），社会化技術の発達（社会生活の学習），模倣行動（観察し，モデルとして真似ること），対人的学習（a.対人関係，b.修正的情動体験，c.社会の縮図としてのグループ，など），凝集性（受容され，理解され

るグループ感），カタルシス（感情を表現し，受け止められること），実存的要因（死，孤独，自由，責任，出会い）が挙げられている（Yalom, 1985）。

7-4 コミュニティアプローチ

7-4-1 コミュニティアプローチとは

　コミュニティアプローチとは，家族，学校，職場組織，地域社会などの社会システムやそのシステム相互間のネットワークに対する，コミュニティ心理学的なアプローチである。ここで，コミュニティ心理学とは，様々な異なる身体的−心理的−社会的−文化的条件をもつ人々が，だれも切り捨てられることなく，ともに生きることを模索する中で，人と環境の適合性を最大にするための基礎知識と方略に関して，様々な実際の心理社会的問題の解決に具体的に参加しながら研究を進める心理学であり，臨床心理学的地域実践の基礎を提供するものである。臨床心理学的地域援助とは，地域社会で生活を営んでいる人々の，心の問題の発生予防，心の支援，社会的能力の向上，その人々が生活している心理的・社会的環境の調整，心に関する情報の提供などを行う臨床心理学的行為とされている（山本，2001）。

7-4-2 伝統的な臨床サービス・モデルとコミュニティサービス・モデル

　伝統的な臨床サービス・モデルは，治療的（セラピー中心），直接的，単一的，専門家中心主義（抱え込み）などが特徴だった。一方，コミュニティサービス・モデルは，予防的・成長促進的（ケアと教育を基盤とする），間接的，多面的・総合的，コミュニティ中心主義（非専門家との協働を強調）が特徴である。つまり，サービスを求めてくるのを受動的に待っているのでなく，求められれば，心理専門家が自分の方から相手の生活の場に入れてもらい，そこで一緒に考え，その中で多面的・総合的に援助を行うという，能動的かつ生態学的なアプローチの実践を展開するのである。

7-4-3 コミュニティアプローチの基本と方法

　1) 伝統的な心理臨床の密室主義，心理主義パラダイムからの脱却　　　社会

表7-7　心理臨床家によるコミュニティサービスの特徴（山本，1986を改変）

	伝統的な心理臨床家	コミュニティ心理臨床家
視点と姿勢	1. 個人が対象 2. 専門・公共施設で待ちの実践 3. 治療（直接の関与） 4. 専門家中心の管理と責任性 5. 来談者の病気・障害 6. 疾病性（illness） 7. 病気・障害の心理的原因 8. 病気・障害の治療 9. 治療と治癒を目的とする 10. サイコセラピーの強調 11. パターン化したサービスの実施 12. 単一のサービスの実施 13. 一人での抱え込み 14. サービスの非連続性 15. 専門家のみ	諸集団，組織，コミュニティ全体が対象 コミュニティの必要な場に出向いての実践 予防，成長，教育（間接的な関与） コミュニティによる管理と責任性の共有 生活者の生活全体，生きざまの構造 事例性（caseness） 病気・障害の環境的要因 心の成長発達の促進，社会的能力の向上 ケアと教育を基盤とする 短期セラピー，危機介入，コンサルテーション 合理的・創造的なサービスの計画と実施 多面的・総合的サービスの実施 ケア・ネットワークづくり サービスの連続性の保証 非専門家とボランティアの尊重と協働
役割	16. 個人志向の介入 17. 個人の評価 18. セラピストまたはカウンセラー	システム志向の介入 システムの評価 コンサルタント，ファシリテーター，オーガナイザー，教育者，情報の提供者など
援助構造	19. 個人の現在から過去へ 20. 時間構造 21. 弱い側面の変革 22. 個人の内面の探究 23. 防衛をはぎとる・崩す 24. 関係を深める 25. 距離の固定化	個人の現在から未来へ 空間構造 強い側面の活用と強化，社会資源の利用 環境への働きかけと調整 防衛を尊重する 浅くかかわり，見守る 距離の柔軟性

環境，人と社会の相互作用を重視し，現実社会で実際に役立つ援助を提供することを目指す。

　2）**医療・医学パラダイムからの脱却。修理モデルから発達・成長促進モデルへ**　治療中心のアプローチから心の健康増進へと予防的・開発的アプローチを重視する。

　3）**専門性，援助責任の考え方の転換**　専門家だけが援助の責任を引き受けるのでなく，コミュニティとともに背負うという考え方を重視する。したがってコミュニティの人々との連携による援助を模索・構築し，専門家はケアネットワークの一員として専門性を発揮する。

　4）**個人とコミュニティの両方のエンパワーメントの追求**　個人の精神病

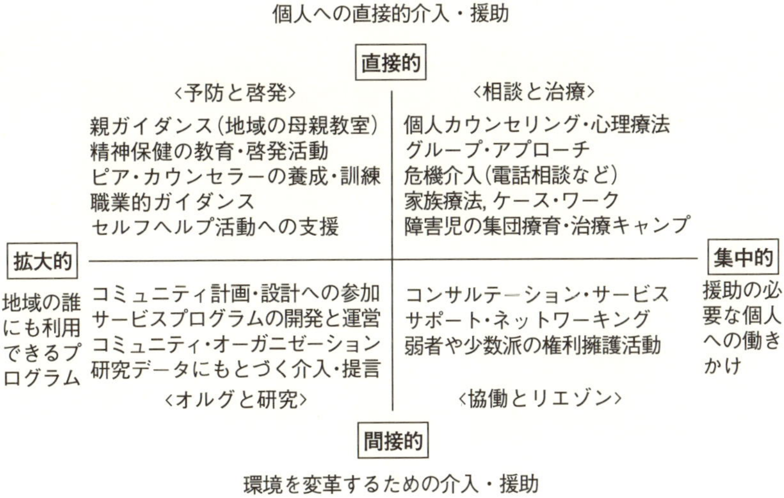

7-4 コミュニティアプローチ

```
              個人への直接的介入・援助
                    │直接的│
  〈予防と啓発〉              〈相談と治療〉
  親ガイダンス(地域の母親教室)    個人カウンセリング・心理療法
  精神保健の教育・啓発活動       グループ・アプローチ
  ピア・カウンセラーの養成・訓練   危機介入(電話相談など)
  職業的ガイダンス            家族療法，ケース・ワーク
  セルフヘルプ活動への支援       障害児の集団療育・治療キャンプ
│拡大的│                                    │集中的│
地域の誰   コミュニティ計画・設計への参加  コンサルテーション・サービス   援助の必
にも利用  サービスプログラムの開発と運営  サポート・ネットワーキング    要な個人
できるプ  コミュニティ・オーガニゼーション  弱者や少数派の権利擁護活動   への働き
ログラム  研究データにもとづく介入・提言                     かけ
             〈オルグと研究〉         〈協働とリエゾン〉
                    │間接的│
              環境を変革するための介入・援助
```

図7-4　コミュニティサービスのプログラムの例（箕口，2006を改変）

理やその精神的健康の回復に焦点づける個人志向の介入から，環境としてのコミュニティに働きかけてその支援能力，健康増進能力などを強化するシステム志向の介入を重視する。コミュニティ全体の精神健康の保持と増進を目的としたコミュニティへの介入（社会的介入）も重視されている。

　コミュニティアプローチで重視される考え方や姿勢として，以下のものが挙げられている。すなわち，①人と環境の適合性を高めること，②人間行動の社会環境要因を重視して理解し，社会資源を活用して働きかけること，③生活者としてのクライアントを理解し，生活システムが十分機能するように援助していくこと，④サービス提供としての心理臨床活動を行うこと，⑤コミュニティにおける現実の心理・社会的問題に対して，その問題解決に向けてコミットすること，である。

　具体的な方法として，以下のものがある。
①短期的・未来志向的・問題解決志向のブリーフサイコセラピー
②危機介入
③コンサルテーション
④ソーシャルサポート・ネットワーキング，非専門家の参加や協力体制作り

（コラボレーション，ボランティア，セルフヘルプ・グループ）
⑤心理教育的活動や啓発活動

コミュニティ・サービスの例は，図7-4に示されている。

7-4-4　セルフヘルプ・グループとサポート・グループ

1) セルフヘルプ・グループ　セルフヘルプ・グループ（Self-Help Group）は自助グループともいわれ，同じ悩みや問題あるいは障害をもつ人たちが相互に援助し合うためと特定の目的を達成するために組織し，運営する自立性と継続性を有する自主運営のグループである。専門家がグループの開設と維持に協力することもあるが，基本的には参加者たちが自主性と自発性を発揮して運営することが重視される。自らが抱える問題や障害を仲間の支持を受けながら，自分自身で解決していくか，受容していくことがはかられる。共通の問題や状況に取り組み，望ましいパーソナリティ変化，さらに社会の変化を引き起こそうとする。グループの提唱者や参加者は，既存の社会施設や組織では要求が満たされていないか，その可能性がないと考えている。単に話し合うだけでなく物質的な援助もなされることが多く，メンバーの個人的アイデンティティを高めるような価値観やイデオロギーを啓発し，普及しようとしている。

歴史的には1960年代にアメリカで始まった公民権運動，女性運動，消費者運動などの市民運動に続いて，1970年代に入るとセルフヘルプ運動が台頭してきている。21世紀は「セルフヘルプ・グループの時代」ともいわれており，盛んに展開されるだろう。

セルフヘルプ・グループは，以下のものに分類できる。

心身の病気や障害：難病，神経症（「メンタルヘルス友の会」など），精神障害者（「抑うつ友の会」など），習癖（「言友会」など），アダルトチルドレン（ACA: Adult Children of Anonymous，ACODA: Adult Children Of Dysfunctional Families Anonymous, JACA: Japan Adult Children Association），共依存（CODA: Co-Dependence Anonymous）などの会やグループ

依存や嗜癖：アルコール（AA: Alcoholics Anonymous），薬物（DARC: Drug Addiction Rehabilitation Center），ギャンブル（G. A.: Gambles Anonymous），拒食（NABA: Nippon Anorexia Bulimia Association），セックス（SA: Sexaholics

Anonymous, SA-JAPAN）などの会やグループ

　ライフスタイルの急変：わが子を亡くした親，離婚した人，犯罪被害者，性的被害者などの会やグループ

　人間関係や社会との関係に悩む：不登校，閉じこもり，被虐待，愛し方がわからない母親（L. M. G.: Loving Mother's Group）などの会やグループ

　その家族や友人などの会やグループ：アルコール（AL-Anon），ギャンブル（GAM-ANON），薬物依存（NAR-ANON）などの会やグループ

　会やグループのなかには，女性専用や男性専用のものもある。とくに新しい会やグループは，その匿名性を保つために略称で呼ばれることが多いのが特徴である。

2）セルフヘルプ・グループの特質と機能　仲間と安全・安心な場の提供：同じような仲間を見つけることで孤立感や孤独から解放される。また，安心して自らの経験を語り，仲間と共有できる安全な居場所が得られる。

　自らが選択した課題に主体的に取り組む：社会が押しつける常識，期待，役割ではなく，どのようにありたいかを主体的に選択して，その課題に取り組む。

　援助し，援助される関係：他者に援助されるだけの関係は，依存心を助長し，自立を妨げる。他者を援助する経験は，自分には他者に与える何かがあり，他者に役立つという喜びを発見する。そのことは，自尊感情や有能感を高める。このような援助し，援助される関係こそが，自己決定や自立心を育むことになる。

　反専門職（家），さらに社会変革：権威を身につけた専門職（家）も人間であるかぎり，ときには間違いもあれば限界や弊害もある。専門職（家）を否定し排除しないが，専門職（家）に依存も服従もしない。当事者であるセルフヘルパーは，自分の実感を大切にして専門職（家）に自らの体験を伝え，仲間とともに社会に異議申立てを行う。社会の主人公は，専門職（家）ではなく生活主体者の市民や町民であることを訴える。既存の社会制度や政策の不備を明らかにし，さらに社会の変革を目指すのである。

　多くのセルフヘルプ・グループでは，A. A.（Alcoholics Anonymous）の12の伝統と12のステップ，あるいはそれらを改変したものが用いられる（表7-8と

表7-8 A.A. (Alcoholics Anonymous) の12の伝統

1. 優先されなければならないのは、全体の福利である。個人の回復は、アルコホリクス・アノニマス (AA) の一体性にかかっている。
2. 私たちのグループの目的のための最高の権威はただ1つ、グループの良心の中に自分を現わされる、愛の神である。私たちのリーダーは、奉仕を任されたしもべであって、支配はしない。
3. AAのメンバーになるために必要なことはただ1つ、アルコールの問題が自分にあてはまると認めることだけである。
4. 各グループの主体性は、他のグループまたはAA全体に影響を及ぼす事柄を除いて、尊重されるべきである。
5. 各グループの本来の目的はただ1つ、いま苦しんでいるアルコール依存者にメッセージを運ぶことである。
6. AAグループはどのような関連施設や外部の事業にも、その活動を支持したり、資金を提供したり、AAの名前を貸したりすべきでない。金銭や財産、名声によって、私たちが、AAの本来の目的から外れてしまわないようにするためである。
7. すべてのAAグループは、外部からの寄付を辞退し、完全に自立すべきである。
8. AAは、あくまでも職業化されず、アマチュアでなければならない。ただ、サービスセンターのようなところでは、専従の職員を雇うことができる。
9. AAそのものは決して組織化されるべきではない。だが、グループやメンバーに対して直接責任を担うサービス機関や委員会を設けることはできる。
10. AAは、外部の問題に意見をもたない。したがって、AAの名前は、決して公の論争で引き合いに出されない。
11. 私たちの広報活動は、宣伝よりもひきつける魅力に基づくものであり、活字、電波、映像の分野ではつねに個人名を伏せる必要がある。
12. 無名であることは、私たちの伝統全体の霊的な基礎である。それは各個人よりもAAの原理を優先すべきことを、つねに私たちに思い起こさせるものである。

表7-9)。いずれのグループも自らの無力さを認めて受け容れ、「いいかげんに生きること」や「平和の祈り (serenity prayer)」を共通原理とし、「安心してくつろげる場」を作り出そうとする。

「平和の祈り」——"神よ、変えることができないものは受け容れる心の平静さを、変えることができるものは変える勇気を、そしてこの両者を見極める英知を、われに与え給え"——には、セルフヘルプ・グループの哲学の一部が表われている。活動としては、ミーティング、会報の発行、ワークショップ、専門家による心理教育などがある。会の中には、参加者が施設で共同生活を送るものもある。「同じ悩みを抱えた他者を助けることを通して自らを助ける」というのが、セルフヘルプの主要なテーマである。

3) サポート・グループ 一方、サポート・グループ (Support Group) は、特定の悩みや問題あるいは障害をもつ人たちを対象に行われる小グループ

表7-9 A.A.（Alcoholics Anonymous）の12ステップ

1. 私たちはアルコールの影響に対して無力であり，思い通りに生きていけなくなったことを認めた。
2. 自分を超えた大きな力が，私たちの健康な心に戻してくれると信じるようになった。
3. 私たちの意志と生き方を，自分なりに理解した神の配慮にゆだねる決心をした。
4. 恐れずに，徹底して，自分自身の棚卸しを行い，それを表につくった。
5. 神に対し，自分に対し，そしてもう一人の人に対して，自分の過ちの本質をありのままに認めた。
6. こうした性格上の欠点全部を，神に取り除いてもらう心の準備がすべて整った。
7. 私たちの短所を取り除いてくださいと，謙虚に神に求めた。
8. 私たちが傷つけたすべての人の表をつくり，その人たち全員に進んで埋め合わせをする気持ちになった。
9. その人たちや他の人を傷つけない限り，機会あるたびにその人たちに直接埋め合わせをした。
10. 自分自身の棚卸しをし続け，間違ったときには直ちにそれを認めた。
11. 祈りと黙想をとおして，自分なりに理解した神との意識的な触れ合いを深め，神の意志を知ることと，それを実践する力だけを求めた。
12. これらのステップを経た結果，私たちは霊的に目覚め，このメッセージを他の人たちに伝え，そして私たちのすべてのことに，この原理を実行しようと努力した。

で，参加者が抱えている問題や障害を仲間の支持や専門家の助言を受けながら，解決していくか，受容していくことが目指される。専門家あるいは当事者以外の人々によって開設され維持されるが，参加者の自主性と自発性が重視される相互援助グループである。

サポート・グループの目的はセルフヘルプ・グループとほぼ同じで，以下のものである。

①安心していられる社会的な居場所を作る。
②さまざまな情報を交換する。
③悩みや問題の解決や軽減をはかる。
④悩みや問題との折り合いをつけ，つきあい方を学ぶ。
⑤社会や制度に対して働きかける。

こうしたグループが発信する基本的メッセージは，①あなたは，一人ではない，②あなたは，あなたのままでいい，③あなたには力がある，である。またグループの代表的な機能としては，①情緒的サポート，②社会的な交わり（仲間づきあい），③役割モデルの提供，④他者を援助する役割，⑤自らのエンパ

ワーメント，が考えられる。

　セルフヘルプ・グループやサポート・グループで話をする場合の基本的ルールは，以下のものである。

　①お互いが個人の経験を話したいことを自由に話す。毎回のテーマを決めて，その範囲内で話すこともある。②プライバシーや秘密を保護する。③話されたことについて批判や議論をしない。ただ話を聞く。通常は，話す人は言い放し，また聞く人は聞き放しである。④無理に話さない。話したくないことは話さなくてもよく，むしろ話さないようにする。

　グループの場で話すことの意義としては，①自らの経験を参加者と共有できる，②自らの感情を取り戻すことができる，③自分の経験が他の人に役立つという事実を知り，自尊感情を回復できる，④自分のストーリーを語ることで自分を統合することができる，が挙げられる。

文　献

安部恒久（2006）『エンカウンター・グループ：仲間関係のファシリテーション』九州大学出版会
Burrow, T.（1927）*The social basis of consciousness.* New York: Harcourt, Brace & World.
馬場禮子（1990）「家族の心理臨床」　岡堂哲雄ほか（編）『臨床心理学大系』第4巻『家族と社会』第1章　金子書房　pp.1-39.
Corsini, R. J. & Rosenberg, B.（1955）Mechanisms of group psychotherapy：Processes and dynamics. *Journal of abnormal social psychology.* **51**, 406-411.
Conyne, R. K.（Ed.）（1985）*The group workers' handbook.* Springfield, Ill: Charles C Thomas.（馬場禮子監訳（1989）『ハンドブック　グループワーク』岩崎学術出版社）
Eagan, G.（1970）*Encounter: Group processes for iterpersonal growth.* Belmont, Calif: Wadsworth Publishing Co..
Eagan, G.（1973）*Face to face: The small group experience and interpersonal growth.* Belmont, Calif: Wadsworth Publishing Co..
福井康之（1997）『人間関係が楽しくなるエンカウンター・グループへの招待』新水社
Green, R. J.（1981）*Family therapy: Major contribuitons.* New York: International Universities Press.
Hansen, J. C., Warner, R. W. & Smith, E. J.（1980）*Group counseling: Theory and process*（2nd ed.）. Chicago: Rand McNally College Publishing Company.
伊藤義美（1992）「グループ・アプローチ」田畑　治・藤山英順（編）『心の健康を探る』6章　福村出版　pp.165-194.
伊藤義美（2002）「パーソンセンタード・グループ・アプローチ」伊藤義美（編）

『ヒューマニスティック・グループ・アプローチ』第3章　ナカニシヤ出版　pp.36-48.
伊藤義美編（2002）『ヒューマニスティック・グループ・アプローチ』ナカニシヤ出版
伊藤義美編（2005）『パーソンセンタード・エンカウンターグループ』　ナカニシヤ出版
伊藤義美・増田　實・野島一彦編（1999）『パーソンセンタード・アプローチ―21世紀の人間関係を拓く―』ナカニシヤ出版
髙松　里（2004）『セルフヘルプ・グループとサポート・グループ実践ガイド』金剛出版
Lazell, E. W.（1921）The group treatment of dementia praecox. *Psychoanalytic Review,* **8**, 168.
Lewis, J. A. & Lewis, M. D.（1977）*Community counseling: A human service approach.* Pacific Grove, CA: John Willy & Sons.
Long, S.（1988）*Six group therapies.* New York: Plenum Press.
Ludwig von Bertalanffy（1968）*General System Theory: Foundations, Development, Applications.* New York: George Braziller.（長野　敬・太田邦昌訳（1973）『一般システム理論：その基礎・発展・応用』みすず書房）
野島一彦（2000）『エンカウンター・グループのファシリテーション』ナカニシヤ出版
Meador, B. D.（1971）Indivisual process in a basic encounter group. *Journal of Counseling Psychology.* **18**, 70-76.
箕口雅博（2006）「サービス提供のあり方」　植村勝彦ほか編『よくわかるコミュニティ心理学』ミネルヴァ書房　pp.52-55.
村山正治・野島一彦（1977）『エンカウンター・グループ・プロセスの発展段階』九州大学教育学部紀要（教育心理学部門），**21**(2), 77-84.
Rogers, C. R.（1970）*Carl Rogers on encounter groups.* New York: Harper & Row.（畠瀬稔・畠瀬直子訳（1982）『エンカウンター・グループ：人間信頼の原点』創元社）
Schilder, P.（1936）The analysis of ideologies as a psyhotherapeutic method, especially in group treatment. *American Journal of Psychiatry,* **93**, 601.
Slavson, S. R.（1943）*A textbook in anlytic group psychotherapy.* New York: International University Press.
Vinogradov, S. & Yalom, I. D.（1989）*Concise guide to group psychotherapy.* Washigton, D. C.: American Psychiatric Press,Inc.（川室　優訳（1991）『グループサイコセラピー―ヤーロムの集団精神療法の手引き―』金剛出版）
Wender, L.（1940）*Group psychotherapy: A study of its application.* Psychiatric Quarterly, New York State Department of Mental Hygiene, **14**, 708.
Wolf, A. & Schwartz, E. K.（1962）*Psychoanalysis in groups.* New York: Grune & Stratton.
Yalom, I. D.（1985）*The theory and practice of group psychotherapy（3rd Ed.）.* New York: Basic Books.
山本和郎（1986）『コミュニティ心理学：地域臨床の理論と実践』東京大学出版会
山本和郎（編）（2001）『臨床心理学的地域援助の展開：コミュニティ心理学の実践と今日的課題』培風館

8 心理臨床の実際
——乳幼児期・児童期——

　これまで筆者は，大学附属の治療教育機関に所属し，障害児をもつ保護者の相談にのりながら，遊戯療法やカウンセリングを実践してきた。またA市の早期療育にも永年携わってきた。その臨床経験をふまえながら，対象となる子どもの年齢を便宜的に乳幼児期と児童期に分け，心理臨床の実際を報告していきたいと思う。乳幼児期の臨床の実際は主としてA市の早期療育の経験から，また児童期は大学での臨床経験に基づいて報告し，現代の子どもや家族のかかえる問題について考えていきたい。

8-1　乳幼児期

　わが国では，母子保健法により，1961年（昭和36年）都道府県に3歳児健診が義務づけられ，さらに1977年には，市町村に1歳6ヶ月児健診が義務化され，乳幼児期に起こりやすい諸問題の早期発見が可能となった。この健診制度は，世界に例を見ないほど充実し，定着してきているといわれている。たとえば1歳半健診の受診率は，どの自治体においても90〜95％と報告されており，いかに子どもの成長・発達に多くの親が関心をもっているか，ということが示されている。

　筆者は，A市の早期療育に20年ほど携わってきた。A市では，1歳半健診でスクリーニングされた子どもたちは，月1回，保健センターで行われる「遊びの教室」に親子で参加し，経過観察が行われる。そして精神発達の遅れやリス

表8-1　A市の療育相談室に来所した子どもの診断別・年度別内訳

年度	人数	精神遅滞	ことば遅れ	自閉性障害	多動性障害	情緒障害	被虐待児
2001	21	3	2	11	2	3	
2000	18	5	3	6	2	2	(2)
1999	20	8	2	8	1	1	
1998	23	3	5	7	3	5	(1)
1997	20	8	1	8	3	0	
1996	20	8	4	2	5	1	
1995	23	7	3	11	1	1	
合計	145	42 (42.8%)	20	53 (48.3%)	17	13 (9.0%)	(3)

クのある子どもたちは，2歳頃より「療育相談室」に通ってくるようになる。筆者の役割は，その療育相談室で子どもの様子を観察しながら保護者の方からの相談にのることである。

　A市の出生数は，年度によって異なるが，最近では毎年1,800人から1,900人くらいの子どもが生まれる。1歳半健診の受診率は，ほぼ95％で推移しており，療育相談室に訪れる子どもの数は，毎年30人～40人ぐらいである。その全員に筆者が会うことは時間的に難しいので，とくに問題の大きい子どもや相談のニーズの強い保護者の方に会うことになる。なおA市では，療育相談室のほかに「ことばの教室」が平行して開かれている。その教室には，毎年およそ20人ほどの構音障害や吃音などの子どもたちが通ってきている。

　表8-1は，療育相談室に来所し，筆者が相談にのった最近7年間の子どもの診断別・年度別内訳を示した。来所した子どもの年齢は1歳10ヶ月より3歳10ヶ月に散らばっているが，平均年齢は2歳6ヶ月であった。

　次にこれらの療育相談室に来所してくる子どもたちの例を通して，最近の特徴について考えてみよう。

8-1-1　発達障害について

　発達障害とは，基本的に中枢神経系の障害が想定されており，主要な精神発達にかかわる障害としては，精神遅滞（知的障害）および自閉症を中心とした

広汎性発達障害が挙げられる。

　子どもの発達をとらえる視点としては，運動発達，知的発達，対人関係の発達の3つの軸がある。精神遅滞は，知的発達に遅れが見られ（IQ：70以下），また歩行などの粗大運動にも遅れが見られる傾向があるが，対人関係の発達は良好と言えよう。自閉性障害（自閉症）は，関係性の発達障害（やりとり，かかわりの困難性）が中核的な問題と思われるが，6～7割の自閉症児には知的発達の遅れが見られる。また自閉症全体の特徴として箸がうまく使えない，縄跳びが苦手など微細運動や協調運動に問題をかかえる子どもが多いように思われる。

　表8-1を見てわかるように来所する子どもたちの特徴の第一は，自閉性障害（自閉症）の頻度の高さが目立つことである。自閉症はICD-10（国際疾病分類第10版）によれば，広汎性発達障害（PDD）の中に位置づけられ，小児自閉症（自閉症），非定型自閉症，アスペルガー症候群などに下位分類されている（WHO, 1994）。これらの子どもたちは，幼児期にきわめて類似した状態像・症状を示すため，2歳～3歳の段階では，明確な診断は困難であり，表8-1では一括して自閉性障害としてまとめてある。

　自閉性障害（自閉症）は，①視線が合わなかったり，表情が乏しく，他者とのやりとりが困難であること，②エコラリアなどコミュニケーションとしてのことばが乏しいこと，③興味や関心が狭く，常同的，反復的な行動を示すこと，以上の3つの特徴をもつ状態像を示すが，全体としては自閉的孤立を中心的特徴としている。実際にこれらの子どもに会ってみると，爪先だち歩きが目立ち，行動上の特徴は，落ち着きのなさや多動である。簡潔に言えば，自閉的孤立および多動が，幼児期の自閉性障害の実際の姿であろう。

　表8-1には，多動性障害の項目があるが，これらの子どもは，対人関係は比較的良好であり，コミュニケーションがある程度可能な子どもたちである。実際のところ多動性障害と自閉性障害との鑑別診断が難しいことも多いが，これら2つの落ち着きのない多動な子どもたちが増加している印象があり，この点が，もっとも現代的特徴といえよう。なお2～3歳頃の多動性障害の子どもたちの約半数は5, 6歳頃までに落ち着いてくるといわれている（吉川，1997）。残りの半数の子どもたちは，小学校に入ると，多動や不注意が全景に出てい

るADHD（注意欠陥／多動性障害），あるいは，読み，書き，計算などの学習に困難を示すLD（学習障害）の問題が現れてくる可能性がある。LDとADHDの混合型の場合もある。なお，表8-1に示されていることば遅れとは，知的発達や母子関係も比較的良好に発達しているにもかかわらず，音声言語や話しことばが不良な子どもたちであり，2歳半の時点では，精神遅滞とは断定しがたく，今後の発達経過によっては良好な言語発達が期待できそうな子どもたちである。

　筆者は，療育相談室に携わるようになってから，自閉症の頻度が著しく高くなってきているという印象を強く抱くようになった。この7年間の統計を見ると，精神遅滞の総数は42人であり，自閉性障害は53人なのである。この人数は，筆者が療育相談室で出会った子どもたちという条件のもとでの数字であり，A市全体の障害の割合を正確に反映しているわけではないが，それにしても過去数十年前に比較し，精神遅滞の頻度は減少し，一方では自閉性障害の頻度が高くなってきている印象を受けるのである。

　自閉性障害は，第二次大戦中の1943年，カナー（Kanner, L.）によって11名の子どもたちが最初に報告され，その翌年に彼はこれらの子どもたちを「早期幼児自閉症」と名付けた。わが国で最初に学会で報告されたのは，1952年（鷲見）であった。それでは，カナーや鷲見の発表以前，専門家はこれらの子どもたちをどのようにとらえていたのであろうか。臨床心理学の草分け的存在である早稲田大学の戸川行男は，昭和10年頃より知的障害者の収容施設である「八幡学園」に出入りしていた。そこで山下清をはじめとして多くの障害者の優れた描画やちぎり絵を発見し，昭和13年早稲田大学の大隈講堂で「特異児童作品展」を開き，一躍，山下清らが有名になったのである。そして昭和15（1940）年には，「特異児童」という本を出版し，また「一技能に優秀な精神薄弱児の臨床例」（赤松・内田・戸川，1936）という論文も発表している。それらを見ると，八幡学園の子どもの中に，現在でいう自閉症の子どもが多く含まれていると思われるのである。カレンダー計算に強い子ども，漢字にくわしい子ども，数唱能力に優れた子どもなど，明らかに自閉性障害が疑われる子どもたちである。そして戸川は，これらの子どもの特徴として「自己籠居的または自閉性」と表現し，「精神薄弱およびシツォイード（Shizoid）」と診断してい

る。このように戸川自身，すでにカナー以前に「自己籠居的」あるいは「自閉性」という用語を用いて，彼らの特徴を表わしていたのであった。

戸川の研究に見られるように自閉症概念のない戦前より今でいう自閉症の子どもたちは存在したのであるが，いつの頃から現在のように高い頻度（有病率）になってきたのであろうか。わが国で最初の自閉症に関する本『小児自閉症』（平井，1968）を出版した平井信義は，その本の序文の中で，「私は1955～56年，西ドイツに留学し，またヨーロッパ各地を訪問した際，この小児自閉症のことが非常に大きな問題になっていることを知った。帰国してまもなく私にとって第1例を診察する機会を得た。その後次々と自閉症児が私の前に現れた。第1回児童精神医学総会（1960）に5例の報告を行った」などと述べている。このように1960年代，70年代頃より専門家の前に非常に多くの自閉症児が姿を表わすようになった。本当にこの頃より自閉症児が増えていったかどうかは，きちんとした資料がないために正確なことはわからないが，「実感として増えている」と実践家は感じるであろう。わが国では，石井ら（1983）が豊田市で調査をし自閉症の出現頻度を0.16％と報告した。Sugiyama（1989）は，名古屋市緑区の調査に基づいて0.13％と報告した。時代の経過とともに出現頻度は高くなっているように思われ，最近のA市においては，およそ250人に1人ぐらいの割合（約0.25％）で自閉症を中心とした広汎性発達障害（自閉症スペクトラム障害）の頻度が考えられ，きわめてポピュラーな障害として現代ではとらえられるようになってきた。

自閉症の生物学的レベルでの原因は未だ不明であるが，自閉症の増加の背景には何が考えられるであろうか。乳児死亡率の著しい低下，出産や子育ての変化，少子化，社会構造や経済状況の著しい変化など，生物学的要因をベースにしながら心理社会的要因が複雑に絡み合っていると思われる。現代社会のすさまじい変化・発展は，生物（動物）としての人間の自然な成長を，どこかで歪めているのかもしれないと思うのである。

なお自閉症の治療教育についてここでは十分述べることはできないが，「療育相談室」に来所してきた自閉症の子どもたちの経過を見ると，約半数の子どもたちが，かなり良好な改善を示している（神野，1996）。心理療法の分野においては遊戯療法から行動療法まで幅広く実践されてきているが，わが国の自

閉症治療の変遷については，筆者（神野，2003）がまとめているので参考にされたい。

8-1-2 情緒障害について

情緒障害とは，人間関係のあつれきや不調によって生じた欲求不満や葛藤が解決されないまま保持され，身体症状や行動上の問題として現れてくるものであり，心因性，環境因性の問題として考えることができよう。情緒障害という用語が最初に使用されたのは，1961年に児童福祉法の一部改正によって，「情緒障害児短期治療施設」が発足したときであり，以後行政用語として用いられるようになった。教育の世界では，情緒障害児学級が1969年に初めて設置されたが，この学級は，実質的には自閉症児の教育のための学級であり，自閉症を情緒障害ととらえると，「情緒発達の障害」として理解できる。このように「情緒障害」といっても，そこには二重の意味がこめられている。

表8-1（p.174）を見てわかるように療育相談室に来所する情緒障害の範疇に入る子どもたちの数は少なく，1割にも満たない。療育相談室は，障害児の早期発見，早期治療というねらいのもとで開設されているもので，その性格上，発達障害の子どもたちの療育の場となっており，情緒障害の子どもの来所が少ないのは当然のことであり，決して情緒障害の頻度が少ないという意味ではないであろう。

一般的には，情緒障害の分類は次のように大きく3つに分けられている。
①非社会的行動：不登校，緘黙，孤立，内気，小心など。
②反社会的行動：反抗，怠学，金品の持ち出し，盗み，授業妨害など。
③神経性習癖：吃音，チック，夜尿，夜泣き，腹痛，嘔吐など。

療育相談室に来所した母親の心配ごと（主訴）の具体例を挙げると，「人見しりが強く，母親と離れられない」「内気で，隣の人に会ってもしりごみしてしまう」「保育園で喋らない」「母親の言うことをきかない」「玩具など，友達に貸してあげられない。取られるとひどいパニックになる」「夜泣き」「偏食，少食，嘔吐」「（明らかに自閉症児ではないが）こだわり」などである。療育相談室に来所する子どもは，2歳～3歳代の子どもがほとんどであり，食事・排泄・睡眠などの生活習慣に関する問題，指しゃぶり・爪かみ・かんしゃく・強

情などの親から見れば悪い癖と思える問題，人見知り・内気・緘黙など社会性の問題などを主訴とする母親に会うことが多い。このように乳幼児期は神経性習癖の問題が現われやすく，保育園や幼稚園での生活が始まると非社会的問題行動が起きやすくなってくる。

　情緒障害は，きわめて幅広い行動上の問題を包括した概念であり，どんな子どもでも情緒障害の兆候を示さずに育つことはありえないであろう。指しゃぶりは，乳幼児期には，きわめて当たり前の現象としてとらえられるが，児童期に入っても見られると問題とされる。したがってつねに発達とのかねあいで情緒障害の兆候を考えていかねばならない。また母親をはじめとする養育者が，子どもの問題をどのようにとらえるかも重要になってくる。たとえば吃音（どもり）は，古くから研究されているものの原因不明であり，とくに3歳頃に集中して起き，全人口の5％は吃音の経験が一度はあるといわれている。どもり始めたそのときに「どもりだ」と親が騒ぎたてると，即ち診断し，決めつけると，真正の吃音になっていくことが多く，診断起因説（Johnson, 1959）とも言われている。このことは，3歳頃にたとえ吃音が起きてきても，吃音にはこだわらず子どもをリラックスさせ，どもりながらでも会話を楽しむ経験をすることがいかに大切であるかを示唆しているといえる。

　一般的には神経性習癖をはじめとして多くの情緒障害と言われる兆候は，発達や加齢に伴い消失していくことが多く，一時的な現象としてとらえることができる。しかしながら幼稚園や保育園での生活が始まり，集団生活の中で起きてくる問題，たとえば，登園拒否や場面緘黙などは，かなり複雑な背景があり，容易には解決しないことが多く，臨床心理士などの継続的な援助が必要となろう。多くの相談機関では，母親にはカウンセリング，子どもには遊戯療法を実施している。筆者（1986）は，ある緘黙女児（幼稚園年長組）に遊戯療法を実践したが，およそ1年半の心理治療の過程は，まさに「シナリオのないドラマ」であり，興味深いプロセスを経て，学校で喋り始めたのであった。このように情緒障害児の場合，遊戯療法が効果的なことが多く，たとえば「心理臨床学研究（日本心理臨床学会編）」などの研究雑誌には，いくつかの遊戯療法の事例が報告されており参考となる。

8-1-3 被虐待児について

　表8-1（p174）を見てわかるように3名の母親から，子どもをひどく叩いてしまうという苦悩を聞いた。ある母親は，「他の子のように母親の目をみてくれない。『ごめんなさい』と言わない。『パンツ，はきなさい』と言っても知らん顔している。憎らしくて叩いた。あざができるほど叩いた……」などと話された。そして母親自身も，両親よりいわば心理的虐待を受けて育ってきたことを話されたのである。子ども（3歳）は，若干のことば遅れは見られるものの，ほぼ正常な発達を示していると思われ，知的障害などの子育ての難しさに由来する虐待というよりも，母親自身の性格（パーソナリティ）の問題が大きいように思われたのである。

　また，筆者が出会った3名の共通している点として，次の点が挙げられよう。

　①子どもは，ほぼ正常な発達をしていること。
　②母親自身もまた幼児期・児童期に何らかの虐待を受けていたこと。
　③子どもは一人っ子で，核家族。
　④近隣に相談する話し相手がいないこと。

　このように少子化，核家族化，孤立化および母親自身の被虐待体験といった条件のもとで子どもへの虐待という現象が発生していた。

　筆者が療育相談室にかかわるようになって20年以上経過したが，このような虐待にまつわる事例に会ったのは，この3件のみである。障害が重い，子育てが難しいといった子どもの側の条件のみでは一般に虐待は行われないのであり，上述した多様な条件が重なることによって発生してしまうのであろう。

　虐待（ネグレクト，身体的虐待，心理的虐待，性的虐待）の発生は，近年著しく増大していると報告されている。1973年の厚生省の調査によると児童相談所に通報された虐待件数は，わずか26件であった。1990年では，1,101件であったが，平成10（1998）年ころより増加し，2006年では，34,472件となっており，この15年間でおよそ30倍に増大している。これは，平成16（2004）年10月に児童虐待防止法が改正され，通告対象が「虐待を受けた子ども」から，「虐待を受けたと思われる子ども」に拡大されたことにもよるが，同時に虐待に対する社会の認識が深まってきたことにもよるであろう。

虐待を受けた子どもは、その種類や程度に応じて、①在宅援助、②里親委託、③施設入所のいずれかの処遇を受けることになり、最近では、乳児院、児童養護施設、情緒障害児短期治療施設（以下情短施設）に入所する被虐待児が急増しているといわれている。

たとえば、情短施設に入所している被虐待児について調査した滝川ら（2001）は次のように報告している。情短施設は全国で17施設あり、2000年9月の時点で、入所児童総数571人中、被虐待児は300人、52.7％であった。1996年では31％であったことから、この5年間で急増していることを示している。情短施設に入所した平均年齢は、9～10歳ではあるが、虐待発生年齢の平均は、5歳頃であり、15％ほどは0歳代に虐待が発生している。虐待者を見ると実母からの虐待が6割近く、実父からは3割であった。養育環境を見ると、母子家庭が多く4割ほどであり、父子家庭も1割近くあった。再婚家庭も多く、多問題家族、崩壊家族が多いことを示していた。なお被虐待児の中で知的障害や身体的障害などが見られた子どもは、およそ20％であった。

これらの報告の中で印象に残ることは、虐待を受けた年月の長さである。0歳代より5年、10年と虐待を受け続け、やっとのことで施設に入所する子どももおり、被虐待児の精神的、身体的ダメージは計り知れないものがあろう。子どもは本来、無条件に愛されるものである。無条件に虐待を受けることは、存在そのものを否定されることであり、きわめて精神的に深刻な問題をもたらしてしまうことは容易に想像できよう。暴力的、破壊的、衝動的な子ども、落ち着きのない子ども、無気力で愛情欲求を放棄した子ども、愛情飢餓や独占欲の強い子ども、孤立傾向の強い子どもなど、さまざまな被虐待児の姿（重度の情緒障害）が見られており、その根底には、生きていく基礎となる安全感、信頼感の脆弱さがあろう。施設入所やさまざまなサポートによってどこまで回復可能か、きわめて困難な課題ではあるが、多くの施設で臨床心理士や職員の努力が積み重ねられてきている。

虐待は、子育ての中で、いつの時代でも発生していたに違いない。しかし時代的背景によって虐待の意味や特徴も異なってこよう。昭和8（1933）年にもわが国では、児童虐待防止法が制定されていた。小宮山（1939）は、昭和8年より12年までの5年間における東京府の被虐待児童の保護状況についてまとめ

ている。小宮山が報告した収容保護された実例を見ると，身体障害（今日でいう身体的虐待），曲芸，乞食，歌謡遊芸（三味線や太鼓にあわせて踊りつつ門ごとに歩き廻る児童），芸妓，物品販売などが赤裸々に紹介されている。今日と変わりのない激しい痛ましい虐待の報告も多いが，虐待に至る大きな理由は貧困であろう。乞食，歌謡遊芸，物品販売などや監護懈怠（今日でいうネグレクト）が多く報告されており，戦前の虐待の主要な要因として経済的理由が大きな要素を占めているように思われるのである。

　70年後の今日，経済的状況は大きく変わり，物質的には豊かになり，子どもに物品販売や物ごいをさせる親は，おそらくいないであろう。戦前の法律には，内容的には身体的虐待，性的虐待，ネグレクトが虐待の概念の中に含まれていたが，2000年に制定された児童虐待の防止等に関する法律では，さらに「心理的虐待」が含まれている点が大きく異なるところであろう。「しつけ」という名のもとで行われる極端な心的外傷（トラウマ）をもたらすような養育者の言動が，虐待の概念に含まれるようになったのである。

　わが国では，医学の進歩や経済の発展によりこの70年間でさまざまな問題を克服し，少子，高齢化社会を迎えるに至った。そして虐待の主要な要因が戦前の経済的要因から戦後の心理的な多様な要因に大きく変化してきたと思われる。

8-2　児童期

　小学校時代の6年間をここでは児童期としよう。筆者が経験した主訴のほとんどは学校生活にかかわる問題であった。両親からは学校に行けない，行かないといった不登校に関する問題がもっとも多く，また通常の学校の教員からの相談としては，落ち着きのない多動な子どもをどうするかという問題が多かった。筆者の関心領域や専門領域も限られており，児童期に現われてくる多様な問題のうち，ここでは不登校の児童について取り上げていきたいと思う。

8-2-1　不登校について

　小・中学校は義務教育であり，親は学校に行かせたいが，子どもは学校に行

かない，行けないという不登校の問題が，教育界のみならず臨床心理学や児童精神医学の分野において戦後の中心的課題であった．かつては学校恐怖症とか登校拒否などといわれていたが，時代の進展とともに学校に行かない，行けない背景が複雑になり，今日では一括して「不登校」と呼ばれている．平成時代に入ってからの不登校の子どもの推移を見ると，平成3（1991）年度に年間30日以上欠席した子どもは，小学校で1万2千人（0.14%），中学校で5万4千人（1.04%）であり，その後，増加していき，平成13（2001）年度では，小学校で2万7千人（0.36%），中学校で11万2千人（2.81%）となり，ピークを示した．その後は，わずかながら減少傾向を示し今日に至っている．文部省では昭和42（1967）年より学校基本調査の中で長欠児童生徒の調査の際，「学校嫌い」の項目を設定した．昭和42年から昭和50年まではむしろ減少傾向を示したが，昭和50年を境にして平成13（2001）年まで増加の一途をたどってきた．昭和50（1975）年の不登校は，小学生2,651人，中学生7,310人であり，この30年あまりでいかに増加したかがわかるであろう．なお文部省は，1998年度の調査より「学校嫌い」は，実情にそぐわないとして「不登校」という用語を用いるようになった．

8-2-2　不登校の相談の実際

　以下具体的に代表的なタイプの不登校の事例を紹介し，その多様な姿と不登校の背景や意味について考えてみよう．なお事例の提示にあたって，匿名性を保持するための配慮を行っている．

【事例1】（A男）：分離不安型の不登校

　A男は，小3になった途端に「学校へ行かない」と言い，両親は無理やり連れていっているが，どうしたらよいかという主訴で，5月に母親とともに来所した．家族は両親と本児と妹（小2）の核家族である．筆者が母親面接を担当し，大学院生がA男の遊戯療法（プレイ・セラピー）を週1回担当した．

　A男は，1学期間は無理やり登校するかたちとなったが，登校しても教室の後ろで勝手に本を読んでいる状態であった．2学期に入り無理に登校させることを止め，家庭で過ごすようになった．プレイでは母子分離が困難なことも

あって，2学期ではプレイ・ルームに母親も入り，3人で遊ぶことが続いた。11月のある日「家でゲームなんかしててもつまらん。学校，行ってみようか」と言い，算数の授業を1時間のみ受けて帰ってきた。これを契機として時々登校するようになり，3学期に入ってからは，週4日ほど登校できるようになった。そして小4になってからはほぼ安定して登校し，1学期の間でしだいに勉強にも身が入るようになり，9月には終結した事例である。

A男は，手のかからない良い子で，妹の世話をよくしていた。「イヤ」と一度も言ったことがなかった。小3から突然に母親に反抗的になったと同時にひどく甘えるようになった。母親のオッパイを触ったり，母親の手首をつねるように触ったりする（A男はそれを「癖」と言う）。「癖をすると僕，落ちつくんだ」という。妹と喧嘩して，叩かれても我慢してしまう子であった。

両親は共働きで，母親は有能な会社員であった。A男が不登校ぎみになってから母親は会社を休むようになった。母親が台所で食事の準備をしていると，「これが，普通のお母さんでしょう」とA男は言う。「今まで我慢させてきたんだなー」と母親は言う。母親は仕事を継続するかどうかで，とても悩んでいた。11月に「僕は，○○会社（母親の勤務する会社）は嫌いだ」とはじめて言った。またこの頃，「午前中に公園に出掛け，（母親とA男で）キャッチボールをしてくる。よく考えてみると，今までこんなふうに遊んだことはなかった。今はこの子を可愛いなーと思えるようになった」と言われた。

A男は学校を休み，母親もまた会社を休んだ。そして幼児期を再体験するような時間の中で2人は睦み合う健康な母子関係を形成し，A男の心の中に信頼感，安心感が育ち，再び登校できるようになっていったと思われた。

【事例2】（B男）：神経症的不登校

筆者のもとに母親のみが来所したのは，B男が小5の1月のときであった。家族構成は，両親と本児および中2の姉からなる核家族である。

B男は，小さい頃より手のかからない子で，欲しいものがあっても我慢してしまう子だった。母親から見るとイライラするほど姉の存在は大きかった。学校を休み始めたのは小4の3学期の2月頃であった。「僕は4年生になってからものすごく疲れた。神経まで疲れちゃった」と言う。B男は，毎日ソロバン塾

に通っていたが，その他にも絵の教室，体操教室，英語教室とたくさんの習い事をしていた。母親は，「それにみんな耐えて，頑張っているのじゃない」と言うと，B男は「僕，負けちゃった」と言う。不登校が始まってからは，習い事も行けなくなり，自宅に閉じこもるようになり，外出できなくなった。「学校には，行きたいが，人嫌いになっちゃった」と言う。

　筆者は3月よりB男の自宅を訪問した。3〜4回会えたものの，B男は，しだいに自分の部屋から出てこなくなってしまった。

　小6の4月には，B男自身，登校するつもりであったようだが，結局登校できず，その挫折感は大きかった。6月のある日，B男が家でブラブラしていると母親は「漢字のお勉強でもしたら」と言ってしまった。B男は「僕が学校へ行こうと思って着々と準備しているのに，お母さんがストーンと落としてしまう。何回落としたら気がすむの。ぼくは，お母さんのロボットじゃない。僕はお母さんの犠牲になっちゃった。お母さんは外で嫌なことがあると，全部僕に話した」と激しくやり返した。そして「学校っていい所だよ。授業中なんか脳ミソふる回転させて，パッと手を上げ，答えるときなんか最高にいい気分だよ」と言う。そして母親は面接の中で，「姉よりB男のほうがうまが合うと思っていたんですが，私の方が一方的にB男を合わせちゃったんですね。B男は私から離れたい，自立したいんですね。私はクドクドおしえて……」と洞察的なことを語った。初回面接の時より「私は過干渉で……」と言っていたが，その意味を実感をこめて気づいたように思われた。7月に一度登校し，2学期からは安定して登校できるようになり，終結した事例であった。

　B男は，休み始めてからとても熱中して漫画を書いていた。そのタイトルは「ぼくの名前は三きち」であり，第1話は「いやーな，いやーな5年1組」であった。第11話まであり，労作である。その主人公「三きち」は，両親から捨てられ，祖父によって3歳から8年間育てられ，年齢は11歳という設定になっていたので驚いた。小学校3〜4年の頃，誰しも一時的にはこのような「もらい子幻想」のような感覚に陥ることがあろう。B男にもこのような幻想があり，この漫画を創作することによって，健康な自己感覚が育ち，登校していったように思われた。

【事例3】（C子・D男）：家族病理型の不登校

　姉（C子），弟（D男）ともに不登校の事例である。初来所時，姉は小6，弟は小4であった。姉は，小6の2学期より不登校になり，弟は1年生の頃より年間30日ほど休んでいたが，小4になり，姉の不登校に影響されてか，ほとんど登校しなくなった。

　家族構成は，父方祖母，両親および姉，弟からなっている。祖母は，素封家の家柄で気位の高い人であった。祖母は10年ほど前より認知症が進み，その祖母の世話と2人の子育てで母親は苦労してきた。母親自身も7歳のとき，父親を突然に亡くし，姉妹4人の長女として，下の妹たちの世話をしながら育ってきた。父親は会社員であるが，いつも口癖のように「俺は，次郎物語（作者：下村湖人）の次郎だ」という。鬱病のため精神科の通院歴が長い。

　2人の子育てと祖母の世話で大変なとき，母親はある宗教と出会った。そしてその宗教に深く傾倒していった。父親は，その宗教に対して猛烈に反対し，2人の子どもをつれて母親が宗教活動をして夜自宅に戻ってくると，父親は，自宅に入れてくれず，自家用車の中で寝たこともあった。ときには父親がゴルフクラブで母親を殴打したこともあった。さまざまな出来事があり，夫婦関係はきわめて悪く，離婚問題がくすぶり続けていた。

　3～4回の母親面接で以上のことがわかってきた。認知症が進みながらも気位の高い祖母，宗教にのみ支えられ，下婢のように祖母の世話をしている母親，鬱病の父親，DV（夫による暴力），不良な夫婦関係，この家族のもとで登校できない姉と弟。いったいこの家族の何が問題なのか，クライエントは誰なのか，どこに焦点をあてればいいのかなど考えこんでしまう複雑な家族であった。

　2人の子どもには，1年間ほど遊戯療法が行われたが，その後，来所を嫌がるようになり，母親面接のみ4年間継続して行われた。その後も時々母親は経過を報告しに来た。2人とも中学時代はほとんど登校できなかったが，その後，紆余曲折を経て姉は，通信制の高校，専門学校を経て，社会人として働いている。弟も中卒後，定時制高校を経て予備校に通い，大学に入学した。

　母親自身，アレキシシミア（失感情言語化症）のように自分の感情を曖昧のままにして生きてきたのであるが，4年間の面接の中で，自分の感情，とくに

祖母や夫に対する怒りの感情を表現できるようになった。そして父親も時々面接に一緒に来るようになり，夫婦関係が著しく改善されていった。この母親自身の変容と夫婦関係の改善が重要なポイントのように思われた。

【事例4】（E子）：登校しぶり（PTSDを背景にした無気力）

　E子は，「学校に行きたがらない。体育や音楽にまったく参加しない。友達がいない」などを主訴として小4の11月に母親とともに来所した。院生がプレイを担当し，E子とは週1回の遊戯療法が，母親とは月1回の筆者との面接が始まった。家族は両親と本児と妹（3歳）である。E子が5歳のとき，長男（3歳）が急死しており，1年あまりして生まれたのが妹である。

　E子は毎朝「何で勉強しないかんの。何で学校行かないかんの」としつこく母親に言う。「家にいてどうするの」と聞くと，「ボーとしている。何かしてもしようがない」と言う。こんなやりとりが毎朝繰り返され，仕方なく学校に足を向けるE子であった。しかし体育の授業のときは，体操服にも着替えない。音楽の時間では音楽室にも行かない。社会科を除けば，机に教科書も出さず，勉強に対する意欲もまったく示さない状態が続いていた。

　面接で母親は，E子の登校しぶりや勉強へのやる気のなさのみ訴え，進展は見られなかった。後にわかってきたことであるが，母親の態度は治療抵抗なのかと思われた。母親は，もっぱらE子を遊戯療法に連れてくることを役割として来所している様子であった。

　E子は，プレイでは主にトランポリンを跳んだり，プレイルーム内を走り回ったりすることが続いた。セラピストとのことばを使ったやりとりにまで展開していかなかった。プレイに来所することも次第に嫌がるようになったが，小6の12月までなんとか続いた。母親は「プレイに来たくなかったらそのことをJ先生（筆者）に言いなさい」とE子に言い，筆者と面接することになった。驚いたことにE子は長男が死亡した経過をきわめて鮮明に記憶していて，火葬場での様子まで筆者に語るのであった。また亡くなった母方祖母および曾祖母の話，母方祖父は両親の結婚式の数日前に亡くなっていたことなど，死にまつわる話を一気に語ったのである。またE子自身，小柄であり，拒食症のようで果物を少し食べられる程度とか，風呂にも入れないことも話してくれた。

E子との面接より，長男の突然の死からもたらされる悲しみを家族全体で共有し合う癒しの体験（mourning work）がなされていないことをつくづく感じたのである。長男が死亡し，1年あまりで次女が生まれており，母親からすれば次女は夭折した長男の生まれかわりなのであろう。母親自身，長男の死について語ることはほとんどなかった。家族の中でも，長男について語ることはタブーになっているのかもしれない。E子の悲哀感は癒されることなく保持され続け，PTSD（外傷後ストレス障害）ともいえ，生活全般にやる気をなくしてしまっている。登校しぶりもその一端として理解できよう。

【事例5】（F男）：LD（学習障害）による不登校

　スクールカウンセラーの紹介でF男は筆者のもとに小6の12月に来所した。母親によるとF男は，「学校へ行きたい。でも行けない。読んだり書いたりしたいが，方法がわからない。お母さんは頭の中で字が読めるでしょう。でも僕はできない」と言う。小1の12月までは登校したが，いじめにあったこともあり3学期より不登校。2年より母親付き添いで時々登校するが，1～2時間いて帰ることが6年まで続いた。母親も「文字が読めず書けずでは，理解してもらうのは無理」とあきらめていた。

　筆者はプレイルームという場でF男とのかかわりを深めていこうとした。F男は，トランポリンをしたり，好きな洋画やプロレスの話をしてくれたり，時には数回にわたって箱庭をつくったり，会話を楽しんだりした。約1年間の経過の中でF男は，洋画や音楽に関心があり，ユーモアあふれるきわめて正常なパーソナリティである印象をもった。しかし，信じられないことであるが，平仮名や漢字がほとんど読めないことや簡単な計算もできないことがわかってきた。そして心理治療を始めてちょうど1年後にF男は，「そろそろ勉強したくなった。文字が読めないと不便だから」と言ったのである。

　筆者はこの段階で知能検査（WISC-Ⅲ）を実施した。知能は正常範囲であったが，動作性検査の絵画完成，絵画配列，積木模様などの課題が相対的には不良であり，知覚統合の問題があることを示唆していた。そして平仮名の読みの指導を始めた。拗音や促音の読みは難しいが，しだいに読めるようになってきている。中学に入学後も不登校は続いているが，適応指導教室に通い始め，学

習への意欲が非常に高まってきている。

　F男は，幼児期きわめて多動であった。ことばの発達も遅れぎみであったが，コミュニケーションがしっかりできていたので母親は心配していなかった。小学校入学後も多動傾向が見られ，とくに学校に行くと対人過敏になり，落ち着きなく動き廻ってしまうのである。F男は，LDとADHDの混合型であろう。そして遊戯療法的面接を経験する中でやっと多動は軽減され，文字を読みたいというニーズが高まり，筆者の指導のもとで読みの学習が始まったのである。このような経過を見ると，まず多動の改善が重要であり，落ち着きが出てこなければ文字を読むことに集中できるはずがなく，落ち着いてくれば自ずから意欲が湧いてこよう。知覚統合に問題を残しながらも，少しずつ読めるようになり，中3には登校するようになった。

　以上非行傾向や怠学を除いた5つのタイプの不登校の事例を紹介してきた。小学校低学年では，事例1の分離不安型がもっとも代表的なタイプである。高学年になるにしたがって神経症的な，登校したいがどうしても行けないといった葛藤や不安を強くもった事例2のタイプが多くなる。基本的には，この2つのタイプが不登校のプロトタイプといえ，「学校恐怖症」とか「登校拒否」と言われていた時代の代表的な姿である。
　時代の変化とともに事例3から事例5のような不登校に出会うようになった。事例3では，家族全体が多様な問題をかかえ，病理的ともいえるタイプの家族であり，不登校問題の解決はきわめて難しいが，長期にわたって家族を支えていくことの重要性を示唆していた。事例4では，怠学とは異なる無気力タイプの不登校であり，E子の場合はPTSDが背景にあったように思われた。事例5は，LDを背景にした不登校であった。近年通常学級では，落ち着きのない児童が増えており，それらにはLDやADHD，高機能自閉症やアスペルガー症候群などの子どもたちが含まれている。事例5は典型的なLDの子どもであり，知能は正常範囲でありながら，一方では信じられないほどの読み・書き・計算の学習障害を示した。F男にとって，学校には居場所がなく，学校側の不適切な対応が不登校をもたらしてしまったように思われた。まさにこのような子どもの適切な学校教育のあり方が今日，問われているのである。

また不登校の臨床経験を通して思うことは，小学3年から4年にかけて発症する子どもが多いことである。この時期は，これまでの自分から新たな自分に転換する重要な節目なのである。思春期の入り口にさしかかったとき，自分とは何か，自分に欠けているものは何かなど哲学的思索にふけるわけではないが，こころの調整機構が自然に働き，自我機能が十分に育っていない場合，不登校というかたちで問題を現わし，それを時間をかけながら解決し，思春期に入っていくのである。事例2のB男は，「もらい子幻想」を抱いていたが，その幻想を乗り越えながら親からの自立を促したようにも思われる。このように学校を休むことによってきわめて重要な精神発達上の課題をクリアしていく事例が多いように思われる。また事例4のE子は，ある意味では登校してもしなくても同じことで，生活全般にわたって意欲をなくしていた。このように単に登校すれば良いわけではなく，一人ひとりの不登校の意味を慎重に考えていく必要があろう。

　エリクソン（Erikson, 1950）は，児童期の発達課題を「勤勉性対劣等感」ととらえた。またこの時期，同性との親しい友人関係を形成することが何よりも大切であることをサリバン（Sullivan, 1953）は強調している。学校生活は，エリクソンやサリバンが指摘したように人格の成長にとって重要な体験を提供する場である。戦後の高度経済成長や高学歴社会などの背景のもとでの激しい受験競争や最近の学校に対する価値観の変容などの影響もあって，学校社会に馴染めない，溶け込めない児童が1975年以降著しく増加してきており，集団主義的な一斉授業をはじめとして学校自体のあり方の変革が強く求められている。

文　献

赤松保羅・内田勇三郎・戸川行男（1936）「一技能に優秀な精神薄弱児の臨床例」『哲学年誌（早稲田大学）』**6**, 185-218.

Erikson, E. H.（1950）*Childhood and Society*. New York: Norton & Company.（仁科弥生訳（1977）『幼児期と社会』みすず書房　pp.317-353.）

平井信義（1968）『小児自閉症』日本小児医事出版社　pp.1-3.

石井高明・高橋　脩（1983）「豊田市による自閉症の疫学（1）—有病率—」『児童青年精神医学とその近接領域』**24**, 311-321.

神野秀雄（1986）「著しい甘えと攻撃性を示し，小犬に退行したある緘黙女児の play therapy」『治療教育学研究（愛知教育大学障害児治療教育センター）』**6**, 23-44.

神野秀雄（1996）「自閉症を疑う子どもの頻度（有病率）と乳幼児期における多様な発達経過」『治療教育学研究（愛知教育大学障害児治療教育センター）』**16**, 1-12.

神野秀雄（2003）「わが国の自閉症治療の変遷」蔭山英順監修／森田美弥子・川瀬正裕・金井篤子編『21世紀の心理臨床』ナカニシヤ出版　pp.67-73.

Jonhson, W. and Associates（1959）*The onset of stuttering: Research findings and implications.* Minneapolis: University of Minesota press.

Kanner, L.（1973）*Childhood psychosis : Initial studies and new insights.* New York: John Wiley & Sons.（十亀史郎・斎藤聡明・岩本　憲訳（1978）『幼児自閉症の研究』黎明書房　pp.10-55）

小宮山主計（1939）「被虐待児童保護概況」中央社会事業協会（1988『現代日本児童問題文献選集』**21**，日本図書センター）

Sullivan, H. S.（1953）*The Interpersonal theory of psychiatry.* New York: Norton & Company Inc.（中井久夫・宮崎隆吉・高木敬三・鑪幹八郎訳（1990）『精神医学は対人関係論である』みすず書房）

Sugiyama, T. & Tokuichiro,A.（1989）The Prevalence of Autism in Nagoya, Japan: A toatal population study. *Journal of Autism and Developmental Disorders*, **19**, 87-96.

戸川行男（1930）「特異児童」目黒書店（1988『現代日本児童問題文献選集』25，日本図書センター）

滝川一廣・新保幸男・生島博之・四方燿子（2001）「児童虐待に対する情短施設の有効利用に関する調査研究」『恩賜財団母子愛育会委託研究報告書』

吉川領一（1997）「1歳6ヵ月時の多動と就学前の注意欠陥・多動障害―1歳6ヵ月から6歳までの追跡調査による―」『精神神経学雑誌』**99**, 46-67.

WHO（中根允文・岡崎祐士・藤原妙子訳）（1994）『ICO-10精神および行動の障害―DCR研究用診断基準―』　医学書院

World Health Organization（1993）*The ICD-10 classification of mental and behavioural disorders: Diagnostic criteria for research.* Geneva: World Health Organization.

9
心理臨床の実際
──思春期・青年期──

　思春期・青年期は，人間の生成なり成長が営まれる途上で，自己確立やアイデンティティの確立といった心理・社会的危機に必然的に直面することが最大の自己課題となる時期である。ここでは，そうした思春期・青年期で危機化した臨床事例H君（仮称）との取り組みを紹介する。H君は親とともに来談し，筆者と，別の治療者（カウンセラー）による並行面接が行われた。つまり親については，他の治療者が心理面接（カウンセリング）を行った。H君とは，筆者が計10回の心理面接（カウンセリング）を行った。H君とのカウンセリングは，基本的にパーソンセンタード・アプローチ（PCA）のオリエンテーションを重視して行われた。

9-1　事例の概要

事　例：H君，男子，来談時年齢満16歳。
来談経路：A医療機関のB先生からの紹介で，親子3人が来談した。
主　訴：子どもの問題。現在高校を一年で退学し，家でブラブラしている。今後の本人の指導をお願いしたい。（親の相談申込票の記述から）
家族構成：両親，H君，弟の4人家族。
父親：高等専門学校卒。某会社の部長。細身で物わかりのよい親父さんという感じだが，権威のない父親というイメージはない。
母親：高卒，主婦。中肉中背。理知的な感じ。

H君：高校を1年で中退。言い出したらきかない性格。

弟：中学生。身体的に虚弱なほう。兄の問題が起こってから多少無力になり，「兄ばかり可愛がる」とひがみ始める。兄から暴力をふるわれ，母親には「Hに逆らわないように」となだめられている。

9-1-1 問題の発生と経過

C市の私立高校に通っていたが，1年生の11月に「学校をやめたい」と言い出した。その理由は，①先生の態度が気に入らない，②校則が厳しい，③友人がいじめる，の3つである。その後，家で家財を壊したり，母親や弟に暴力をふるうようになる（八つ当たり的行動，アクティングアウト的行動）。朝，家を出ても学校へ行かずに，引き返してきて家にいたり，試験を受けずにいる。両親，担任，本人で話し合い，ひとまず休学を勧めたが，本人は嫌がり，しだいに乱暴になったので，翌年の1月に退学することになった。その後，「公立高校を受験したい」と言い出すが，親しい友達のところに行き来するか，深夜までTVを見たりブラブラしていた。

その年の2月に母親が一人で病院（精神科）へ相談に行き，3月に本人同伴で病院へ行って，投薬を受ける。その頃公立高校の受験直前だったが，首が回らなくなって，結局受験できなかった。病院での脳波検査で後頭部に軽い異常波が出た。担当医には，「脳波はたいしたことない。病気よりも育て方が問題で，感情がともなわない。本人の建て直しが必要である」と言われる。月2回の投薬を受けているが，あまり芳しくない。母親は7月からは病院に行っていない。

9-1-2 初回面接時のH君の行動と印象および性格特徴

H君は，両親と一緒に来談した。筆者が控え室にいると，「お水ください」と言ってH君は身をかがめながら控え室に入ってきて座る。筆者は少し驚きながら，コップに水を入れて渡すと，「お兄さんいくつ？」「あの部屋は何？」などと軽いノリで話しかけてくる。面接室に誘うと，抵抗なくついてくる。背は高くほっそりと痩せている。横じまシャツに黒のズボンと靴下。髪はきちんとパーマをかけてセットしてあり，額と眉毛の両端が少し剃られている。こと

ば使いはていねいで，大人びた受け答えをするが，時々○○○弁が入る。気取りがうかがわれる。筆者には親和的で，関心を示している様子である。知的には，平均値の部類か。性格的には，自己中心的な依存がある。親和的だが，表面的，被暗示的。劣等意識ゆえの虚栄と，小心ゆえの虚勢が感じられる。

9-1-3　H君の来談意欲
　親と一緒ならば来てもいいと言う。ぜひとも来談したいほどの強い動機づけはないが，事情が許せば来てもいい程度の，弱いながらの関心はある。

9-1-4　来談時における総合所見
　病院で投薬を受けているが，ガイダンスだけでは親も満足せず，不十分である。医学的検査（脳波にslight abnormalの所見）の結果をふまえて，本人への生活指導にも配慮したかかわりが必要だろう。本人のパーソナリティ発達の未成熟さ——母親に依存的，小心さ，恐怖心の強さ，外界への威圧的虚勢など——の克服と進路選択が主要課題であると考えられる。

9-2　H君とのカウンセリングの過程

　ここではH君の話題を中心に記述し，＜　＞内にカウンセラーの発言を記す。

9-2-1　1回目（X. 7. 31）　H君の登場と自己紹介
　1）話題　　＜どういうことで来たの？＞①悪いことばっかやって暴れん坊。そこらじゅうでケンカしたり，家で暴れるもんで親が困っている。ハタから見れば，とろいこと。たとえば，眼と眼があったでカッと怒れてしまう。②高校は中退した。いつまでもフラフラしておれないので，早く働きたい。事務みたいにゴチャゴチャやるより，身体を動かす方が好き。技術を身につけたい。親は身体を治してからでも遅くないという。③首がつったり，身体がだるくなる。針灸に週3日通っている。④高校は1年の3学期直前でやめた。"すごい学校"で怖かった。生徒が先生にも殴りかかる。暴走族の副官がいて，ビンで殴られた。学校の方針も嫌だった。入試の成績でクラス分け。ぎゅうぎゅ

う鮨詰めにして，夏休みの補習も半強制的。途中で抜けて，喫茶店でさぼった。クラスによって先生の態度が違うので，それが生徒にはひがみやひけ目になる〔自分が進学クラスであったことを話すときはやや得意げ〕。2学期になって学校が嫌になり出し，授業中は寝ていることが多かった。1学期の成績は人並み。2学期になると，落ちこぼれが多くなる。親や担任は，学校をやめてほしくなかったが，俺自身行く気がなかった。勉強自体が昔から嫌い。中途半端は嫌いだから，思い切って中退した。⑤高校へ行っているときは嫌だったが，やめると「行きたいなあ」と思う。なんか自分だけ取り残されて，ヤな感じ。世間は，働く面でも学歴で差をつける。TVを見たり，レコードを聴いたりして時間をつぶしている。起きるのは，昼の12時近い。"堕落した生活"になっちゃってる。⑥再受験しようとしたが，首がグーンとつって嫌になり，見合わせた。病院で脳波をとった。時々首がだるくなる。⑦少林寺拳法を去年の10月から始めて，今3級。週3回，電車で通う。やる理由は，ア．強くなりたい，イ．落ち着きがないので規律づける，ウ．発散したい。服装，髪型，指輪に文句がうるさい。いろんな年代の人がいて，話が合わない。⑧今一番考えたいのは，ア．どういう仕事が合っているのか，イ．身体を早く治したい，の2つ。

　2）**印象**　本人が現れるかどうか五分五分だった。数千円でセットしたヘアスタイルと，3足で500円の靴下の取り合わせが面白い。話の内容や口調にはあまり深刻さを感じさせない。"堕落した生活"という中で，拳法を習ったり，ことばのうえだけでも「働きたい」と述べているのは救いである。

9-2-2　2回目（X.8.28）　H君，自己と現状を語る

　1）**話題**　①二泊三日で友達2人と海へ遊びに行った。1日泳いで，雨が降り，2日間ゲームセンターで遊んだ。親に金を出してもらった。②TVを見たりラジオを聞いたり，友達の家へ行ったりして，夜2時頃に寝て昼近くに起きる"逆の生活"が続いている。夜眠くならない。父さんには，"生活の逆"を直すよう言われる。③鍼灸師は，「良くなった，あとは気持ちのもちようだ」と言うが，自分としてはそれほど良くなったかどうかはっきりしない。じっとしていると首がだるくなり，肩がこる。何かやっていると感じない。④少林寺拳法は弟と一緒に始めたが，弟は身体の無理をして今はやめている。⑤夏

から小屋でニワトリを飼っている。お宮の市でヒヨコを2匹（1匹80円）買ってきた。母さんは，ニワトリや犬が怖い。⑥仕事のことで，給料などのこと言うと，父さんに「高望みしすぎ，3年間は我慢するように」と言われてしまう。⑦家族で食事するのは，日曜日ぐらい。普通は家族バラバラ。一人で食べると，味気ないし，おかずも多くなる。家族と一緒に食べると，おかずも少なくてすみ，うまい。⑧中学のときに比べて，体力が落ちた。中学時代は陸上部とサッカー部に属し，熱心にやっていた。町内マラソンにも出たことがあり，サッカーも運動場を走ってばかりいた。

2) 印象　髪はきちんとセットしてあるが，前回よりも少年っぽい感じ。ヒヨコを育てる心優しさ，中学時代にマラソンで鳴らしたなど，新しい側面を発見する。それだけに家族や仲間と生活のリズムが違う現在のH君の淋しさが感じられる。

9-2-3　3回目（X.9.11）　H君，イラつく！

1) 話題　①相談に来る途中，"ねずみ捕り（スピード違反）"につかまった。②夜はかなり早く寝るようになった。朝起きる時間はバラバラ。父さんに起こされて目はあくが，身体がいうことをきかない。昨夜は眠れず，布団の中でラジオの深夜放送を聞いた。5時から大学受験講座が始まり，「これはいかん！」と思って寝た。なかなか思うように眠れない，起きれない。③連れ（友達）の話だけど，D君は調理師学校に通っているが，お遊び。かばんに何も入っていない〔半ばけなし，半ばうらやまし気に〕。E君は高校に通っている。④高校も2学期になると，勉強道具ももたずに行き，学校内に隠しておいた。成績の良い科目（現国）と悪い科目（数学，化学）の幅がひどくなった。白紙の答案を出し，呼び出されたが，「書ける。けど書きたくないから書かない！」と言い切った。試験も課題の提出もさぼった。もう学校をやめたかったから。クラブも気が向くと行ったけど，単位のため。文化祭にも一応出したが，「なんか紙がぶらさがっちょるようなもん（さがっているようなもの）。そんなもんだで，誰も見にこうせん（こない）。たるいようなもん（もの）」。体育祭でも，途中で逃げださないように3年坊が，ズラッと校門で見張っとった。⑤仕事をやりたい。仕事をやりたいなあというだけで，あとは別に考えてない。D

君と夏休みにバイト（ビルの掃除夫）をやるつもりだったが，ダメになった。まだバイトの経験はない。⑥道院（少林寺拳法の道場）に，「嫌な奴がいる，好かんちゅうか。俺と合わんちゅうか。細かいことをいちいちうるさい。ごちゃごちゃ言う奴は，好きじゃない！」。拳法は続けるつもり。⑦鍼灸師のいいかげんさに頭にくる。「なにかにつけて休む奴！ チョッチョッとやってお終い。だいぶ金もうけてる！」。

　2）**印象**　お気に入りの髪型も徐々に崩れてきた。表情や態度，語調にも精彩がなく，話はアンニュイな否定的・攻撃的表現が多くなる。何かイラついている感じ。親面接の情報から，母親がノイローゼ気味で実家に帰り，弟がその代理をこなしていることがわかったが，H君はそのことにはひとことも触れなかった。母親も一時避難せざるを得なくなった。

9-2-4　4回目（X.9.25）　仕事をやりたい！金をとりたい！

　1）**話題**　①今日は針に行ってきた。「胃腸が悪い」といわれた。あまり胃腸は強くない。②今週から一人で起きるようにしている。11時頃に寝ている。③仕事をするかもしれない。蒲団の乾燥業か清掃車，バキュームカーの掃除。「何でもいいから働きたい！」。一週間ほど前から仕事がしたくなった。身体の方はもういい。「仕事をやりたい！金をとりたい！」。早く起きるようにしているのも，仕事のとき起きれないと困るから。家にいてもやりたいことがなく，TVを見てるだけ。これまで不規則なひどい生活。そんなこと前からわかっていたけど，パッと直せなかった。働きたい気持ちが強くなってから直せてきた。④連れ（D君とE君）とは遊ばなくなった。これまで「来んか」と電話があると，誘われるままに行っていた。遅くまで話したり，泊まったりした。深夜，カブを乗り回したり，悪さもしていた。⑤タバコは中学時代から始めて，高校で本格化した。家で一人だから口にくわえていると，なんかいい感じ。いろいろの銘柄を吸っている。今は一日に2箱。でも軽いのにした。父さんもタバコをたくさん吸う。吸わないと手が震える。

　2）**印象**　先回とは違って，表情や態度が生き生きとして，語調もはじけるような力強さが感じられる。アルバイトの仕事に本格的に取り組もうという意欲に満ち，期待で心地良い緊張が感じられる。

9-2-5　5回目（X.10.9）　H君，仕事をやり始める

 1）話題　　①母さんの知り合いの紹介で，今週から蒲団乾燥の仕事に出ている。やることは簡単ですぐおぼえられるが，"えらい（疲れる）"。通勤に自転車で30分かかり，仕事前に足が疲れる。でも"わがまま"は言えない。仕事が"えらい"と言って，休めない。メシがよく食えるし，うまい。②親もまずは安心している。仕事を始めたのを連れ（D君）も知っていて，電話をかけてきて「2,3日でやめへんか？」と冷やかされた。③仕事仲間は30歳以上が多くて，俺が最年少。乾燥車の助手席にいる。乾燥する前後の蒲団の違いに驚く。車の免許があって何軒もの道順をおぼえないと，一人前じゃない。まだ半人前！④仕事仲間の話を聞いていることが多い。口をはさむと恥をかく。65歳のおじいさん（最年長）とわりと話す。⑤原付の免許が欲しい。仕事に出るようになって，本当に欲しくなった。でも当分は試験を受ける余裕がない。ある程度仕事に慣れて，それなりの信用を得てからでないと……まだ5日間でさぼりやすい印象をもたれるのはどうも……。口実を作るのは，嫌。⑥親ばっかにやらしてもえらい（大変だ）。お父さんも，もう今にじじいだし……53歳，子どものわりには高齢。母さんとはだいたい一回り違う。長男といっても，自分の好きなようにしておればだいたい良い。父さんも長男で，今まで好きなように，気ままにやってきた。

 2）印象　　黒のブレザーに黒ネクタイを締め，バリッとした姿。活気にあふれ，たくましい気迫と充実感が身体全体から感じられる。半人前を自覚し，信用を得ようとしている。親，とくに父親を思いやる余裕も出てきている。

9-2-6　6回目（X.10.23）　H君，仕事で頑張る

 1）話題　　①仕事に慣れ，だんだん気が楽になった。初めは緊張した。慣れたといっても，やっぱりえらい。帰宅すると緊張と疲れで，ホッと横になる。前は「ゴロゴロしなさんな」とよく言われたが，最近は言われない。疲れていて，あんまりごちゃごちゃ言われると怒れてくるので，「疲れているので，まあいいや」と察してくれている。②夜，3人（本人，母親，弟）で食事をしている。仕事で遠くに行くときは，どこへ行くか，どれぐらいで帰れるか話している。母さんはあまり心配していない。その理由は，ア．ある程度ボクが大

きくなった，イ．付き添いの人がいる，ウ．仕事が危険でない，から。③わがままがちょっとずつおさまってきた。怒れてもケンカができなくなった。気持ちを抑える必要がわかってきた。仕事先でも男の人は冷たい。上司から冷たくされているのか。おばさんたちは手伝ってくれる。歳は一番下だが，背は一番高い。高いところに蒲団を載せるのに便利。④一つの仕事を長くやるよう励まされているが，今の仕事をあまり長くやるつもりはない。でも，最低一年はやるつもり。仕事して金をもらうのは初めてで嬉しい。でも金をやるのはえらいなあ！使うのはいいが……。金のことはルーズだが，金をとるようになってケチになるかもしれん。金をもうける苦しさを知らずに使っていた。⑤「学校より楽じゃないかな」と思っていたが，今は「ああ楽じゃない。学校はいいなあ……」と思う。でも，今さら学校へ行く気は全然ない。親は行かせたいと，まだ思っているみたい。勉強自体が嫌い。先生の話もたるい。中学校のときは，よく遊びで，よく学びの方はしなかった。⑥素行が良くなく，落ち着きがない，自分に甘い，ねばり気（ねばり強さ）がない，と先生に言われた。好き嫌いがはっきりしていて，嫌だと徹底的に反抗した。「結局，損するのは自分だ。後悔するのは自分だ」と言われたが，「そうかな」程度。あとになって「ほうだなあ（そうだなあ）」と思った。いやらしいことをやられたもんで，頭にきた。ボクを良くしようとする先生の好意だったが，俺自身が反対に感じちゃっていた。もう一人の子も叱られたが，意地になって一生懸命やった。その子よりボクの方がだいぶ良かったが，結局最後に負けた……。ボクには，結局意地がなかった。⑦高校はおもしろくなかった。小・中学校の頃は，勉強はたるかったけど，それ以外のことがおもしろかった。働く今では，あのおもしろさはもう無理じゃないか。仕事を終えて帰るとき，「ああ，やっと終わった」という感じがいい。楽しい。今は，仕事しかないみたい……。

 2）**印象**　顔にはやや疲れがうかがわれるが，過去のもやもや，いらいらをふっ切り，この仕事だけは精一杯やろうという感じを受ける。よく頑張っている。これまで「俺」ばかりだったが，自分のことを「ボク」と呼ぶようになった。家族も少しまとまってきた。

9-2-7　7回目（X.11.6）　H君，落ち着いてくる

1) 話題　①給料をもらった。父さんに2万円，母さんに3千円返した。なんでか知らんが返すように言われた。使うのがだんだんおっくうになる。しぶちん（けち）になる。欲しかったレコードを買った。親に小遣いはもらわず，自分がかせいだ金でやって行きたい。②職場では，運転の仕方が人によって違う。仕事は，同じことの繰り返しで，腹がへったり，眠くなると嫌になる。③一週間が速く感じられる。家でゴロゴロしていたときは，長く感じた。今は速く過ぎて欲しい。早く18歳になり車の免許をとりたいから。一度，トラックに乗ってみたい。上から下を見下ろすので気分がいいし，ぶつかっても安全だから。④今の仕事は，身体慣らし。身体の調子は良い。将来，どんな職場に就くかは，今の仕事をやりながら決めたい。運転免許をとったら運送屋でもと思う。「陸運したいよ」と父さんに話したら，「ふーん」と何も言わなかった。「なんでもしてください」という感じ。⑤＜よく頑張ったね＞「続かんじゃねーの，今までの経歴からして」とE君に言われたが，一週間ぐらいで自分でも「行けるかなあ」と思った。みんなから「長く続かないとあかん」と言われて，こちらでも「やらなあかん」と意地になった。18歳まで今の仕事をして，免許をとって好きな仕事へ……という計画はある。⑥弟は，クラブに入っているが，なかなか正選手になれない。「背が低いし，やめとけばいいのにいろいろと考えとらっせる」。⑦暇なときは家で横になっている。TVかレコードか漫画。本は字が細かいから読まない。⑧父さんが，今日，胃潰瘍で入院した。でも，手術はしない。

2) 印象　親と別に一人で来談する。落ち着いた様子。心おきなく率直に話せている。順調に仕事に取り組んでいて，それなりの計画も考えている。父親の入院を最後に話す。とうとう父親も病気休養に追い込まれる。

9-2-8　8回目（X.11.20）　H君，自信をつける

1) 話題　①父さんはまだ入院中。食事療法で，くっさいようなメシ。見舞いにはまだ行っていない。今日行く予定。②弟は，新人戦の1回戦で負けた。補欠にもなれず，"たるい"と言って帰ってきた。弟は，他人の眼や言動を気にする。字でも小さい。ボクは字も大きいし，他人が何を言おうとかまわ

ない。他人の眼を気にしている弟に最後には怒れたり，かわいそうになってくる。俺からいじめられ，両親から文句を言われてこうなったのか。身体も大きくなり，家では反発するが，外へ出るとあかん。ボクは家の内でも外でも同じようにふるまう。クラブも「やめたい」と言いながらダラダラやっている。嫌ならやめればいい。昔のボクみたい……。③弟は，まだ進路を決めていない。親は進学して欲しいが，口には出さない。本人の好きなようにさせる。本人（弟）はまだ遊びの方に関心がある。ボクは2年生までは，「よく遊び，よく寝」だった。④＜お母さんが実家に帰ったと聞いたが……＞ボクとか弟が，蹴ったりして，いじめるもんで疲れたんじゃないか。静養。ボクは，どうしても頭にきて口よりも先に手が出る。でも，最近はしなくなった。母さんがいないと，不便。インスタントもので味気ない。母さんも辛いことがあると思うが，口に出して言わない。⑤ボクには，たいして期待してないんじゃないか。どっちかと言えば，母さんも中途半端が嫌いだもんで，元気で一生懸命働いておればいいんじゃないかな。それ以上望まないんじゃないか。⑥＜ここに対してはどう？＞母さんは，何か得ようとしている。父さんと話しても，ないことがここにはあるかもしれない，専門家だから。＜H君自身はどう？＞あまりわからんなあ。深く考えたことないね。母さんたちみたいに言いにくい。困っていること……強いて言えば，金がない。もうしばらく来て話したい。

　2）印象　　散髪に行き，サッパリした様子。働くことで，自信をつけたのか，リラックスし落ち着いて話している。弟や母親の立場や気持ちにも思いやる余裕が出てくる。

9-2-9　9回目（X.12.11）　H君，自分の道を歩き始める

　1）話題　　①12月は仕事が追い込みで，土曜や日曜にも仕事が入ってきて大変になっている。②まだ"半人前"だけど，助手のボクが乗っていないと大変な場所が多くなっている。2，3回シーツの数を間違えたことがある。仲間の人は，「間違えるなよ」と言っただけで，悪いことは言わなかった。③父さんは顔のでき物がとれて，前よりも健康になった。ボクにも注意をしなくなった。中学のときも「勉強しろ」と言わずに，好きなようにやらせてくれたが，「男だったら，もうちょっと静かにしておれ」とか「静かな男にならなあかん，

男が女みたいにちゃらちゃら言うもんじゃない」と言われた。小さなことにこだわらない，大きな人間になって欲しい。「そうだな」と思う。男だったらドシンとしている！④17歳じゃ…まだ働いたばっかりで無理。30〜40歳の大人には勝てん！話の内容，働きぶり，人との接し方，仕事の段取りなど違っている。でも，一生懸命やるしかない。⑤父さんは，「ああせよ，こうせよ」と言わずに，本人に決めさせる。自分も一人で好きにやってきた方だから，どえれー（大変）苦労してきた。身体は強いほうじゃないが，やり出したら絶対やめんちゅう（やめないという）意地があった。男だもんね！自分の苦労，子どもにして欲しくないんじゃないか。口には出さないが，学校へ行って欲しいみたい。でも，勉強が嫌いなものが学校へ行って遊んどったら捨て銭。アホらしい，とろくさい！金は捨てるより働いてもらったほうが良い。頭で勝てなければ，身体で勝つ！⑥ボクはボクの好きなようにやる。ボク自身がちゃんとしとればいいんじゃないか。親も学校へ行けとは言わんじゃないかな。認めてもらんじゃなくてね，親に認めさせるんじゃないかな！まだ働き出したばかりだし，これから仕事をしっかりやれば，親は信用してくれるしね，多分。

　2）**印象**　職場で半人前ながら，存在価値を認められ，それをふまえて一生懸命やるしかないという自覚がある。父親＝男賛美。親の期待を知りながら，あえて自分の道を選択して，歩き始めている。自分の選択を親に認めさせようとしている。その力強い姿は貴いものに思われる。H君は，「どうもありがとうございました」とていねいにお辞儀して別れる。

9-2-10　電話連絡（X＋1.1.24）　元気にやっている

　予約してあったが，親も本人も来談しないので，当方から電話を入れた。母親が出て明るい声で，「当日は来室することを予定していなかった。本人は，仕事に行っていた。会社をなかなか休めず，元気にやっているのでしばらく様子をみて連絡するつもりでいた」とのことだった。

9-2-11　電話連絡（X＋1.2.10）　一人でやっていける

　母親より電話が入る。「次回は2月12日にうかがう予定だが，本人は出勤するために行けないので，親だけがお邪魔したい」とのこと。本人なりに動き出

しており，仕事を休んでまでも来談する必要を感じていないのだろう。確実に動き出しているＨ君が，一人で十分にやっていけるのをしばらく見守りたい。

9-2-12　10回目（X＋1.4.9）　Ｈ君，たくましさを増す

　1）**話題**　①遠くに行きたい！家を出たい！食ってけれんか（ないか）知れんけど，ただ家を出てみたいだけ。タリ～もんで，あんまりおもしろくねえ～もんで，遅かろうが早かろうが，いずれ外へ出てかなあかん。叔父さんに仕事を頼んである。父さんは，「やってみるだね」と言っている。②仕事にはずっと行っている。土曜日も行っている。甘ったれたことは言っとれん！でも，年の功には勝てん！仕事，給料，信用の面でも倍働いても勝てん！働き盛りの人が多いので，ついていくのがたいへん。仕事仲間が年上ばかりだもんで，つきあい（酒，ビール，ことば使い）が違ってくる。③原付の免許は1月にとった。モンキーを改造して乗っている。購入費や維持費は給料から出している。食費に2万円入れて，弟にも小遣いをやっている。あとは，好きにやっている。連れに呼ばれて，マージャンやったり，単車で走り回ってる。④弟がグレてきた。クラブでも正選手になれず，タリ～で辞めた。服装も乱れて，ケンカはするし，カバンもペッチャンコ。頭は剃りあげとる。良くないなあ…お兄さんがあまり良くなかったもんで，多分こうなった（笑）。⑤学生さんに未練がないと言ったら，ウソ。やっぱり学生さんのほうが楽。でも，今さら戻る気はない！もう引き下がれんでさあ。親は夜間高校でもと言うけどさ，行きたくないもんで，ヤだって！自分で生活しちょるちゅう（しているという）まではいかんけど，こっちのほう（仕事）がいいでさ。⑥父さんは元気。会社を昨日辞めた。勝手にサッサッと辞めて，今無職。別に詳しいことは話さない〔あっけらかんとしているＨ君〕。今まで好きなようにやってきた。家で遊んどって，ブラブラしてるのもみっともないし，中途半端だで仕事をやって，今度は遠くに行く。自分の好きなようにできるのは，若いうちしかない。家を出れば，親は淋しいんじゃないか。たいした息子じゃないけど，出来が悪いほど可愛いというからさ。無茶も若いうちしかできんもん！⑧＜今まで会ってきたことについては……＞悪い気持ちはせんね…。

　2）**印象**　顔色もよく，体格もガッシリしてきた。身体的にも精神的に

も，鍛えられてひとまわりたくましくなった。「遠くへ行きたい」「家を出たい」と言う。家から，仲間から離れることは，"巣立ち"の試みである。「若いうちしか無茶できん，好きなようにやりたい」というH君には，"一人前"になるためのイニシエーションなのだろう。弟がついにグレて，問題化してきた。青年期の子どもを抱える家族の危機に，家族成員が次々に大きな影響を受けている

9-2-13 その後の経過 仕事に元気に取り組んでいる

その後，H君はG県まで行ったものの，すぐに父親にくっついて引き返してきて，今まで通りの仕事に元気に取り組んでいるとのことである。あんな大見得をきった手前，顔を出しにくいのかと思われた。バツが悪そうに頭をかいているH君の姿が，目に浮かぶようである。青年期は，社会的実験の期間でもある。

9-2-14 フォローアップ（X＋1.6.25） 終結する

午前10時20分頃に自宅に電話を入れる。半ば寝ぼけ声で電話に出たH君。「昨夜は，10時頃に寝た。土曜日は普通，仕事に行っているが，今日はたまたま休み。仕事は元気に頑張っている」＜もう来る必要感じてない？＞の問いかけに「はい」と話した後で，＜H君なりに元気でやっていって欲しい＞旨を告げて，終結にすることを確認する。

9-3 考　察

9-3-1　H君への臨床的接近の意義

H君は父親にともなわれて相談室を訪れて以来，合計10回の心理面接を継続的に重ねた。ここでは，H君に対してなされた臨床的接近の意義について述べる。

初回の面接でH君の来談意欲があまり高くないと思われたので，来談に誘う形になった。やや積極的に誘ってみたのは，それまで反社会的逸脱行動のケースとの継続的な取り組みの経験がほとんどなかったことと，○○○弁を交

えて話すこの若者とその背景（若者文化）に関心が湧いたこと，そして同じ少林寺拳法をやった同志としての親しみを感じたことが挙げられる。受理面接時では，H君についての総合所見として，全体の印象としてH君のパーソナリティ発達の未成熟さ——母親に依存的，小心で恐怖心が強いこと，外界への威圧的虚勢をはることなど——の克服と進路選択が主要課題であること，生活指導にも配慮した接触が必要であること，を考えていた。

　H君に会っていきたいという気持ちがあっても，どれだけのことができるかはっきりしていなかった。基本的には面接を通じて援助するつもりだったが，深いレベルでの内的な旅をともにすることはできにくいのではないか，と考えられた。面接を開始した時点で，H君はすでに「働くこと」をかなり心に決めており，復学への意思は弱いようだった。親のもつ復学への期待との間での迷いや葛藤は，さほど明確には表明されなかった。そしてH君の当面の関心事は，働くために早く身体を治したことと，どういう仕事が自分に合っているかであった。そのアッサリとした割り切りの良さに，最後の面接でもその決定の妥当性を確かめている。やがてH君は，「生活の逆」をなおして，「堕落した生活」から抜け出し，身体慣らしの仕事（蒲団貸・乾燥業）から，より本格的に仕事に取り組んでいくことになるが，それはカウンセリングの過程に示したとおりである。

　H君は，面接の場に現われるまで安全感や信頼感を経験できる人間関係の場を保証されなかったといえよう。高校では先生や上級生に，家庭では両親に，道院では先輩拳士に，「ゴチャゴチャと口うるさく」言われること——このことをH君は一番嫌っていた——が多く，他者から否定的な評価や圧迫を受けることが多かったと考えられる。そうした中で「他人に干渉されずに，自分の好きなようにやりたい」というH君の願いが出てきていたが，その自由への願いは，周囲の人間（とくに大人）には容易に認めがたいものだった。H君がよく出入りしていた仲間集団においても，他人について回る方のH君には，必ずしも安心でき満足のいく対人関係ではなかった。だからこそ面接の場で，それまでとは違う人間関係を経時的に経験することは，意義があったといえる。自分が言いたいことを安心して自由に話せて，関心をもって聴いてもらえること，人格的に尊重され承認され，ありのままの自分でも“一人前”として扱わ

れること，安全感や信頼感が経験できる人間関係，認められ励まされ誉められること，決定や責任性が任されること。これらのものが体験できる場と人が確保できたことは，H君にとって意義があったと考えられる。そうした場でH君は，自分の考え，感情および行動を自由に言語化・表現化することによって自分自身を確認して，自己肯定感，自己信頼や活力を獲得していったのだろう。

　しかしながらH君自身は，来談することについて「悪い気はせんね」と2回語っているものの，それ以上のことは語らなかった。H君の中では，来談することの意義は必ずしも明確に自覚されたものではなかったといえよう。来談を拒否することはなかったが，働き始め，来談していた土曜日にも勤務が入るようになると，仕事を休んでまでも来談する意欲や必要性がなくなってきた。社会経験が少ないH君が大人の職場に一人で放り出され，そこで現実的な社会経験を積む中で他者にも存在価値を認められるようになり，心理・社会的にも経済的にも徐々に「分離・独立」の過程を歩み始めたことは意義があったと考えられる。

　H君との面接過程は，一回一回の面接を積み重ね，深めていくことによって自己発見や自己探究をともにしていくというよりも，現実の生活経験で感じたことや考えたことを面接の場で安心して自由に話し，自己のエネルギーや自信を補給して，また現実の社会生活の場へ出て行くというあり様に近かったと言える。それは，荒海を航行する船と，その船が燃料や食料を補給するために立ち寄る港のイメージであり，若い旅人とその旅人が長旅の疲れを癒す旅籠のイメージを思い起こさせる。

　大人に比べるとはるかに社会経験が少ない青年を援助していく場合，カウンセラーはクライアントの内的成長を信じて，ただクライアントの内的な旅路の同行者であることのみにとどまることは難しい。内的な旅路の同行者であるとともに，青年が現実の新しい社会経験を積むという一種の外的旅——たとえば，アルバイトとか自転車旅行など——へ出て行くのを気持ちよく送り出し，迎え入れる安全基地の役割を果たしうることが必要となることが多いのである。

　青年期をすでに過ぎ去った大人には，自分の青年期について特殊な健忘症が起こる（Freud, A.）といわれている。H君が「遠くへ行きたい，家を出たい」と言い出した際に，すでにそんなことは忘れてしまっていたが，筆者の内なる

青年期が甘酸っぱく突き動かされた感じであった。
　青年の問題化は，その家族全体に危機的状況をもたらすことが少なくない。したがって青年期のクライアントの援助と同時に，家族への援助が重要となることは言うまでもないことである。

9-3-2　青年期の自己概念の様相と変容

　H君とは，約9ヶ月に計10回の面接を行った。その間に，H君の青年期の自己概念は，H君とのカウンセリング，家族内対人関係の変化および職場での社会的経験などを通して徐々に変容していった。
　ここでは，初回と最後（10回目）の面接記録におけるH君の発言から，H君の自己概念がどのように変わったかを考察する。その際に，①身体像，②自己の特徴と期待，③家族との関係，④学校・勉強，⑤日常生活と友人関係，⑥対社会・職場の6領域に分けて検討する。

　1)　身体像　　初回：首がつる。身体が途中でだるくなる。後頭部に脳波異常が出た。痩せている。体格はあまりよくない。針灸に週3回通っている。身体を動かすことは好きなほう。
　10回：元気になった。針灸には行っていない。

　2)　自己の特徴と期待　　初回：悪いことばっかやって，暴れん坊。外でケンカはやってくるし，家でも暴れる。カッと怒ると止まらん方。中途半端は嫌い。身体を治したい。技術を身につけたい。金が欲しいので働きたい。
　10回：落ち着いた。「自分で生活する」まではいかないが，仕事をもって生活している。一人で遠くへ行きたい。家を出たい。18になって運転免許をとりたい。一生やる仕事を見つける気持ちはある。好きなようにやってきたが，若いうちしか好きなようにやれん。

　3)　家族との関係　　初回：暴れて親を困らせとる。働きたいが，「まだ若いからあわてなくてもいいとか，身体をきちんと治してから」とか言われる。親は高校を退学して欲しくなかった。遊びの金も親ばっかに頼っとれん。
　10回：17歳だで，親がついとらなあかん。ボクがいなくなると，親は淋しがるんじゃないか。出来の悪い子ほど可愛いと言うから。親は，夜間でもいいから，まだ学校へ行って欲しい。まだ家を出てほしくないが，父さんは「やっ

てみるだね」と言う．酒を飲みすぎたら，「身体をこわさないように」と母さんに言われた．弟がグレてきた．兄の自分があまり良くなかったので，多分こうなった．

　4) 学校・勉強　　初回：学校に行きたくなくなって，高校を途中で退学した．怖い学校で，授業も真面目に受けんかった．昔から勉強は大嫌い．成績は人並み，普通．公立高校を受け直そうとしたが，見合わせた．前の高校の方針や先生と合わなかった．地理クラブに入っていた．

　10回：学生さんに未練がないと言ったらウソ．やっぱり学生さんは楽．でも今さら戻る（復学する）気はない．勉強が嫌いなものが，高校に行ってもしかたがない．

　5) 日常生活と友人関係　　初回：起きるのが昼の12時近くで，だいぶ堕落した生活になっちゃってる．昼はTVやレコードで時間をつぶす．日曜日には友達の家に遊びに行く．そこに泊まることもある．3人仲のいい友達がいる．週3回，少林寺拳法を習いに行っている．自分だけ一人，取り残されるような気がした．

　10回：ずっと働きに出ている．土曜日も出るようになった．食費に2万円家に入れ，弟にも小遣いをやっている．少林寺拳法や針灸は，もう行ってない．日曜日なんかには友達とマージャンやったり，単車を乗り回したりして，後は好きなようにやっている．タバコの本数を減らしたが，もう止めれんくなった．

　6) 対社会・職場　　初回：世間が，働く面でも学歴で差をつける．中退だと，何か身につけなければいかん．だから，技術を身につけなければいかん．

　10回：甘ったれたことは言っとれん！年の功には勝てん！働き盛りの人には，仕事や給料や信用の面で，倍働いても勝てん！仕事仲間が年上ばかりなので，つきあいが違ってくる．原付の免許を1月にとって，改造したモンキーで通勤している．

　このように初回と10回目を比較してくると，H君は次のように変化していることがわかる．

　身体が順調でないという初期の身体的こだわりには，心気症的要素も含まれ

ていると思われるが，仕事に出るようになってからは心身ともに鍛えられて健康になり，10回目の面接時のH君は，がっちりした体格になり，顔色も良く生き生きとしていた。心身ともにひと回り大きくなって，たくましい若者を感じさせた。また初回の否定的な自己評価が多い中で，「働きたい」気持ちが表明された。家族の期待にただ反抗するばかりでなく，親に全面的に依存してきた自分から抜け出そうとする試みであった。そこには，高校中退の正当性を虚勢的に述べてはいたものの現在の生活が堕落した生活であり，一人取り残されている自己への直面と自覚があったのだろう。「働きたい」気持ちをもちながら，踏み切れずにいる要因をH君は，身体の不調と16歳で若いこと，および中退組が不利な社会の仕組みに帰結していた。身体慣らしとはいうものの，他の仲間よりは一足先に社会に働きに出ることになって，H君の自己概念は変わっていった。仕事の厳しさを経験して，「甘ったれたことは言っとれん！」「年の功には勝てん！」と自分の「半人前」を自覚し，受容できるようになる。やはり「学生は楽」であることを認めたうえで，復学の意思がないことを落ち着いた調子で語るようになる。経済的に独立していくにつれて，父，母，弟の3者と自分との関係を客観的・肯定的に見る余裕が出てくる。自分が家族成員に与えた影響や変化もきちんと認めることができるようになる。若さへの見方も「若いうちしかできんで，好きなようにやりたい」と積極的な構えになって，「早く18歳になって運転免許をとりたい」とか「家を出たい」とか「いつか一生を捧げる本業を見出したい」という未来と社会に開かれた意向を表明するようになった。このようにH君の自己概念は，より自己肯定的，自己受容的，自己信頼的，自己責任的，自己指示的，向社会的，未来志向的になっていったと考えられる。そこには，H君の確かな成長を認めることができるのである。

文 献

Erikson, E. H. (1959) Identity and life cycle. *Psychological Issues, Mono. I.* New York: International Universities Press.（小此木啓吾編訳（1973）『自我同一性』 誠信書房）

Mearns, D. & Throne, B. (1988) *Person-Centred counselling in action.* London: Sage Publications.（伊藤義美訳（2000）『パーソンセンタード・カウンセリング』 ナカニシヤ出版）

10 心理臨床の実際
──成人期──

10-1　臨床現場の実際

　筆者は精神科クリニックで心理療法を行っている。当然のことであるが，医療機関では主治医である精神科医の指示がなければ心理療法を行うことはできないし，また行ってはいけない。つまり，臨床心理士が勝手に心理療法を行うことはないのである。患者は最初から心理療法を希望していたとしても，まず精神科医の診察を受けなければならない。診察で患者自ら心理療法を希望したり医師に勧められて，臨床心理士に心理療法の依頼が来て初回面接となる。心理療法のためだけに来院する患者は少なく，薬物療法と心理療法が併行して行われることが多い。

　最近は「カウンセリング」が特別なことばではなく雑誌や新聞，広告の中で使用されることもあり，"実際のところはよく知らないが聞いたことがあることば"になりつつある。また臨床心理士も社会の中で少しずつ認知されつつあり，「臨床心理士にカウンセリングを受けることができるか」という問い合わせもある。そのようなことと併行して，心理療法を受けさえすれば楽になれる，すべて解決するとカウンセリングや心理療法に過剰な期待や幻想をもって訪れる人も増えている。実際は治療関係を使って自分で見つけていくものであることや今まで目を向けることができなかったことに目を向けていくわけだから辛いことでもあるなどと伝えると，驚く人が多い。

臨床現場がどのようなところなのかによって心理療法のやり方や工夫することが異なってくる。たとえば入院施設のある病院なのか，外来のみのクリニックかによっても異なる。それは，患者を抱える治療環境のキャパシティが異なるからである。心理療法を行う臨床現場がどのくらい治療環境のキャパシティがあるかを自覚したうえで心理療法を行う必要がある。

　もっとも優先されるのは命の保障である。希死念慮や自殺企図に注意を払わなければならないケースなのかどうか，心理療法を開始することによってどの程度退行する可能性があるのかなどを診断面接や心理検査から考えなければならない。心理検査はとくにロールシャッハテストが役に立つと思われる。そして，どこまでの退行なら抱えられるか考える必要がある。外来のみのクリニックでは対応できない場合は，入院施設のある病院を紹介することになる。もう少し言えば，単科の精神病院なのか総合病院なのかによっても治療環境は異なってくる。医療機関の中でもこれだけ異なるわけだから，学生相談室，開業の相談室や研究所，スクールカウンセラーとして行っている学校なのかによってずいぶん異なってくる。

　心理療法を行うことが決まったら，探索的な心理療法がよいのか，支持的な心理療法がよいのか，あるいはマネージメント中心の心理療法がよいのか判断しなければならない。これらは病理水準とも関連してくることである。内界を探索することによって混乱が強まったり行動化が激しくなるような場合は，しばらくはマネージメントを中心とした心理療法を行うことによって，内界を扱えるような心の器作りを目指す。これらは，境界例の患者に多い例である。

10-2　境界例の女性の事例

　事例報告は患者の匿名性を保つために，いくつかの事例を合成してあることを断っておきたい。

10-2-1　事例の概要

　初診時20代半ばの女性Aは，過食，人がどう思っているか気になる，死にたいという考えが頭から離れないという主訴で，筆者が勤務する外来のみのク

リニックを受診する。

　小学校・中学校時代は明るく友達もたくさんおり，成績も良く，学級委員や生徒会をやっていた。高校に入学したが，にこにこ明るくしていることに疲れ，クラスに馴染めず，拒食や過食を繰り返すようになり，勉強ができる状態ではなくなり成績も落ちていった。結局，高校に登校することができなくなり中退するが，通信制の高校に通い卒業。その後は，アルバイトをしたり，うつ状態がひどくなると家に引きこもったりを繰り返す生活であった。中学のときに父親は病死し，A，母親，妹の3人家族。問題行動が起きた頃より数ヶ所通院したようだが継続的な治療には至らなかったようである。前治療者が転勤のため筆者が担当することになった。前治療者とは約10ヶ月間心理療法を行っている。

10-2-2　治療過程

　第Ⅰ期：治療者交代をめぐる不安（約6ヶ月間）　　困っていることについて尋ねると「過食。死にたいというのが頭から離れない。気分にむらがあって突然憂うつになる」と答える。どういうときに過食をしたくなるのか，どういうときに死にたくなるのか，どういうときに憂うつになるのかそれぞれ聞くと，少し考え「よくわからない。突然そうなる」と答える。

　母親に対してはかなり激しい怒りが見られ，母親は父親のことを頼りきっており，Aは父親という支えがなくなった母親の愚痴を聞き父親のかわりになるよう支えようとしていたが，母親は何をやっても気に入らず，いつも八つ当たりされたことが「許せない」と繰り返し話される。

　前治療者が残したカルテには，初めて自分の気持ちが話せるようになったとAが語ったことが記述されていたが，前治療者との面接について尋ねると「カウンセリングして何になるのか，役に立っているのだろうかと思った。本当のこと言って転勤のときやめようと思った。でも続けた方がいいと強く言われて」と話され，前治療者の価値下げと筆者との治療に対して見捨てられる前に自分から見捨てたいという動きが感じられ，治療者交代をめぐる気持ちやAにどのように体験されたかを面接で取り上げていく必要があるだろうと思った。

　死にたい気持ちになったときにどうするか，過食をやめるためにどうしたら

よいかを考えることを当面の目標にして週1回45分の心理療法を行うことになる。主治医による薬物療法は，抗うつ薬と抗不安薬が処方されている。

　前治療者についてはいろいろ話された。たとえば自分に合わせていたのではないか，変だと思われていたのではないか，面接は自分にとって必要なのか，面接はいつも苦痛であったことなどが話された。「Aさんにとって面接で話すことは大変なことで私との面接も苦痛なのかもしれない」と言うと，「まだ始まったばかりだから無いけど，だんだん苦痛になるんじゃないか。ここで何をすればいいのかわからない」と話し，新しい治療者に対する戸惑いや不安が表現される。しかし「自分にとってこの面接が必要なのかどうかまだわからないのですね」と治療者が言うと，「良い方向へいけるように手助けしてほしい」とも話し，両価的な感情をもっているようであった。

　過食は，絶えず口に食べ物が入っている状態で1日中食べている状態であった。過食については少しずつ言葉で表現されるようになり，「溜まっていくと苦しくなって過食をしてしまう。そうすると嫌になって母親に当たってしまう」と話す。治療者が「何が溜まっていく感じがする？」と聞くと，「根本は自分のことが嫌で嫌で仕方ない。だから人といるのが苦痛だって思うんです。嫌なことが見えてきて我慢しているとパニック状態になってしまって，それで過食して逃げちゃうんです。でも過食をやめたいんです」と話し，治療者は「嫌なことや嫌な気持ちが見えてくると過食するみたいですね」と返す。過食をやめたいと思う気持ちはAの健康な部分として位置づけ，同時に過食は理由があってしているのでしょうと伝えていった。

　第Ⅱ期：怒りと行動化（約2年間）　母親に車に乗せてもらって来院していたが，それではいけないと思って一人で来院するようになる。いらいらして大声でわめいたり母親に当たりちらす一方で，母親と一緒に寝たりするなど気持ちの揺れ動きが行動によって表現される。過食に対しては，だらだらと1日中食べつづけていたが，意識的に1日3回に分けて過食しようとするなど，継続することは困難だがAなりに何とかしようとする動きが見られるようになる。そのような自分の問題に取り組もうとするAなりの試みは積極的に支持する介入を行った。

　面接では家族のことが主な話題であった。小さいとき妹が父親に甘えていつ

も膝の上に乗っていて，休みの日には2人で出かけてしまい自分が取り残されて寂しかったこと，自分は妹のように甘えられなかったこと，母親はいついらいらしていて感情の波が激しくヒステリックに怒っていたこと，だから自分は明るくふるまって勉強もスポーツもがんばったことが，怒りの感情とともに話された。とくに母親に対する怒りは強く，「母を恨んでいる。痩せているときはガリガリで気持ち悪いと言われ，太っているときはぶよぶよでみっともないと言われた。反抗しないで自分の中に溜めてきたから今こうなっている」と話す。姉妹葛藤も強く，「父親はいつも妹のことをかわいいと言っていたのに私は言ってもらったことがない」と父親をめぐる三者関係の問題も表現された。

ときどきキャンセルするようになる。キャンセルした次の面接で，キャンセルについて取り上げると「今の自分は嫌いだから，嫌いな自分を先生に見せたくない」と言う。「嫌いな自分を見せるとどうなりそうなのかしら？」と聞くと，「先生に嫌われる。見捨てられる」と治療者に見捨てられる不安が話される。また，「不安でいらいらする」と訴えることが増え過量服薬やリストカットなどの自傷行為が見られるようになり，一時期はこれらの行動が頻繁になり，面接の前日に過量服薬したり過食がひどくなるということが起きてきた。それらについて取り上げると，「母親を見ていると腹が立ってきて，どうしても腹の虫がおさまらなくて薬を飲んじゃった」「ここで喋っていてもどうにもならないことばかり」と，治療者への不満や怒りの感情との関連が話された。治療者は試されているように感じられ，Aの強い怒りの感情を感じた。キャンセル，過量服薬，リストカットなどの行動化の背景には治療の開始にともなって多少の退行が促されたことや，治療者に対する両価的な感情に耐えられないことなどが関連しているだろうと推測され，それらを取り上げていった。しかし，Aの怒りは激しく，感情を生々しくぶつけてくることもあり，治療者は受け止めきれず無力感を感じることもしばしばであった。

ちょうどその頃，救急外来で行った病院の医師から「あなたは重症だ」と言われた出来事があり，「重症だと言われたことで認めてもらった気がした」「ずばっと言われたことがなかったから気持ちよかった」と話された。治療者が「本当はもっと重症なのに私がわかっていないと思っているのかもしれないで

すね」と言うと,「良い方向に行っているとは思えない」「先生には私のことはわからない」と強い口調で訴える。治療者は責められているようにも感じられ,「私はずばっと言ったことはなかったですね。わかってないことがまだいろいろあるみたいですね」と言うと,「自分だけ人と違っていて不幸だと思っているから怒りが強い。それを隠しちゃう。先生にも言っていない。それを出すと私は怖いんです」と答える。自分を傷つける必要はないとはっきり伝え,実際に起きた出来事と感情を結びつけることや,不安でいらいらしたときに自傷行為をしない別の方法はないかを話し合い,現実的な対処方法も取り上げていった。

顔へのこだわりがあることが話されるようになる。鏡を見るといらいらしてくることや死にたくなること,それは自分の顔が悪いから人から嫌われるのではないか,顔が悪いから父親にも好かれなかったのではないかと考えるからのようであった。「お父さんに好かれたかったんだね」と言うと,「そう。お父さんが生きていればよかったんだけど,死んじゃったから聞くことができない」と涙をにじませる。また,「自分のからだではないみたい」と自分のからだへの違和感を感じているようでもあったし,自分の感情が自分の中におさまらないことを表現しているようでもあった。Aが感じている顔やからだへのこだわりに関する語りに耳を傾けた。

第Ⅲ期:症状の安定と抑うつ感の増大（約1年間）　ほとんど家で引きこもりに近い生活を送っていたAだったが,この頃になると現実生活では外出する苦痛が少しずつ少なくなってきており,母親と一緒に出かけたり,一人で本屋に行ったり買い物に出かけたりといったことが少しずつ自由にできるようになる。社会復帰の練習にと自分で自動車学校に通うことを決め,途中辛い気持ちになって行けなくなることもあったが,免許を取ることができた。また,アロマやお香に興味をもち気に入ったものを探すのを楽しんでおり,少しずつ余裕が感じられるようになった。

友人から結婚式の招待状が届き,かなり迷っていたが自分からお祝いの電話をかけて友人と会ったり,結婚式で久しぶりに会った友人たちと交流が再開し時々遊びに出かけるようになる。関係が親密になると嫌われているのではないか,離れていくのではないかという不安が出てくるものの自分から離れていく

ということはしないでいられる。

　友人の一人に紹介された男性と交際を始める。嫌だ，嫌だと言っていたがしだいに「まだ好きにはなれないけど，嫌ではなくなってきた」と話すようになってきた。うまくいかないことが出てくると，「私の顔が悪いから」「私の顔が怖いから」と顔のせいにする。治療者が，「彼とうまくいかないことと顔のことが結びついてしまうみたいですね」と言うと，「そうだと思っちゃうんです。ありのままの自分を受け容れてくれる人がいないかな」。「いろいろな気持ちが出てくると，顔のことが気になってしまうのかしら？」と疑問を投げかけると，「そうかもしれない」と答える。一方で彼から好意をもたれることや褒められることがうれしいと感じる体験にもなっている。治療者にどうやって結婚を決めたのか聞いてくることもあった。

　過食に対する工夫も続いており，過食をしないでいられることが増えてくる。自分でも少しずつ普通の食べ方に近づいてきたと思えるようになってくる。現実的なAなりの努力には，試してみて良かったことは続けるよう励ます。少しずつ過食や家での暴言が落ち着き始め社会や人とのかかわりは増えていったが，併行して抑うつ感は強くなってきていた。絶望的になって死にたいと思うことが増え，「死にたい気持ちと戦っている」と苦しそうであった。治療者は自殺企図が心配になり，行動に移さないように繰り返し伝える。

　面接では治療関係が話題になることが増えていった。「先生の良い所と悪い所の両方が見えて不安になる。そうすると先生に会いたくなくなる。オーバーに言うと周りが敵に見えてくる」「本当はベターッと依存したいけど，近づくと自分が嫌になる」「近づくと見透かされている感じがする」と，治療者に対する葛藤や心理的な距離がテーマとなった。ときには面接をキャンセルすることで治療者と距離をとろうとしたり，依存し過ぎないようにしようとすることもあった。「私は暗いから相手が私の暗さに合わせているような気がしてくる。だから暗い自分を出せない。その壁をどうやって乗り越えたらいいかわからない。今もこうやって喋っていても無理しているところがある。どこにいても馴染めないし，どこにいても心許せなくて孤独を感じるんです。支えてもらっている感じがほしい」と。治療者が，「支えてほしい気持ちもあるし，暗い部分を出す不安もあるし，両方あるのですね」と言うと，「先生が支えてくれてい

ると思えたらいいなって。母親にだけは全部本当のことが言えるし，やりたい放題やっている。母親はグループに通うようになって変わった。それで私も自分を出せるようになった」。「最初は，先生はこんなうじうじした私と会うのは嫌なんじゃないかといろいろ気になった。今もまったくないといったら嘘になるけど，前ほど思わなくなった」と，治療者に対する安心感が少しずつもてるようになってきているようであった。

「心の中では落ち込んで涙が出ているけど，やらなきゃいけないことはやっている」と，自分の中の抑うつ的な感情を多少抱えられるようになってきていた。

第Ⅳ期：社会参加と治療の終結まで（約2年間）　自動車の免許を取れたことが自信となり，短期のバイトに挑戦し最後まで勤めることができる。辛くなって行けなくなり辞めてしまうことを繰り返していたAにとって，短期とはいえ最後までやりとおせたことは自信に結びつくものであった。これをきっかけに長期的なバイトも続けられるようになる。

治療者に対しては，「近づきすぎているんじゃないか」と心理的な距離が近づく不安が語られたり，「近い存在の人がいなくなると孤独で淋しい」「先生は内面から私をわかってくれる」と語られ，依存・信頼と分離をめぐるAの葛藤する気持ちが表現される。併行して自分が好意をもつ人からはすべて拒否された過去の出来事を回想したり，本当の自分を見せると人が離れていった思い出を回想する。治療者にも明るい部分しか出せなくて，「醜いひねくれた自分を出せない」と話す。治療者が「出せないのはどんな理由があるのかしら？」と聞くと，「先生に好かれたいと思っている。もし，出したら今まで先生と築いてきたものが壊れてしまう。だから，ここでは悪の部分が出せない」と答える。治療者が「ここで醜いひねくれた部分，悪の部分を出すと私との関係が壊れるんじゃないかと思っているのかもしれないですね」と返すと，Aは「今言いたくなったことがあるから言っていいですか？　顔のことがまた気になりだした。もっときれいな顔だったらこんな不幸な人生を歩まなかったんじゃないかと思うんです」と，今，ここでも治療者との関係の中で顔が気になることが面接の中で再演されるようになり，葛藤する気持ちが起きてくると顔のことが気になるということがしだいに明らかになってきた。治療者は明るい部分も暗

い部分も両方ともAであると繰り返し保証し,「気持ちが顔に表われてくるみたいね」とか「今どんな気持ちが起きてきたみたい？」と，その度にAの気持ちとつなげる介入を積み重ねていった。自分の顔に対しては,「怖いとは思わなくなったけど,嫌悪感がある」と少しマイルドになってきていた。

「どうして私は生きているのか。食べているときは考えなくてすむ。これ以上食べてはいけないと思うと死にたくなる。死にたいと思うと食べるのが止まらなくなる。こういう状態の自分をどうやって受け止めたらいいのですか？」。治療者は無力感を感じ，「本当にどうやって受け止めたらいいんだろうね」と答えると，「過食も止まっていて，そろそろ悩みたくなった。そんな感じもするんです。こんな状況でも仕事に行っているということが自分では進歩したと思っているんです」と言う。治療者も本当にそのとおりだと思いそれを伝えた。

Aは憂うつな気持ちになったときや落ち込んだときは自分なりに理由を考えるようになり，出来事と気持ちをつなげようとするAなりの試みがなされるようになる。一人になると死にたい気持ちになることはあるが，そういうときは眠ることにしていると余裕を感じさせるような話し方をする。この頃になると救急外来に行くことはほとんどなくなっている。

バイト先では嫌われているのではないかと敏感になったり，表情を深読みしたりということはあるもののバイトは続いていた。彼とは，顔のことが気になることはやはりまだあるが，不安定な関係ながら交際は続いていた。

安定してきたからと面接を2週間に間隔をあける。その間落ち込むことや寝込むことはあるが，自力で何とかやれるようになっていた。Aも「自分で何とかやっている」と話す。治療を開始して約6年がたち，Aは30歳を過ぎていた。この頃から終結が話題に出るようになる。薬は時々頓服という形で服薬する以外は飲んでいない状態である。

治療者からの分離と併行して父親との思い出や亡くなったときのことがくりかえし話題になる。困ったらまた来てもいいかを何度も確認し，「卒業しようと思う」「自分でやってみようと思う」と話す。過量服薬やリストカットはなくなっていたが，過食はまだ時々あり，顔が気になることもなくなったわけではなかった。治療者はやり残していることがいろいろあると思ったが，Aの自立しようという気持ちを肯定し終結になる。

10-3　治療過程のまとめ

　第Ⅰ期では，Aは前治療者に対する良いものはすべて排除し陰性感情のみを話した。それらは前治療者を価値や意味のないものにして別れの感情体験に触れないようにしているようでもあった。喪失の痛みを体験できないからだろう。この治療者交代をめぐるテーマはAにとって父親を喪失したテーマと重なるためとくに重要であったと考えられる。しかし，筆者は当時そこまで理解していなかったため扱うことができず，治療の終結（治療者との別れ）の際に再び浮上してきたのであった。「本当のこと言って転勤のときやめようと思った」とAが語っているように，筆者との心理療法をするかしないかがまず第一のテーマであったと思われるが，そこを曖昧なままにして継続してしまった。もう少しゆっくり治療者交代について話していけばこのテーマを取り扱うことができたかもしれない。

　境界例患者の場合，このケースのように治療者が転勤になったり転院のために治療者をはじめ治療構造が変更されることに大きな反応を示すことがよくある。

　内的な問題はこのようにいろいろあったが，治療目標は「死にたい気持ちになったときにどうするか，過食をやめるためにはどうしたらよいか」という問題行動に対する対処方法に重点を置いた具体的な目標を設定した。Aは前治療者との治療経験があったためこのように目標設定がしやすかったが，境界例患者の場合不安を限局化する能力に乏しかったり，治療者との関係を問題解決のために手段とみなすことが難しく主訴が曖昧で漠然としていることが多い。より具体的な治療目標を設定し，治療目標を明確にすることは重要なことである。

　第Ⅰ期から過食や治療関係についてわりあい内省的に語ることができたのは特徴の一つと思われる。これは前治療者との心理療法の体験が土台にあったからである。また，20代半ばを過ぎていたという年齢的なこともあったと思われる。

　第Ⅱ期は治療が危機的状況に陥った。一つの要因は前述した治療者交代や心

理療法の継続についての取り扱いの不十分さにあった。つまり治療構造を曖昧なままに心理療法を進めていったためである。もう一つはAの怒りの取り扱いの不十分さであった。Aの場合頻繁に電話をかけてきたり予約以外の時間に面接を求めてくることはなかったが，キャンセルや過量服薬，リストカットなどの自傷行為が頻繁になり，とくに面接前日に自傷行為や過食がひどくなることが起きてきた。境界例患者の場合，このように治療構造を逸脱するふるまいをして，治療者がどのように対応するか試すような行動をとることがよくある。Aの内的体験としては，面接で治療者に見捨てられると感じた体験に，父親に見捨てられ，明るくいい子でいても母親に見捨てられ，そして語られなかったが前治療者にも見捨てられた体験が重なり合っていたのではないだろうか。それらに対する怒りと不安が自傷行為，とくに面接前日の行動化となって表現され，筆者に訴えていたのだろうと思われる。しかしそれらは今ふりかえってみて理解されることで，そのときはそこまで考えることはできなかった。筆者には十分怒りを生々しいと感じていたが，Aにしてみたらまだ話していない怒りがあったのである。それをすべて出すと治療者を破壊してしまうくらいの怒りであるため，Aなりに筆者との関係を破壊しないようにしていたのではないかと思われる。そのような経過の中で，父親に対して怒りだけではなく，涙をにじませながら好かれたかったという気持ちにも少しだけ触れることができるようになっていった。

　Aは過食に対して努力や工夫を試みる。これは良い子でいたいという側面もあるが，自分の問題に取り組もうとする側面もあり健康な部分として治療者は支持をした。

　第Ⅲ期は，自動車学校に通ったり，友人と遊びに行くなど人間関係や社会とのかかわりが少しずつ増え，このような行動の広がりはAの心の広がりを表わしているかのようでもあった。しかし，相手のちょっとした表情や言葉に対して過剰に反応し，外界との接触は同時に不安の引き金にもなった。治療関係についてはキャンセルや行動化によって表現されていたものが，「先生の良いところと悪いところの両方が見えてきて不安になる。そうすると先生に会いたくなくなる」「死にたい気持ちと戦っている」と少しずつ言葉によって表現できることが増えてきてはいたが，距離が近づくと迫害的な対象になってしまう問

題は残っていたため，面接をキャンセルすることで治療者と距離をとっていたのだろうと思われる。治療者が支えてくれていると認めることはAにとって恐ろしいことなのだろうと思われるが，少しずつ両価的な気持ちや抑うつ的な感情を言葉によって表現できるようになり抱えられるようになってきていた。

このように治療構造を逸脱する行動は見られるが，その頻度はⅡ期に比べるとずいぶん減っていた。良い治療者像と悪い治療者像の両方が見えることはAに不安をもたらすことでもあった。これは治療者を全体像として見ることが困難であることが表現されていたと思われる。それらはAの自己像の分裂に通じることでもあるだろう。

第Ⅳ期では，バイトをはじめさらに社会とのかかわりが増えていった。そして治療者との分離に直面する。Aにとって自分が好意をもったり本当の自分を見せることは見捨てられることにつながり，治療者に対しても「醜いひねくれた自分」「悪の部分」を表出することは，治療者に見捨てられること，あるいは関係を破壊することになるので，そうならないためには明るいいい子でいなければいけなかった。そして，顔のことを気にすることでそれらの葛藤に直面することを回避していたと思われる。このように少しずつ言葉によって表出できるようになったため，行動化に至ることは少なくなっていった。また現実生活の中でも抑うつ感情に対して具体的に対処できるようになっていた。

治療者との分離は患者のそれまでのさまざまな分離体験が重なって体験される。Aは治療者からの分離と併行して亡くなった父親のことを繰り返し語った。治療者との分離と父親との分離が心の中で重なって体験されていたのだろうと思われる。

文　献
成田善弘編　2006　『境界性パーソナリティ障害の精神療法—日本版治療ガイドラインを目指して』　金剛出版

11 心理臨床の活動と領域

11-1 心理臨床活動の現在

　心理臨床はきわめて実践的な援助活動であり，援助対象のそれぞれの状況に応じた具体的な対応と工夫が要求される活動である。基礎となるのは臨床心理学の知識と技術であるが，精神医学，発達心理学，障害児心理学，教育学，看護学など多くの隣接領域の実践と知恵に学ぶ必要がある。また，その活動と領域は多岐にわたっており，取り組む問題の内容や必要とされる知識，技能もきわめて多彩である。

　たとえば，不登校の生徒について心理相談を受けたとすると，多くの場合まず，不登校になっている子どもとその親に対して心理臨床的な援助がなされる。しかし，それだけでは十分でなく，不登校児にかかわっている学校の教師（校長，学級担任，養護教諭，生徒指導，学年主任など）との連携が必要になることが少なくない。さらに，地域の精神科医・内科医など医療機関の専門家の援助を求められることもあるし，家庭の状況によっては児童相談所などの福祉機関との連携が必要になることもある。

　心理臨床の活動の内容としては，①臨床心理査定（心理アセスメント），②臨床心理面接・心理療法，③臨床心理的地域援助，④臨床心理学研究・調査，の4つの柱が挙げられることが多い。上の例でいえば，①と②は不登校の子どもや親に対する心理臨床的援助であり，③は教師や医療，福祉の専門家との連

携である。④は，これら全体についての研究・調査である。

このうち①，②，④については他の章で取り上げられているので，ここでは③の臨床心理的地域援助について少し述べておくと，心理臨床活動の第三の柱である臨床心理的地域援助は，うえに挙げた不登校の例のように，対象となる子どもだけでなく，子どもを取り巻く人的・社会的環境を考慮に入れ，それに働きかけるような活動である。つまり，臨床心理的地域援助とは，相談室という密室の中だけでなく，地域社会の中で臨床を展開する心理臨床活動のことである（山本，1995）。

こうした臨床心理学的地域援助の視点も含めて，わが国における心理臨床活動はその対象，領域，方法に関して近年かなり変化してきており，新たな展開へ向けて動いているところである。ここではまず，その動きの一端について述べておこう。

11-1-1 領域や対象の拡大

たとえば，スクールカウンセリングがその代表例として挙げられる。これは，1995年に文部省（当時）の「スクールカウンセラー活用調査研究委託事業」として始まったもので，当初全国の小中高の154校を対象にした。その後この事業の予算と規模は増加し，2001年度からは「スクールカウンセラー活用事業」（文部科学省）として位置づけられ，2006年度は約10,000校でスクールカウンセラーが活動するまでになっている。

学校という場に心理臨床家がかかわっていくということはわが国の学校教育の歴史になかったことであり，当初においては「黒船の襲来」ということばすら聞かれたほどである。徐々にそれは落ち着いてきて，スクールカウンセラー制度は一定程度の社会的承認を受けるようになってきた。しかし一方，スクールカウンセラーとして学校にかかわってゆく心理臨床家にとって，伝統的な個人心理臨床のアプローチだけでは対応しきれず，学校という独自の場に合わせたさまざまな工夫がこらされるようになってきている。

また，スクールカウンセリングのほかにも，災害援助活動，電話相談，DV支援，HIVカウンセリング，犯罪被害者支援，子育て支援，虐待防止活動，高齢者支援などの新たな領域が心理臨床活動の場として浮上し，取り組まれるよ

うになってきた。

11-1-2 活動様式の変化

心理臨床活動といえば，ともすると，相談室で一対一でクライアントと向き合う，というイメージが強かったが，現実の心理臨床の場面では，それだけでなく，もっと多様な関与が求められることが多い。たとえば，その一つが心理臨床活動のリエゾン（liaison）の機能である。リエゾンとは，一つの専門領域を代表し，他の専門領域に援助的にかかわり，両方の専門領域のコミュニケーションを図る役割を言う。言い換えれば，専門領域間の橋渡しの役割である。スクールカウンセラーの場合，教師と生徒の家族との間の橋渡し，教師と生徒の間の橋渡し，担任教師と養護教師の間の橋渡しなどが考えられる。また，医療の領域では，医師と看護者やソーシャルワーカーなどコ・メディカルスタッフ（co-medical staff）との間の橋渡しがある。

心理臨床家がこのようなリエゾンの役割を果たすためには，他の専門家と密接に協力しながら仕事を進める力量が必要であることはいうまでもない。

11-1-3 活動の基礎となる実践モデルの変化

心理臨床の活動領域や対象の広がり，あるいは活動様式の変化とともに，従来の心理臨床活動の理論的な枠組みを再考しようとする動きが生じ，そこから新たな理論と実践の基礎となるモデルが生まれてきている。

ここではそのうち，1) コミュニティ心理学モデル，2) 成長モデルについて述べる。

1) コミュニティ心理学モデル　下山（2001）は日本の臨床心理学の歴史をたどったうえで，1990年代のスクールカウンセリングの導入を契機として，コミュニティにおける社会活動として臨床心理学の活動を展開することが求められるようになり，これまで個人の内面に焦点を当ててきた日本の臨床心理学が大きな変更を迫られることになった，と指摘している。

このことと関連して，近年，コミュニティ心理学の考えを心理臨床に取り入れる実践が行われている。山本（1995）は，心理臨床におけるコミュニティ心理学的アプローチの発想の特徴を次のように述べている。

①クライアントへの援助は地域社会の人々との連携の中で行われる。心理臨床の専門家もその連携のネットワークの一員であり、その一員として専門性を役立たせている。
②心理臨床を心理テストとカウンセリングのイメージから解放し、その専門性の枠を広げ、新しいアイデンティティを確立することを目指している。
③密室である相談室を出て、地域社会を土俵にした心理臨床活動をしていくには、伝統的心理臨床の発想からコミュニティ心理学的発想への転換が必要である。

これらの視点は、これからの心理臨床活動を考えるうえでとても重要であろう。コミュニティ心理学の発想から特有の心理臨床のアプローチが生まれている。たとえば、予防的介入、危機介入、コンサルテーション、ソーシャル・サポート・ネットワークづくりなどである。

2) 成長モデル 　教育領域の心理臨床でいえば、特定の児童・生徒だけを対象にするのではなく、児童・生徒全体を対象にした予防的あるいは開発的援助も行われ始めている。たとえば、ストレスマネジメント教育（山中・冨永、2000）に示されるようなアプローチは、心の病を治療するという目的で行われているのではなく、児童・生徒の中に潜在している成長する力を援助するという目的をもっている。こうした成長する力は十分な社会的、文化的な環境のもとで開花するものであるが、それが不十分な場合にはそれに対する何らかの援助が必要であり、その一つが心理臨床的アプローチであると考えられる。

もちろん、児童・生徒の成長ということは学校教育の中核として取り組まれてきたという長い歴史があるので、その努力の成果を十分見極め、評価したうえで心理臨床的な援助がなされなければならない。

一般に、心理臨床の中で「成長」ということがいわれてきたのは、「治療」（あるいは「修理」）との対比という文脈においてである。山本（1995）は精神医学的アプローチの「修理モデル」に対する心理臨床的アプローチの独自性は「心の成長モデル」にあることを指摘し、このモデルは教育の領域だけでなく、他の領域でも妥当することを示唆している。たとえば、企業におけるサラリーマンのメンタルヘルスを考えた時、ストレス症状として現われた身体症状の軽減を直接対処する視点は精神医学的「修理モデル」であるが、心理臨床的アプ

ローチは，ストレス症状をその人の人生の中で乗り越えなければならない発達課題に直面しているあり方として理解し援助するのである。

　以上，コミュニティ心理学モデルと成長モデルから心理臨床活動の一端を見てきたが，伝統的な，クライアントとセラピストという二者関係モデルや精神医学的な治療モデルが無効なわけではない。心理臨床活動の実践的なモデルとしては，これらを含めた全体的なモデルの創出が必要であろうが，ここでは，援助的二者関係モデルとコミュニティ心理学モデル，治療モデルと成長モデルとは排他的な関係にあるわけではなく，相補的な関係にあることを指摘しておくだけにとどめよう。

11-2　心理臨床活動をめぐる問題

　近年，心理臨床という仕事への興味の増大を反映して，臨床心理学を学べる大学や大学院，あるいは臨床心理士の人気が高い。また，心理臨床家に対する社会的認知度も高まっているともいわれる。しかし，心理臨床に対する一般的な興味の増大と，心理臨床が専門職として社会的に安定したかたちで認められることとは別の問題である。実際のところ，現在のわが国の心理臨床活動という仕事には外的，内的な問題がかなり残されている。

11-2-1　心理臨床活動と資格
　外的な問題の一つとしてとしては資格制度の問題がある。現在さまざまな領域で心理臨床家が活動しているが，資格制度の未確立のためもあってその社会的基盤は必ずしも堅固であるとはいえない。
　現在，わが国には心理臨床にかかわる資格として臨床心理士，産業カウンセラーなどがある。
　この中で，臨床心理士は文部科学省認可の財団法人日本臨床心理士資格認定協会が資格認定を行っているものである。2007年4月の段階で認定された臨床心理士の数は，約16,000名である。ただ，この資格は，現在のところ国家資格ではない。

また，産業カウンセラーは厚生労働省認定の公的資格であり，企業で働く人のメンタルヘルスへの援助，キャリアカウンセリング，職場の人間関係への援助などの領域で活動している。社団法人日本産業カウンセラー協会が実施する試験によって資格が与えられており，2006年度における有資格者は約29,000人である。

11-2-2　臨床心理士

日本臨床心理士資格認定協会は1988年に発足し，1990年に文部省（当時）の認可する財団法人となり，その資格審査を受けて認定臨床心理士（制度）が誕生した。図11-1に見るように臨床心理士の有資格者数は平成1（1989）年から平成19（2007）年のあいだに約8倍に増えている。短期間にこれだけ心理臨床家が増えたことは，わが国における心理臨床活動の歴史になかったことである。

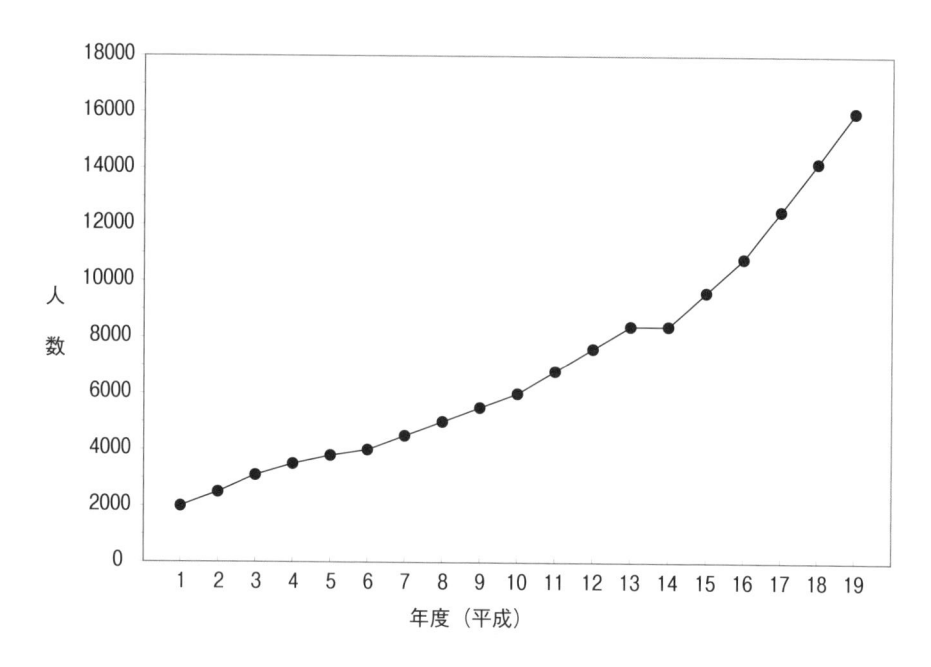

図11-1　「臨床心理士」の有資格者数の推移

11-2-3 心理臨床家のアイデンティティ

　内的な問題としては，心理臨床家のアイデンティティということがある。もちろん，外的な問題と内的な問題は深く連動しているのであり，たとえば何らかの資格を取得することが心理臨床家としてのアイデンティティの一部を支えるということはありうる。しかし，資格を取ったからといって，直ちに心理臨床家のアイデンティティができあがるわけではない。心理臨床家のアイデンティティは何よりもまず，現実の臨床の場に参入し，そこで役立つことによって形成されるものである。

　河合（2002）は，クライアントに会うことによって心理臨床家としてのイニシエーションが生じると思われると述べたうえで，心理療法を続ける限りイニシエーションは何度も訪れるであろうし，心理療法家はいつどのようなかたちでイニシエーション体験をすることになるのか，計り知れないところがある，と指摘している。こうした意味では心理臨床家の道は終わりなき道なのである。

11-3　心理臨床の領域

　心理臨床の仕事とひとくちに言っても，その内容や課題は領域によって多様である。たとえば，その活動をどう呼ぶかといった基本的なことにおいても，治療，援助，支援，矯正・保護，支持・教育，心理治療とさまざまである。ここでは，日本臨床心理士会による分類にしたがって各領域ごとに紹介することとする。

　この分類による心理臨床の7つの領域は，次のとおりである。
　①医療・保健領域
　②教育領域
　③福祉領域
　④司法・矯正領域
　⑤大学・研究所領域
　⑥開業領域
　⑦産業領域

　各領域ごとの臨床心理士の割合を図11-2に示した。これは日本臨床心理士会

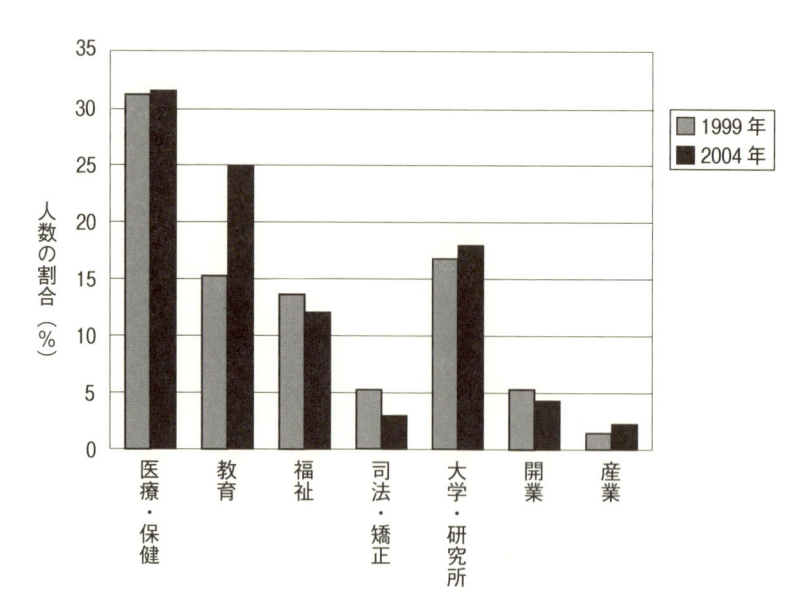

図 11-2　臨床心理士の領域別の割合

が実施した4回の調査（「臨床心理士の動向ならびに意識調査」）のうち第2回目（1999年）と第4回目（2004年）のデータをもとに作成したものである。発送数に対する回答率はそれぞれ63.3％と43.3％である。数値は全回答数（1999年：3,394人，2004年：4,377人）のうちの各領域ごとの人数の割合を示している。教育領域の割合が増加しているのが顕著である。

以下，各領域ごとに概説する。

11-3-1　医療・保健領域

総合病院の精神科・神経科・心療内科，小児科，精神科クリニック，精神病院，精神保健福祉センター，保健所などでの仕事であり，神経症，心身症，発達上の問題，うつ病，統合失調症などの問題に対処している。この領域で活動している臨床心理士の割合は現在のところもっとも多い。

この領域は，医師，看護者，ソーシャルワーカーなど複数の職種からなる臨床チームの一スタッフとして仕事を進めることが求められることが多く，どう連携をとっていくかは重要な課題である。

主な仕事は心理アセスメントと臨床心理面接，地域援助活動である。このうち臨床心理面接では，狭義の心理治療だけでなく，危機介入，他職種へのコンサルテーション・リエゾン活動にもかかわることになる。なお，医師と心理臨床家の共同治療のモデルとして知られた治療戦略であるA・Tスプリットでは，A（Administrator，管理医師）はマネジメント，つまり患者の身体的な診察や逸脱行動を管理，調整する役割を担い，T（Therapist，心理治療者）は患者の内面に焦点を当てた面接を行うことになる。

また，地域援助活動では，病気をもちつつ生きていくクライアントを支える家族や近隣の地域社会への援助が課題となる。これには各種の集団療法が使われており，たとえば，レクリエーション・作業・スポーツなどの活動を中心としたもの，言葉による話し合いを中心としたもの，サイコドラマや生活技能訓練（SST）のようにアクションを用いるものなどがある。また，家族への心理教育的援助も重要な活動である。

こうした地域援助活動は，とくに精神保健福祉センターや保健所が中心になって進められている。このうち，精神保健福祉センターは，各都道府県におかれ，地域精神保健の中核となる機関である。ここでの心理臨床家の主要な仕事は問題をかかえた人に影響を与えているキーパーソンを育て，キーパーソンと連携することである（西尾，1995）。

11-3-2 教育領域

学校教育の中では，従来より教育相談というかたちでの心理臨床活動が行われてきた。これには教師によって授業を担当するかたわら校内で行われるものと，公立の教育相談機関（教育相談室，教育センター，教育研究所など）で行われるものとがあり，不登校や問題行動をはじめとする学校教育におけるさまざまな問題に対応してきた。

一方，いじめによる自殺の連鎖をきっかけに文部省（当時）が1995年に試験的に導入したスクールカウンセラー事業は，心理臨床の専門家を公立学校に派遣してスクールカウンセラーとして活動させ，その活用や効果についての調査研究を行ったものであった（2000年度まで）。心理臨床家がスクールカウンセラーとして学校教育の現場に入るようになったのは，わが国の学校教育の歴

史において画期的なことであったが，さらに2001年度からは，その成果をふまえスクールカウンセラー活用事業として制度化されている。

教育領域の臨床心理士の急激な増大（図11-2）は，スクールカウンセラーの増加を反映している。たとえば，2006年度では，スクールカウンセラー配置校の数は小学校1,697校，中学校7,692校，高等学校769校，計10,158校，スクールカウンセラーの人数は4,593人であり，このうち4,458人が臨床心理士である。

このようなスクールカウンセラー活動の拡大は，学校だけでなく，心理臨床の世界にも大きな影響を与えることになった。先に挙げたコミュニティ心理学への注目もその一つである。

ただ，わが国の学校教育をめぐる状況は決して楽観視できないものがある。たとえば，不登校児童生徒数で見ると，1991年度の約6万7,000人に対して2004年度は約12万3,000人と，この間に2倍近くになっている。また，普通の子がキレる，凶悪化する，全国で同時多発し，小学生による暴力行為が多発するなどの特徴をもつ「新しい荒れ」が問題にされ（尾木，2000），それと関連して学級崩壊，教師のバーンアウト（燃え尽き）など，生徒と教師の関係の深刻化を示す現象も指摘されている。これらは個々の生徒や教師だけの問題ではなく，わが国の社会的・文化的なひずみが学校という場にさまざまなかたちで現われていると考えられ，それだけに一筋縄でいかない問題群であると言える。

スクールカウンセラー活動が，こうした学校教育の現実の中でどれほどの役割を果たしうるのか，これからの大きな課題である。

11-3-3　福祉領域

児童，障害者，高齢者などを対象とした福祉の領域でも，多くの心理臨床家が活動している。これらの機関や施設を挙げれば，児童相談所，情緒障害児短期治療施設，重症心身障害児施設，児童養護施設，福祉事務所，家庭児童相談室，児童家庭支援センター，障害者の更生相談所（総合福祉センター，リハビリテーションセンター），高齢者福祉施設，女性相談所・相談室と幅広い。

ここでは，これらのうち，児童相談所と療育センターについて述べる。

1）**児童相談所**　児童相談所は児童福祉の第一線の専門機関であり，各都

道府県と政令指定都市および中核都市に一カ所以上設置されていて（2007年6月の時点で全国に196か所），多くの心理臨床家が児童心理司という立場で仕事をしている。

対象となるのは乳幼児，児童（18歳未満）で，家庭での養育が困難となった子ども，虐待を受けている子ども，心身に障害をもつ子ども，不登校やひきこもり，非行の問題をもつ子どもなど多岐にわたっている。

児童心理司の仕事としては大きくは心理診断と心理治療に分けられる。心理診断では子どもの発達状態，心理特性，行動特性，子どもを取り巻く状態などを的確に把握することが求められる。一方それに基づいて，不適応，非行，不登校などの子どもに対してはプレイセラピーやカウンセリングなどによる心理治療が行われる。また，保護者へのカウンセリングやガイダンスも行われている。児童相談所における児童心理司の仕事の特徴は，児童福祉司，医師，保健師，児童指導員，保育士などのそれぞれの専門職とのチームワークの上に成り立っていることであり，チーム援助のキーパーソン的な役割を担っていることが少なくない。

なお，児童虐待防止法（「児童虐待の防止等に関する法律」2000年5月制定，同年11月施行，2004年改正）以降，虐待通告件数が増大し，児童相談所の少ない職員でそれに対応するという困難さが指摘されている。

2) 療育センター　　心身障害児のためのリハビリテーションや相談を行っている施設である。総合療育センター，医療療育センターなどとも呼ばれており，行政機関や行政の外郭団体が運営しているところが多い。活動内容は福祉と医療の両方に関わる領域であり，心理臨床家は，医師，理学療法士（PT），作業療法士（OT），スピーチ・セラピスト（ST），看護師などと連携して仕事を行っている。業務としては，発達検査などの心理検査，臨床心理面接のほか，母親を中心とする家族への支援や療育相談がある。障害をもった子どもを抱えながら，ともに生きていく実感を母親がもてるような援助がこの領域では重要である。

11-3-4　司法・矯正領域

この領域では家庭裁判所，少年鑑別所，少年院，刑務所，少年刑務所，婦人

補導院，保護観察所，警察など多くの職域で心理臨床家が活動している。

1）家庭裁判所　家庭裁判所は家庭に関する事件（家事事件と少年事件）を取り扱う機関であり，それぞれ家事部と少年部に分かれており，家庭裁判所調査官が心理臨床の専門家として活動している。

家事調査官は，夫婦関係，親子の問題，財産問題など家庭で生じるさまざまな問題を扱い，面接や調査・調整活動をとおして当事者の問題解決を援助している。一方，少年部調査官は，非行のあった少年に対し，その生い立ち，性格，環境などについて調査し，彼らが健全な成長を遂げるような援助を行っている。

廣井（1998）によれば，調査官の仕事は「法」と「臨床」のどちらからも離れず，両者を結びつけていくことであり，とくに「試験観察」において処分決定という司法の枠組みにそいながら，少年の更生を援助するという臨床的かかわりが求められる。

2）矯正施設　少年鑑別所，少年院，刑務所，少年刑務所，婦人補導院，保護観察所などで心理技官が活動している。このうち少年鑑別所は，非行があった少年のうち，家庭裁判所の決定によって収容された一人ひとりについて，その資質鑑別を行う施設である。この鑑別を担当するのは鑑別技官であり，面接や心理検査，行動観察に基づき問題点を分析し，立ち直りのためにもっとも好ましいと考えられる処遇上の指針を出すことになる。

なお，司法領域においては，従来心理職の対象は非行少年や犯罪行為者側であったが，最近では，被害者の問題にも目を注ぐことが求められており，犯罪被害者支援に心理臨床家がかかわるようになってきている。

11-3-5　大学・研究所領域

大学における心理臨床活動としては，まず，学生相談を挙げることができる。これは学生を対象に行われる援助活動である。大学の大衆化がいわれるようになって久しいが，文部科学省の調査（2006年度）によれば，大学（大学院を含む）の学生数は285万9,000人，短期大学の学生数は20万2,000人であり，大学等進学率は52.3％と同世代の2人に1人が大学，短期大学に進学する状況である。このような中で，学生相談に来談する学生の相談内容も，修学上

の問題についての相談から対人関係の悩み，スチューデント・アパシー，さらに病理的問題を抱えた事例の相談までと幅広くなっている。

　学生相談はこうした学生への援助活動として機能しており，個人面接による心理治療的援助だけでなく，修学上の問題などに関するガイダンス，教職員，家族，友人へのコンサルテーション，医療などの他機関への紹介など多彩な活動が行われている。また，その形態は，大学によって保健管理センター内で行われるもの，学生相談室をもつものなどさまざまであるが，専任の心理臨床家や兼担の教員カウンセラーが相談にあたっている。

　また，大学における心理臨床活動として最近増加してきたのが，地域に開かれた大学附設の心理相談室の活動である。臨床心理士である大学教員がスタッフとして活動しており，また大学院生の臨床実習の場になっているところも多い。ちなみに，『臨床心理士に出会うには［第3版］』（日本臨床心理士会編）によれば，大学が開いている心理相談室が約260施設ある（2005年5月現在）。

　大学での心理臨床的活動の特徴の一つは，心理臨床の実践および研究とともに，事例研究会などを通じて大学院生に対する臨床実習，臨床教育を行い，心理臨床家を育てていることである。

　一方，公的な研究所として代表的なものに，国立特別支援教育総合研究所がある。ここでは障害をもつ子どもの教育に関する研究とともに，心理臨床家による教育相談が行われている。

11-3-6　開業領域

　近年，とくに都市部では開業する心理臨床家が増加している。開業の形態は，個人開業から複数のスタッフによる開業までさまざまである。公的な機関に所属しないで心理臨床活動を展開するところから，開業心理臨床は自由度は大きいが，それだけに心理臨床家としての資質や能力を厳しく問われることも少なくない。それゆえ，開業心理臨床家は，開業するまでに医療機関や相談機関で相当の経験を積んでいる必要があるといわれている。

　また，あらゆる年齢層のさまざまな心の問題に対応している開業家から，対象や心理療法の技法を特化している開業家まで広がりがあるが，必要に応じて他の医療機関や相談機関を紹介できるネットワークをもっていることが重要で

ある。他方，医療機関から紹介を受ける場合は，診察や投薬は医療機関で行い，心理面接だけを相談室で行うことが多い。

先に挙げた『臨床心理士に出会うには［第3版］』を見ると約520の開業心理臨床機関が載っており（うち約160が東京都），この領域の活動の急激な展開がうかがわれる。だが，吉川（2002）が指摘するように，開業心理臨床の立場は，心理臨床の「商行為」としての活動と「心理臨床サービス」の活動とが相容れないものとして受け取られがちな社会的通念のもとで困難をかかえている。このことは，心理臨床活動についての社会的コンセンサスが，やっと作られ始めたばかりという状況の中で，開業心理臨床だけの問題ではなく，他の領域の活動にも問題を投げかけるものであろう。

11-3-7　産業領域

近年，職場での心身症やうつ病の増加が報じられることが少なくない。またこれと関連して，中高年の自殺や過労社会の病理が論じられ，心のケアの必要性も唱えられている。

こうした社会的背景の中で産業心理臨床の潜在的な可能性は大きいと考えられるが，実際は，この領域の臨床心理士の割合は，2004年の調査では臨床心理士全体の2％足らずである（図11-2）。これは，この領域では臨床心理士よりも産業カウンセラーが活動しているからであろう。

この領域での心理臨床活動は，大別して①職場での生産性向上，能力開発などをねらいとする指導援助的カウンセリング，②精神障害によって生じた職場不適応への援助としてのメンタル・カウンセリング，③一般社員の精神健康の維持とサポートを目的としたメンタルヘルス・カウンセリングに分かれる。これらの中でとくに③のメンタルヘルス・カウンセリングが，今日この領域では注目されている（乾，1995）。

このことと関連して，新田（1995）は産業心理臨床における仕事の中心は，医療的な修理モデルではなく，成長モデルであると指摘している。医療的なケアを受けている場合でも，病気をかかえたままで，その人がどう職場生活を送り，また職場がその人とどうかかわるかを援助していくことがこの領域での心理臨床活動の要なのである。

ここでは当然，個人への対応にとどまらず，組織全体のメンタルヘルスの維持と増進に取り組むためにコミュニティ心理学に基づくコミュニティ・アプローチが使われることになる。

文　献

乾　吉佑（1995）産業心理臨床とメンタルヘルス・カウンセリング（大塚義孝・小川捷之編　こころの科学増刊『臨床心理士職域ガイド』日本評論社　pp.104-105.）

尾木直樹（2002）『子どもの危機をどう見るか』岩波新書

河合隼雄（2002）『心理療法入門』岩波書店

下山晴彦（2001）「日本の臨床心理学の歴史と展開」（下山晴彦・丹羽義彦編『講座　臨床心理学1　臨床心理学とは何か』東京大学出版会　pp.51-72.）

西尾　明（1995）「精神保健福祉センター」（山本和郎・原　裕・箕口雅博・久田　満編『臨床・コミュニティ心理学』ミネルヴァ書房　pp.156-157.）

新田泰生（1995）「産業の領域」（野島一彦編『臨床心理学への招待』ミネルヴァ書房　pp.204-213.）

日本臨床心理士会編（2005）『臨床心理士に出会うには［第3版］』創元社

廣井亮一（1998）「家庭裁判所における非行臨床」（生島　浩・村松　励編『非行臨床の実践』金剛出版　pp.69-83.）

山中　寛・冨永良喜編（2000）『動作とイメージによるストレスマネジメント教育　基礎編』北大路書房

山本和郎（1995）「コミュニティ心理学的発想の基本的特徴」（山本和郎・原　裕・箕口雅博・久田　満編『臨床・コミュニティ心理学』ミネルヴァ書房　pp.18-21.）

吉川　悟（2002）「開業の活動モデル」（下山晴彦・丹野義彦編『講座　臨床心理学6　社会臨床心理学』東京大学出版会　pp.175-202.）

12 教育・訓練と倫理問題

12-1 はじめに

　日本心理臨床学会の会員数が20,000人に近づいたことに如実に示されるように，臨床心理学に対する社会的な関心と期待の増大は目を見張るものがある。同時に，ここ20年の間に，わが国における心理臨床家の養成のための系統的なトレーニング・プログラムが模索し続けられてきた。もとより，心理臨床家の成長は生涯継続するであろう学びに依存するのであるが，その初期段階でであう教育あるいはトレーニング・プログラムの担う役割は，心理臨床家の成長にとってきわめて重要な意味をもっている。
　この章では，そうした心理臨床家の養成と心理臨床の場での倫理的諸問題について検討しよう。

12-2 心理臨床家に求められる資質・要素

　心理臨床家の養成にあたって，心理臨床家に必要とされる資質や要素について考えておくことは意味あることと思われる。
　一般に職業の選択の動機は，その個人の性格やその職業への適性，過去の個人的な体験などの相互作用の中から生じると考えられるが，堀越・堀越(2002)は，従来の諸研究を参考にしながら，心理臨床家を含む対人援助職を

表12-1　対人援助職選択にかかわる要素（堀越・堀越，2002を参考に作成）

		要素と特徴など
本質的要素	＋に機能する	**1．性格** 1）好奇心 …………………… 人間への興味，人間の主観的感情や考えなどの理解への関心 2）内観性 …………………… 表面にあるものよりも内面や背後にあるものを見ようとする傾向 3）温情・思いやり ………… 寛容で批判せず，相手を思いやる姿勢 4）達観性 …………………… 対人援助者はクライアントの人生に大きな影響を与えるという事実をある程度引き離した現実として受け取れる性質 5）ユーモア ………………… 他人のもつ独特の考えや不合理な観念にも反発せず，かえってそれを楽しむ余裕 **2．能力** 1）聴く能力 ………………… より正確に，また相手が援助的だと感じるかたちで話を聞く 2）話す能力 ………………… 能力抵抗なく相手と話を結べる能力 3）共感／理解 ……………… 自分自身と相手の行動，思考，感情のもつ意味や動きを追いかけることのできる能力 4）感情的洞察力 …………… 自分と相手との感情を幅広く認識し，それを受け入れる能力 5）自制力 …………………… 人援助の関係の中で，相手を第一とし，援助者自身の欲求は後回しにできる能力 6）曖昧さを受け入れる能力 … クライアントの曖昧さを受け入れ，それに耐えられる能力 7）親密な関係を保つ能力 … クライアントの秘密を知りつつ，厳守しながら健全で親密な関係を保つことのできる能力
	−に機能する	**3．苦悩・不適切な欲求など** 1）精神的苦悩 ……………… 私生活での精神的苦悩（その解決を心理臨床の中に求める） 2）孤独感・孤立 …………… 私生活での孤独感や社会的孤立（それに起因するクライアントとの関係の中への逃避） 3）権力欲 …………………… 対人援助職に付帯する権力に魅せられたり，固執するなど（私生活での恐怖感・無力感の代償としての対人援助職選択） 4）不適当な愛情 …………… 愛情がすべての特効薬と考えて対人援助職を選ぶなど（背後に利己的なナルシシズムや万能感がある） 5）反抗心 …………………… 親や権威に対する反抗心（無意識のうちにクライアントを通してそれを発散させようとする）
	＋−双方に機能する	**4．出生家族要因** 1）幼児期の感情体験 ……… 家族の病気・死亡・離婚・再婚・家族不和等に伴う感情体験，社会的・宗教的・経済的な主流から外れた疎外感など 2）両親の性格など ………… 支配的・攻撃的な母－受動的・家族や他者への援助が不得手な父など（当該者は相談役，母に味方し，父との関係は逼迫するなど） 3）両親の夫婦関係 ………… 別居・離婚には至らないが，夫婦間にコミュニケーション・仕事面・経済面の問題があるなど（当該者は結婚を保つための緩和役・仲裁役・伝言役・交渉役となるなど） 4）家族関係 ………………… 家族の中に援助の必要な成員がいるなど（当該者はその世話役として生活するなど）
獲得要素	＋に機能する	**5．教育・訓練** 1）教育 ……………………… 資格取得のための規定の教育経験（基礎知識・査定能力の修得など） 2）臨床訓練 ………………… 実習・インターンなどの臨床訓練 3）スーパービジョン ……… 事例の進展に則した実習・臨床活動の一対一の指導・援助 4）教育分析 ………………… 教育・訓練としての被治療体験

職業として選択しようとする者のもつ要素について検討している（表12-1参照）。そこでは，対人援助職業務に機能的に働く要素として個人の特定の性格や能力および教育・訓練が，非機能的要素として精神的苦悩や不適切な欲求などが論じられている。また，出生家族の要因は強い選択動機になるもののその影響は必ずしも機能的な方向ばかりとはいえないことが指摘されている。

ところで，堀越らは，便宜的ではあるとしながらも，「好奇心」「内観性」「温情・思いやり」「ユーモア」などの個人の性格や「聞く能力」「話す能力」「共感／理解力」といった個人の能力は，比較的動かしがたい本質的要素として扱っている。

しかしながら，心理臨床家の養成にあたっては，むしろこれらの資質や能力が，教育・訓練によって獲得しうるものであることを強調する必要があるであろう。山上（2002）は，心理臨床家を目指す大学院生の教育にあたって，「援助のすすめ方も援助をすすめる態度も，体の動かし方も，表情も言葉の発し方も，みんな技術として対象化し，練習できることであるとすることが必要である」と述べているが，心理臨床家の養成の初期プログラムの中では，こうした視点が求められるのである。

また，精神的苦悩や孤独感，権力欲などの非機能的要素や心理臨床活動に負の影響を与えかねない家族的・生育史的な背景の克服も，養成段階から十分に考慮される必要があるであろう。大学院を志望し，心理臨床や心理療法に関心をもつものの中には，本当にそれを学びたいのか，自らが心理療法を含めた心理的援助を受けたいと願っているのかが定かではない者が混在している。親和性が高いのであるから，臨床志向の者の中にそれらの者が混在することはある程度やむをえないことではある。しかし，親和性が高いことは類似の問題を抱えるクライアントの心情を理解しやすくする側面があるとしても，そのままでは他者を援助するパワーにはなりえない。心理臨床家を志向するのであれば，どこかの時点でそれらの問題を乗り越えておく必要があるであろう。あるいは，少なくとも，自らの中にそうした問題をかかえていることに気づいていることが必要となるであろう。

青木（1996）は自らの分析家としての被教育体験を振り返って，「あちら（アメリカ）では，『教育分析』という言葉はない。まず自らの『治療』を受け

るのです」と述べている[1]。すべての養成機関でこれらの問題に対処できるだけのプログラムが用意できるかどうかは難しいところであるが，傾聴に値することばであろう。

12-3 学部段階での教育

　心理臨床家の養成は，基本的には大学院レベルの教育に委ねられており，学部段階での教育についての明確な基準があるわけではない。表12-2は，財団法人日本臨床心理士資格認定協会（以下，認定協会と略記する）が学部段階での基礎教育としての心理学系カリキュラムの参考として提示した一覧である。ここでは，基礎的・伝統的な心理学の考え方や手法の学習や習得に加えて，人格・発達・学習・社会といった心理学の各領域の学習や臨床心理学の初歩的実習などが求められている。

　なお，学部段階では，担当責任の問題もあって，具体の事例を担当する機会をもつことはほとんど期待できない。したがって，「臨床心理学実習」といっても，仲間同士を対象とするテスト実習やロールプレーイングを中心とした面接実習（たとえば，田畑，1990），エンカウンターグループのような体験学習などに限定されることが多い。

　学部段階では，こうした心理学の学習を中心にしながら，隣接諸科学のある意味では広範な学習が求められるべきであろう。原田（2002）は，「対人援助，とくに心理療法を行う人は，心理（療法）技術者である以上にしっかりした教養人であるべきだ」として，「一般教養」の重要性を指摘している。原田の言う「教養人」とは，人間・社会・世界・自然・宇宙・歴史・文化等々について，知り，かつ考える訓練を受け，そう実行し続けている者を指している。心理臨床活動は，人の生き様に深くかかわる活動であるので，人の営みやそれを取り巻く世界に関する関心を高め，真摯で深い思索を行うことのできる基盤を形成することが学部段階から求められるのである。

表12-2　学部（臨床心理学科，心理学科）のカリキュラム一覧
（財団法人日本臨床心理士資格認定協会，2002）

	授業科目	単位	備考
基礎科目（12単位必修）	基礎心理学 （心理学概論，心理学史，行動科学等）	4	（　）内は当該科目の呼称の別途例
	心理学研究法 （実験計画法，心理統計法，教育心理学研究法，調査法等）	4	
	心理学基礎実験 （行動科学基礎実験，臨床心理学実験，教育心理学実習，社会調査等）	4	演習の場合は必ず実験・実習を含む。
選択必修科目（26単位以上）	(a) 学習心理学（認知心理学） (b) 教育心理学・発達心理学（乳幼児，児童，青年，老年の心理学） (c) 比較心理学（動物心理学，比較行動学） (d) 生理心理学（神経心理学，大脳生理学等） (e) 臨床心理学（異常心理学，障害児（者）心理学等） (f) 人格心理学（性格心理学，自我心理学等） (g) 社会（集団）心理学（家族心理学，コミュニティ心理学，人間関係論等） (h) 精神医学（精神保健，心身医学，医学概論等）	4 4 4 4 4 4 4 4	(a)～(h) の8領域の内，(b)，(e)，(f)を含む6領域にまたがる広い知識を修得することが望ましい

12-4　基礎的専門教育（大学院段階での教育）

　すでに述べたように心理臨床家の養成は，大学院レベルでの教育が中心となる。

　わが国には，心理臨床に携わる者についての医師資格のような法的資格認定制度は未だ存在しないが，1990年に文部省（現文部科学省）により認可された認定協会によって認定される「臨床心理士」資格が，社会的にはもっともよく認知されており，評価されている。この臨床心理士の受験資格は，原則として認定協会指定の大学院修士課程（博士前期課程）ならびに臨床心理学又はそれに準ずる心理臨床に関する分野を専攻する専門職学位課程（専門職大学院）修了を基礎資格としている（現行の規定では，医師資格を有する者や外国の大学院で上記以上の教育を受けた後，一定条件を満たした者にも受験資格が与え

られている）。

　表12-3は，認定協会が臨床心理士養成の指定大学院に対して求めているカリキュラムの一覧である。このカリキュラムでは，臨床心理士の守備範囲とされる①臨床心理査定，②臨床心理面接，③臨床心理的地域援助，④それらについての調査研究等の4領域[2]についての知識と技能の修得を目指したものであり，必修5科目16単位および5群の選択必修科目から各群につき1科目2単位以上の計10単位以上，総計26単位以上の修得が求められている。

　大学院修士課程（博士前期課程）の2年間にこれらの科目を履修し，必要単位を修得することはさほど困難なことではない。しかしながら，アメリカおよびカナダでは，あるいはイギリスの上級資格では，Ph.DもしくはPsy.D（心理学博士）の学位取得と2年以上の臨床経験がライセンスの前提になっている。このことに端的に示されるように，心理臨床家としての技能と力量を養成するためには，後述するようなきわめて長時間を要する教育・訓練が必要であり，上述のカリキュラムは，心理臨床家の養成にかかわるミニマム・スタンダードにすぎないといえるであろう。わが国の大学院修士課程（博士前期課程）での臨床教育は，心理臨床家の養成にとっては専門教育といいつつも，まさしく「基礎的専門教育」と考えるべきなのである。

　それでは，大学院ではどのような教育・訓練がなされるのであろうか。ここでは，講義や演習以外の臨床心理査定や心理療法の教育・訓練について，取り上げよう。

12-4-1　臨床心理査定の教育・訓練

　臨床心理査定とは，すでに第6章で述べられたように，対象者について何らかの判断をする必要が生じたときに，臨床心理学的手続きにしたがって情報を収集し，それを通して対象者を理解し，判断を定めていくプロセスを指している。

　臨床心理査定を進めるにあたっては，面接，行動観察，心理テストなどが用いられるが，これらの技能の修得は実習を抜きにしては考えられない。大学院教育の中では，講義や演習を通して，臨床心理査定の意義や技法についての理論的枠組みや手法・手続き（臨床心理査定を行う際の目的の明確化，用いる技法の選

表12-3 大学院（修士・前期）で履修するカリキュラム一覧（平成15年度以降適用）
（財団法人日本臨床心理士資格認定協会，2007）

①必修科目・単位：臨床心理学特論　　　4単位
　　　　　　　　　臨床心理面接特論　　　4単位
　　　　　　　　　臨床心理査定演習　　　4単位
　　　　　　　　　臨床心理基礎実習　　　2単位
　　　　　　　　　臨床心理実習　　　　　2単位

②選択必修科目：前項①に定める必修科目以外の臨床心理学またはその近接領域に関連する授業科目（実習を含む）は，当分の間，以下の科目に関連する科目とする。

[A群]
心理学研究法特論
心理統計法特論
臨床心理学研究法特論

[B群]
人格心理学特論
発達心理学特論
学習心理学特論
認知心理学特論
比較行動学特論
教育心理学特論

[C群]
社会心理学特論
人間関係学特論
社会病理学特論
家族心理学特論
犯罪心理学特論
臨床心理関連行政論

[D群]
精神医学特論
心身医学特論
神経生理学特論
老年心理学特論
障害者（児）心理学特論
精神薬理学特論

[E群]
投影法特論
心理療法特論
学校臨床心理学特論
グループ・アプローチ特論
臨床心理地域援助特論

注）①必修科目16単位および②選択必修科目10単位以上（A～E群のそれぞれから2単位以上）の修得が必要。

択，どのようにして対象者の人格が尊重されるか等々）が伝えられることになるが，その実際は臨床実習やケースカンファレンスのなかで，指導教員やシニアからの指導を受けることによって，初めて理解されるといえるであろう。

　指導教員やシニアの行うインテーク面接（純粋には査定のための面接とはいえないにしても）に陪席することによって，そこでのクライアントの様子や面接者のかかわりの実際を記録し観察すること，あるいはそこで得られた資料をもとに指導者やシニアと相互に話し合うことは，臨床心理査定の実際と「見立て」についての極めて有益な教育・訓練の機会となる。

　また，心理テストを用いて査定を行う場合には，そのテストについての理論的な学習は当然のことであるが，テストの施行法や判定法に習熟している必要

がある。一般に，心理臨床の場では，能力検査，質問紙法および投映法の各々2種類以上のテストに習熟していることが求められている[3]が，このためには繰り返しテストを実施し，施行法や判定法の指導を受けることが必要になる。ことに投映法については，その判定法（解釈）を手引き書のみによって修得することはほとんど不可能であり，シニアからの指導を受けたり，研修会などに参加したりすることによって研修を積むことが必要になる。ちなみにロールシャッハテストを例に挙げるならば，被検査者の反応を記録しながら同時にスコアリングができる程度にテストに習熟していなければ，解釈はおろかテストの施行さえもがおぼつかない。スコアリング体系が十分に理解されていない限り，質疑段階での質疑が不十分に終わり，解釈のための十全なデータが収集できないからである。こうした問題を回避するためには，かなりの回数（筆者の経験では，少なくとも50例以上），テストを施行し，シニアからスコアリングのチェックを受けることが必要となる。同様に，解釈にあたっては，資料を整えた上で可能な限り吟味した解釈を記述し，それを提示して，繰り返し指導を受けることが必要となるのである。

12-4-2　心理療法の教育・訓練

　心理療法の教育・訓練は，大学院段階ではロールプレー実習や面接場面の陪席などから始まり，学内外の実習施設での軽症事例の担当を通して行われることが多い。むろんどの段階にあっても指導者の指導やスーパービジョンが必要となる。

　1）ロールプレー実習　　従来のロールプレー実習では訓練生がセラピストとクライアントの役割を演じて模擬面接を行い，その場面の逐語記録と収録されたテープもしくはVTRなどを用いて，訓練生相互のフィードバックやディスカッションと指導者の助言とを行うかたちで進められてきた。この実習は，面接時間が短時間（20分程度）のものであっても，セラピスト役の訓練生の聴き方や応答の癖はかなりよく出てくるものであり，訓練生自らの気づきを促すものとなる。

　伊藤（2001）は，こうしたロールプレー実習をさらに進めて，初回面接の訓練に用いている。そこでは，現実の面接時間と同じ長さ（50分～1時間）の模

擬面接を行い，逐語記録，セラピスト役とクライアント役の双方の内省および観察者からのコメントなどを含めて綿密に検討することによって，より現実に近い形で生じるクライアントの内的過程に目を向けさせようとしている。伊藤は，この方法の採用によって，従来の短時間の方法では得られない訓練効果が期待できるとしている。

2) 対人関係スキルの訓練　近年になって，セラピストとしての基本的な対人関係スキルの訓練プログラムが開発されてきている。たとえば，イーガン（Egan, 1985, 1986）のモデルやケーガン（Kagan, 1990）の「対人関係想起法（IPR）」などである。

イーガンのモデルでは，紙上訓練や訓練生の実習・討議を通してカウンセリングの基本技術を習得させようとしている。また，ケーガンの「対人関係想起法（IPR）」は，優れたセラピストに共通する4つの要素（①クライアントの感情に注目する，②傾聴する，③正直で率直である，④クライアントが自分自身についてさらに深く掘り下げていくよう促す）をVTRによって学習した後，ロールプレーを行い，その間にセラピストとしての，あるいはクライアントとしての自分の中に生じたさまざまな感情や感覚を想起し，指導者とともに検討する方法がとられている。

これらの訓練プログラムは，特定の理論的立場を強調するというよりは，エビデンスや効果的な心理療法に共通する要素の伝達を重視する立場から考案されている。伝統的な各学派毎のより専門的な教育・訓練の重要性は論を待たないが，実践的な教育・訓練が乏しく（教育・研修委員会，1993），早期からの実習が難しいわが国の臨床教育の現況にあっては，基礎的教育・訓練として今以上に活用されてよいように思われる。

3) 臨床実習　基礎的教育・訓練の後（あるいはそれと平行して），大学院では，附設施設（心理相談室など）もしくは学外の協力機関での臨床実習が行われることになる。今までの理論学習や面接技法の模擬訓練とは違って，いよいよ実際のクライアントに接することになるわけである。

この臨床実習を通して，訓練生は臨床の実際を学ぶことになるのであるが，初心の者が直接事例を担当することになるので，かなり慎重な配慮が必要となる。たとえば，筆者の関係する大学院では，学内実習として，大学院の1年の

後半という比較的早期から，インテーク面接のような比較的クライアントの同意を得やすい面接の陪席などから始めて，順次事例を担当させているが，来所事例が児童～青年期のものが大多数であるということもあって，原則的には指導者とペアでの（親子）併行面接のかたちをとっている。そして同時にペアを組んだ指導者や指導教員から定期的にスーパーバイズを受けることおよびケースカンファレンスでの事例検討に加わることを義務づけている。これらは，第一にクライアントの安全の保証と来所目的の達成のために，第二には訓練生の臨床的実践力の養成に資するために，とられるのである。

学外実習は，臨床の幅を広げるために行われる。多くの大学院では，総合病院や単科の精神病院，児童福祉施設や情緒障害児短期治療施設などの協力を得て，学外実習を行っている。そこでは，単に臨床心理面接や臨床心理査定の実際を学ぶだけではなく，事務手続き，他の同僚や他職種の職員との関係作りや連携の仕方，チームでの医療や療育の進め方等々を学ぶことになる。

さらに，こうした学内外の実習を通して，訓練生には自らが心理臨床の仕事に携わるに足る熱意と適性とを有しているのかを，再度問う機会が与えられていると考えることもできるであろう。そしてまた，これは指導者にとっても同様の機会を与える。訓練生がこのまま心理臨床家への道を進むのか，それともよりふさわしい別の道を進むべきかの助言を与えることは，指導者の責任でもあり，義務でもあるが，実習での訓練生のあり様はこうした判断の手がかりとなるのである。

4）ケースカンファレンス　事例を担当して行う実習とは別の，きわめて重要な教育・訓練の機会としてケースカンファレンスがある。このケースカンファレンスは，現在継続中の事例について，相談や心理療法の経過を事例担当者が報告し，その進展状況や問題点を検討するために行われる。したがって，そこでは事例の診断や見立て，治療仮説や治療方針，治療方法と治療経過などが検討され，場合によってはそれらの修正や変更が行われることになる。事例の発表者にとっては，自らの治療的かかわりの再点検や見直しの場になるのである。

訓練生としての院生にとって，ケースカンファレンスを通してさまざまな立場の指導者やシニアの事例の見立てや事例理解の仕方に接することができるこ

との意味は大きい。討論を通して院生は，今までの自分自身の中に何が不足していたのかを知ることができるし，事例をどう理解するのか，心理療法をどう進めるのか，さらには事例報告をどのようにまとめるのか，そのときのマナーはどのようなものであるのかなどを学ぶことができるのである。

このようにケースカンファレンスは，院生にとっては重要な教育の場となるのであるが，参加者の自由な発言が許容され，尊重されるほどその実りは大きくなる。大学院でのケースカンファレンスは，指導者と訓練生という関係がその場に持ち込まれるので，純粋な意味での対等な討論の場とはなりにくい。訓練生としての院生が自由にもののいえる風土を醸成していくのは，適切な助言指導を行うのと同様に指導者やシニアの責務であるといえるであろう。

12-5　スーパービジョンと教育分析

訓練生としての院生は，既に臨床実習やケースカンファレンスを通して，指導者からスーパービジョンを受けてきてはいるが，心理臨床家としての教育・訓練は大学院の2年間で終了するものでは決してない。大学院を終了した後も継続的に研修を深めなければならない。初心の熱心さといわゆるビギナーズ・ラック（初心者の無心の熱心さがもたらす幸運）とでイニシャル・ケース（最初に担当したケース）はうまく運んだとしても，初心者にとっては事例の担当はつねに不安を抱かせるであろうし，かなりの経験を積んだ後であっても，行き詰まりや自己の能力の停滞を感じることもあるであろう。継続的なスーパービジョンや教育分析は，このような事態を打開し，心理臨床家としてのアイデンティティと自信とを強化していくため用いられる。

12-5-1　スーパービジョン

心理臨床家の養成・訓練や研修にあたって，スーパービジョンは欠くことのできない要件である。スーパービジョンは，心理臨床の初心者であるスーパーバイジーが熟練した臨床家であるスーパーバイザーについて，担当事例の経過に沿って指導を受けるプロセスである。

初心のセラピスト（スーパーバイジー）は，理論や技術的な知識は学習して

きているものの，初心であるがために容易に事例に巻き込まれてしまったり，焦りや不安から無理な介入を行ったり，逆に介入すべきときに介入できなかったりしがちである。これに対してスーパーバイザーは，経験も豊かであり，直接その事例を担当していないこともあって，事例に巻き込まれることはほとんどない。いわば客観的にその事例を見通すことが可能であり，それらの点について，スーパーバイジーに適切なアドバイスや技術的な示唆を与えることができる。また，そうすることによって，クライアントが無用の不利益を被ることのないように配慮することもできるのである。

スーパービジョンの場では，スーパーバイジーから事例の経過の詳細が報告され，1セッション毎のクライアントの反応や動き，セラピストの働きかけや応答などが綿密に検討される。さらには，事例の展開に対する見通しや，セラピストとしての対応の留意点などが話し合われる。

このとき，クライアントの内面に深くかかわろうとする心理療法（たとえば精神分析的なオリエンテーションでの心理療法，ユング派の深層分析など，あるいは来談者中心療法にあっても）では，心理療法事態で起こっていることのスーパーバイジーにとっての意味の検討やスーパーバイジーの感受性の育成を同時に扱っていくことになる。スーパーバイジーの側の人間的成長が求められるのである。一方，行動療法のような立場でのスーパービジョンでは，心理療法のスキルの分析や効果測定，目標設定などに焦点が当てられており，スーパーバイジーの内面的成長に置かれるウエイトは小さいものとなっている。

また，近年ではアメリカを中心に，学生やセラピストがどのような立場の心理療法の訓練を受けたとしても，訓練と経験を積む中で共通の変化・発達を遂げることが見出されてきており，それに応じてスーパービジョンのあり方を変化させていく訓練プログラムが開発されてきている。「発達モデル」と呼ばれるこれらのプログラムの特徴は，スーパービジョンと特定の心理療法とを切り離し，学習者としての訓練生の共通の特徴を見出して，それに適切な教育・訓練の方法を結びつけたところにある。その詳細は成書（たとえば，金沢，1998）にゆずり，ここでは表12-4にストールテンバーグとデルウォース（Stoltenberg & Delworth, 1987）のIDM（統合発達モデル）の概要を示すにとどめたい。そこでは，初心の段階では，構成的で体系化された訓練プログラム

表12-4 総合的発達モデル(IDM)に見られるセラピストの発達段階とスーパービジョン
(Stoltenberg & Delworth, 1987 および 金沢, 2002 を参考に作成)

発達段階	訓練生の特徴	スーパービジョンの特徴
1. 初心者	・神経質で、自己や他者への気づきを欠く ・SVrの過大視と依存、過度の順応、模倣 ・スキルの獲得に関心が絞られる	・構造化したSVを用い、訓練生への枠組みの付与により、その正常な不安を低減させる ・SVrの指示とフィードバックが重要、訓練生の自信が増すにつれて、指示・構造・枠組みの付与を減じる ・SVrはよきモデルであり、訓練生のあらゆる依存の対象となる
2. 試行錯誤と訓練	・不成功事例の体験から、自分のThとしての長所・短所に気づき始める ・同時に心理療法自体への疑問が生じる ・ある程度の自信と自立への意欲の増大と模倣の減少 ・一方でSVrに頼らざるを得ない自分に対する苛立ち、意欲の減退 ・この自立と依存の葛藤の中でのSVrに対するアンビバレントな感情	・支持的雰囲気の中で訓練生のアンビバレンスの明確化を行う ・同時に、訓練生の自信のない領域、SVrからの悪い評価に対する恐れ、クライアントへのサービスの質の維持への対応 ・訓練生の概念的レパートリーの拡大と自己洞察の促進(さまざまな異なる理論によるクライアント理解と介入方法の組み立て、複数の異なる立場のSVrによるSV、訓練生の示す矛盾や食い違いの指摘など)
3. チャレンジと成長	・Thとしてのアイデンティティと自信の強化が課題 ・自由に仕事を進め、必要に応じてSVrの援助を求める柔軟性をもつ ・なぜ自分がThになろうとしているのかの自己洞察を心理療法場面で生かすことができる ・自分の長所・短所についての認識を深めており、短所は今後補うことが可能であると考えており、自分を受け入れている ・心理療法場面においてThとしての自己を効果的に用いることができる ・同時に、クライアントに集中して共感的理解を示しながらも、必要に応じて客観的にプロセスを眺めることができる ・さらに、貯えられたさまざまな理論や技法、研究についての情報を頭から引き出し、その場の状況に合わせて用いることができる	・柔軟なスタイルでのSV、個人としてのSVeに対する焦点づけ ・さまざまなスキルを通してSVeの長所・短所の検討(クライアントと自己に対する気づき、自主性、一人で活動できる能力などの吟味) ・不得手な領域と他の領域との統合の援助、上記を通して、SVeのThとしてのアイデンティティ確立の援助 ・SVeの考えの現実検討の援助、SVrの体験の開示 ・それを通してSVrはSVeの協力的な友人の役割を採る(SVeを指導するというよりもSVを共同で行う色彩が強まる)

注)SV:スーパービジョン、SVe:スーパーバイジー、SVr:スーパーバイザー、Th:セラピスト

によるスキルの学習が中心となり，上級者にはスーパーバイジーが自己洞察を深め，自己の特徴を生かしながら今までに学んだことや経験を統合・発展させていくことができるような，柔軟で非構成的なプログラムが準備されている。

なお，スーパービジョンは，基本的にはスーパーバイザーとスーパーバイジーとの一対一の関係の中で行われる活動であるが，近年では，集団的に行われるスーパービジョン，すなわちグループ・スーパービジョンが行われることもあり，そのメリットを指摘する者も多い（たとえば，河合，2001；小谷，2004）。

グループ・スーパービジョンは，個人スーパービジョンに比して深まりに欠けることは否めないが，次のようなメリットがあると考えられている。

①参加メンバーから，順次，さまざまな事例が提示されるので，多くの事例について学ぶことができる。
②自分以外のメンバーの事例へのかかわりを学ぶことができる。
③スーパーバイザーに対する過度の依存が生じない。

12-5-2　教育分析

教育分析は，分析的オリエンテーションでの臨床教育の中では，伝統的に重きが置かれている教育・訓練である。

一般に，心理臨床家やそれを目指す者が被治療者の側に座ることのメリットとしては，次のようなことが考えられる。

①自分自身の内的問題に直接向かい合い，これに対処できる。
②クライアントの内的プロセスを直接に体験できる。
③他者（シニア）の治療を直に見ることができる。

これらを通して，心理臨床家は，クライアントの内的世界を巻き込まれることなしに理解することができ，いわゆる転移や逆転移の問題にも適切に対処することができるようになることが期待されるのである。

しかしながら，教育分析では，むしろ自己探求が中心となっており，当座のクライアントとの関係をどうこうしようとするものではない。「クライアントにどう対処するかというよりも，自分自身の深みにどのような関係をもてるかということが治療につながると考えるのである」（河合，2001）ということば

に端的に示されるように，そこには，自分自身を深く探求した者だけが他者をよりよく援助できるとの思想が底在しているのである。

　教育分析は，大学や大学院教育とは切り離されて実施されるのが一般的であり，専門のインスティチュートが存在しなかったわが国では，海外で資格を取得した特定の分析家や力量のある特定の臨床家との間に，きわめて個人的に依頼して行われてきた。つい最近になって日本精神分析協会が教育分析を必須のものとした分析家の養成・訓練プログラムを実施に移しているが，これに参加が認められるのは，卒後5年以上の臨床経験を有し，かつ厳格なセレクションをパスした者に限られている。

　教育分析の有用性は多くの心理臨床家が認めるところではあるが，わが国の現況は指導者不足という人的資源の問題もあって，卒後教育をも含めた臨床教育のシステムの中にそれが定着するまでには，まだまだ多くの時間が必要となるであろう。

　以上，心理臨床家の教育・訓練について概観してきた。わが国のそれは，認定協会の努力もあって，養成カリキュラムや卒後研修などの一定の基準が整備されてきてはいる。しかしながら，それはあくまでもミニマム・スタンダードとしてのそれであり，今日のような心理臨床家の職域の広がりを考えるとき，何をどのように教えていくのかの問題は，今後とも精力的に検討されなければならない課題である。また，卒後研修の機会は今日ではそれほど少なくはないが，系統的なそれはまだまだ不十分であると思われる。指導者養成の問題やスーパービジョン・システムの確立を含めて，臨床教育そのものが問い続けられなければならない。

12-6　心理臨床家と倫理

　心理臨床家に対する社会的期待の拡大に伴って，心理臨床家の専門職としての責任も増大してきている。よりよいサービスの提供のために，心理査定や心理療法の技術的なスキル・アップをはかるのは当然の義務ではあるが，何にもましてクライアントの人権の保護と福祉の増進とに責任を負わなければならない。

心理臨床の先進国であるアメリカでは，APA（アメリカ心理学会）の中にカウンセリング心理学部門が置かれた1953年に既に「心理学者の倫理基準」が制定されており，1981年には「心理学者の倫理原則」が出されている。ともに改訂されながら現在に至っているのであるが，前者は強制力のある規則であり，後者は強制力はないが倫理的決断や倫理基準の解釈にあたって考慮されるべきものとされている。

　わが国では，認定協会が1990年に「臨床心理士倫理綱領」（以下，「倫理綱領」と略記する）を制定している。この「倫理綱領」の全文は巻末に資料として付すものとして，ここでは，この要綱に重複するかたちで含まれている，秘密保持，多重関係の禁止，インフォームド・コンセントおよび専門家としての統合性について取り上げる。

12-6-1　秘密保持

　「倫理綱領」第3条では，心理臨床家が治療関係の中で知り得たクライアントに関する情報を，クライアントの同意なしに他者に開示すること（口頭であるか，論文などのように記述であるかを問わず）を諫めている。

　confidentialityという語は一般に「守秘義務」ないし「守秘」と訳されているが，これは語源的には正確ではないという（村本，1998）。confidentialityはconfide（秘密を打ち明ける，信頼する）に由来しており，「きっと秘密が守ってもらえるであろうという信頼のもとに情報が他者に打ち明けられる」というあり方を示している。そして，そのようにして打ち明けられるからこそ，打ち明けられた側には相手の信頼を裏切らないために秘密を守ることが求められるのである。

　シーゲル（Siegel, M., 1979）は，confidentialityを「法律上のことであるというよりは，むしろ専門職倫理であり，情報をもたらした人が同意する場合を除いて，ある個人についていかなることも開示しないという明確な約束あるいは契約」であると定義している。「倫理綱領」にいう秘密保持とはこのような意味にほかならない。クライアントは秘密が守ってもらえるに違いないという安心感や信頼感の中で，初めて自らの内的世界や秘密を垣間見せるのである。

12-6-2　多重関係の禁止

「倫理綱領」第5条では，心理臨床家がクライアントとの間に多重関係をもつことを諫めている。多重関係とは，業務としてのセラピスト-クライアント関係以外の関係（たとえば個人的，学問的，専門的，金銭的関係）をクライアントとの間に結ぶことを指す。

多重関係として比較的頻繁に起こりがちなものにバーター関係（心理学的サービスの返礼として，クライアントから品物，サービス，その他の非金銭的報酬を受け取るような関係）がある。これらのことはクライアントの「お世話になっているから……」というオブリゲーション（"お世話になった"という済まなさや負い目）に心理臨床家が乗ってしまうことによって生じやすい。

多重関係の中でもっとも普遍的で深刻な問題は，性的親密である。「倫理綱領」では，「その臨床業務は職業的関係の中でのみこれを行い，来談者または関係者との間に私的関係をもたないこと」とだけ述べており，それ以上の記述はなされていない。それに比して，APAの倫理コードでは，明確に，①現在のクライアントとの性的に親密な関係の回避（コード番号10.05），②これまでに性的に親密な関係にあった者をクライアントとすることの回避（同 10.06），③クライアントの親族ならびにクライアントにとって重要な他者との性的に親密な関係の回避（同 10.07），④治療終結後のクライアントとの（少なくとも終了後2年間，2年を経た後も特別な場合を除いて）性的に親密な関係の回避（同 10.17），が求められている（APA, 2002）。なお，④は1992年の改訂（前回改訂）から，③は2002年の改訂（最新改訂）から付加された項目である。

これらの多重関係は，心理臨床家の統合性を容易に損なわせ，結果としてクライアントに危害や著しい不利益を生じさせる恐れがきわめて高い。このため，心理臨家には，自分自身の内の欲求や逆転移に気づいており，多重関係を回避することがとくに求められるのである。

12-6-3　インフォームド・コンセント

インフォームド・コンセント（informed consent）は「説明による同意」と訳されてきたが，この語は，患者が自らの人権を自覚し，医療場面で医師と対等なパートナーシップをもとうと追求する中から生まれてきた語である。この

言葉が使われるようになって久しいが、純粋な意味で対等なパートナーシップを求めることはきわめて困難なことであった。とりわけ医療場面では、治療者の側に治療にかかわる知識や方法・技術の質と量に、圧倒的な優位性が存在しており、村上（1992）がつとに指摘したように、そこにはいつもパターナリズム（父親主義）の影がつきまとっていた。

インフォームド・コンセントが成立するためには、同意を求める側が少なくとも、①手続きや措置を公正に説明していること、②不快や危険を述べていること、③予想される利益を述べていること、④代替手続きを明らかにしていること、⑤どんな質問にも答える用意があること、⑥自由に同意を撤回したり中断したりできることを教えていること、⑦同意を撤回しても不利益にならないことを述べていること、が最小限必要である（村本、1998）。そのうえで初めて、同意を求められる側は自律的に同意するか否かを決定できるのである。

「倫理綱領」では、第7条にリサーチにかかわる問題として、第4条には査定に関わる問題として同意を求めることが触れられているが、心理療法そのものについてもインフォームド・コンセントは必要であり、治療契約の際には、どのような技法で、何をどこまで取り扱うのか、その技法のメリット・デメリットはなにか、他の方法はあるのか、等々が十分に話し合われる必要があるのである。

12-6-4　専門家としての統合性

心理臨床家には、自他に対して誠実であり、首尾一貫して統合されていることが求められている。

統合性（integrity）という言葉は、APAの倫理コードでは一般原則のCとして取り上げられている。そこでは、心理学者は研究、教育、実践において正直で、公正であり、的確であることに努め、約束を守り、虚偽や欺瞞を排すことが求められている。心理臨床の場では、統合性とはロジャーズ（Rogers, C. R.）のいうcongruence（一致性）やgenuineness（純粋性）という概念に近いものと考えてもよいであろう。

クライアントとのかかわりの中で、正直で、約束を守り、虚偽や欺瞞を排すこと（誠実であること）は、当然のことであろうし、心理臨床の場で生じる

諸々の，往々にして曖昧で矛盾した事象であっても，心理臨床家の中では，それらのものが首尾一貫して説明可能なものとして的確にとらえられない限り，クライアントの信頼に応えることはできないであろう。

「倫理綱領」にうたう「基本的人権の尊重」（前文）・「業務を本来の目的以外に行うことの禁止」（第1条）・「秘密保持」（第3条）・「多重関係の禁止」（第5条）・「インフォームド・コンセントの必要性」（第7条）等々は，すべて心理臨床家の誠実であることに関連する。また，「知識と技術を研鑽し，高度の技術水準を保つこと（研修の必要性）」（第2条）は，心理臨床場面で生起する事象の正確な把握やよりよいサービスの提供のために必要であり，クライアントのニーズに応え，信頼を深めることにもつながっている。

このように考えるとき，「倫理綱領」には，全条を通して専門家としての心理臨床家の統合性の飽くなき追究が底在しているといえるのでる。

以上，心理臨床家と倫理の問題について見てきたが，倫理問題は誰もが知っている問題でありながら，あるいはその重要性に気づいておりながら，現実的には"この程度なら"と安易に考えてしまったり，"ついうっかりして"とか"魔がさして"というかたちで責任回避が図られたりしがちである。しかしながら，心理臨床家は，どんな些細な問題であっても，その根底には自らの心理臨床家としての専門性そのものが絡んでいることを，つねに自覚して活動することが求められるのである。

注
1）青木滋昌（1996）　日本心理臨床学会第15回大会学会企画シンポジウム『海外での心理臨床研修の実際』における氏の発言による。
2）臨床心理士資格審査規定第四章「業務」11条に定められている。
3）日本心理臨床学会理事会職能委員会（1985）が示した「教育研修・最低基準に関する試案」（報告者：馬場禮子　心理臨床学研究　2(2), 84-86）以来定着している。

文　献

American Psychological Association（2002）Ethical Principles of Psychologists and Code of Conduct. *American Psychologist*, **57**(12), 1060-1073.
Egan, G.（1985）*Exercises in Helping Skills — A Training Manual to Accompany The Skilled*

Helper. 3rd ed., Monterey, Calif: Brooks / Cole Pub. Co.（福井康之・飯田　栄訳（1992）『熟練カウンセラーをめざすカウンセリング・ワークブック』創元社）
Egan, G.（1986）The Skilled Helper — A Systematic Approach to Effective Helping. 3rd ed., Monterey, Calif: Brooks / Cole Pub. Co.（鳴澤　實・飯田　栄訳（1998）『熟練カウンセラーをめざすカウンセリング・テキスト』創元社）
原田賢一（2002）「対人援助の基礎—献身と教養—」『精神療法』**28**(4), 453-454.
堀越あゆみ・堀越　勝（2002）「対人援助職の基礎にあるもの」『精神療法』**28**(4), 425-432.
伊藤良子（2001）「初回面接の技法」『臨床心理学』**1**(3), 310-316.
Kagan, N. I. & Kagan, H.（1990）A validated model for 1990s and beyond. The Counseling Psychologist, **18**, 436-440.
金沢吉展（1998）『カウンセラー：専門家としての条件』誠信書房
金沢吉展（2002）「臨床心理学における心理療法教育の目標，方法，および今後の課題」『精神療法』**28**(4), 410-418.
河合俊夫（2001）「各学派による若手訓練の実情と問題点—ユング派における訓練」『精神療法』**26**(2), 140-144.
教育・研修委員会（1993）「1986年から91年までの新入会員へのアンケート資料の分析」『心理臨床学研究』**11**(1), 66-78.
小谷英文（2004）「グループ・スーパービジョンの意義」『臨床心理学』**4**(4), 497-504.
村上英治（1992）「こころの専門家の基本倫理」『臨床心理士入門』, 18-21. こころの科学増刊　日本評論社
村本詔司（1998）『心理臨床と倫理』朱鷺書房
Siegel, M.（1979）Privasy, ethics, and confidentiality. Professional Psychology, **10**(2), 249-258.
Stoltenberg, C. D. & Delworth, U.（1987）Supervising Counselors and Therapists : A Developmental approach., San Francisco: Jossey-Bass.
田畑　治（1982）『カウンセリング実習入門』新曜社
山上敏子（2002）「対人援助の基礎になるもの—心理学院生の教育をしながら考えていること—」『精神療法』**28**(4), 461-462.
財団法人日本臨床心理士資格認定協会監修（2002）『臨床心理士になるために [第15版]』誠信書房
財団法人日本臨床心理士資格認定協会監修（2007）『新・臨床心理士になるために〔平成19年版〕』誠信書房

資料

臨床心理士倫理綱領

制　定：平成2年8月1日

　本倫理要綱は臨床心理士倫理規定第2条に基づき臨床心理士倫理規定別項として定める。

前　文

　　　　臨床心理士は基本的人権を尊重し，専門家としての知識と技能を人々の福祉の増進のために用いるように努めるものである。そのため臨床心理士はつねに自らの専門的な臨床業務が人々の生活に重大な影響を与えるものであるという社会的責任を自覚しておく必要がある。したがって自ら心身を健全に保つように努め，社会人としての道義的責任をもつとともに，以下の綱領を遵守する義務を負うものである。

第1条　臨床心理士は自らの専門的業務の及ぼす結果に責任をもつこと。その義務の遂行に際しては，来談者の人権尊重を第一義と心得，個人的，組織的，財政的，政治的目的のために行ってはならない。また，強制してはならない。

第2条　臨床心理士は訓練と経験によって的確に認められた技能によって来談者に援助・介入を行うものである。そのためつねにその知識と技術を研鑽し，高度の技術水準を保つように努めること。一方，自らの能力と技術の限界についても十分にわきまえておかなくてはならない。

第3条　臨床業務従事中に知り得た事項に関しては，専門家としての判断のもとに必要と認めた以外の内容を他に漏らしてはならない。また，事例や研究の公表に際して特定個人の資料を用いる場合には，来談者の秘密を保障する責任をもたなければならない。

第4条　臨床心理士は来談者の人権に留意し，査定を強制してはならない。

またその技法をみだりに使用しないこと。査定結果が誤用・悪用されないように配慮を怠ってはならない。

　臨床心理士は査定技法の開発，出版，利用の際，その用具や説明書等をみだりに頒布することを慎むこと。

第5条　臨床業務は自らの専門的能力の範囲内でこれを行い，つねに来談者が最善の専門的援助を受けられるように努める必要がある。

　臨床心理士は自らの影響力や私的欲求をつねに自覚し，来談者の信頼感や依存心を不当に利用しないように留意すること。その臨床業務は職業的関係のなかでのみこれを行い，来談者または関係者との間に私的関係をもたないこと。

第6条　他の臨床心理士および関連する専門職の権利と技術を尊重し，相互の連携に配慮するとともに，その業務遂行に支障を及ぼさないように心掛けること。

第7条　臨床心理士に関する研究に際しては，来談者や関係者の心身に不必要な負担をかけたり，苦痛や不利益をもたらすことを行ってはならない。

　研究は臨床業務遂行に支障を来さない範囲で行うように留意し，来談者や関係者に可能な限りその目的を告げて，同意を得た上で行うこと。

第8条　公衆に対して心理学的知識や専門的意見を公開する場合には，公開者の権威や公開内容について誇張がないようにし，公正を期すること。とくに商業的な宣伝や広告の場合には，その社会的影響について責任がもてるものであること。

第9条　臨床心理士は本倫理要綱を十分に理解し，違反することがないように相互の間でつねに注意しなければならない。

附　則　本倫理要綱は平成2年8月1日より施行する。

〔財団法人日本臨床心理士資格認定協会（2002）による〕

事項索引

ア行

アイデンティティ（あるいは同一性） 30
　──の確立　191
愛の欲求　56
IP（identified patient）　146
阿闍世コンプレックス　28
アタッチメント（愛着）　39
アニマ　28, 56
アニムス　29, 56
アメリカ心理学会（APA）　1
アレキシシミア（失感情言語化症）　184
安全基地　205
怒り　211, 213, 219
　──の感情　213
意識化　47
一人前　203
一致している状態　107
一般システム理論　146
癒しの体験（mourning work）　186
イラショナル・ビリーフ　139
医療・保健領域　228
陰性感情　218
ウェクスラー・ベルヴュー知能尺度　66
ウェクスラー法　65, 66
内田クレペリン精神作業検査　89
うつ状態　211
A. A.（Alchoholics Anonymous）　165
A・Tスプリット　229
ADHD（注意欠陥／多動性障害）　174
エス　54
エディプス・コンプレックス　27
MRI（Mental Research Institute）　147
MMPI（ミネソタ多面人格目録）　73
MPI（モーズレイ性格検査）　72
LD（学習障害）　174
エレクトラ・コンプレックス　27
エンカウンターグループ（Encounter Group, EG, 非構成的グループ）　148, 152
円環的因果律　146
円環的質問法　148
遠城寺式乳幼児分析的発達検査　64
オペラント条件づけ　120

カ行

開業領域　233
外向型　60
外拡型　60
快楽原則　26
カウンセリング　209
科学者‐専門家モデル（Scientist-Professional Model）　5
学生相談　233
隔離　53
影　56
過食　211
家族アプローチ　145
家族療法　145
価値の条件　42
葛藤　213, 215, 216
家庭裁判所　232
完成法　77
危機介入　163
機能的自己期　39
逆説的志向　137
虐待　178
逆転移　118
脚本分析　137
客観的拡充法　119
character　45
キャンセル　213

教育領域　229
境界例　210
　　──患者　218
共感的理解　48, 107, 115
共感能力　58
凝集自己期　37
矯正施設　232
拒食　211
去勢不安　27
空間づくり(Clearing a Space)　129
クライアント(来談者)　101
　　──中心療法(Client-Centered Therapy, CCT)　106
グラウンディッド・セオリー　17
グループ・ファシリテーター　151
グループアプローチ　145
グループサイコセラピー　155
K-ABC　67
ゲーム分析　137
ゲシュタルト療法(Gestalt Therapy)　129, 159
元型(アーキタイプ)　28
検査法　63
現実原則　26
原初的没頭　36
現存在分析　136
攻撃的(破壊的)欲動　54
向社会的　208
口唇期　27
構成法　76
構造的アプローチ　146
構造分析　137
行動化(アクティング・アウト)　57, 210, 212, 213, 219
行動療法(behavior therapy)　119, 159
肛門期　27
交流パターン分析　137
交流分析(Transactional Analysis, TA)　137
交流分析療法　159
心の積極的な健康　10

心の専門家　6
心理性的発達理論　27
個人的な属性　56
個人的無意識　28
個性化　29
個性記述的研究　15
固着　27
古典的(レスポンデント)条件づけ　120
コミュニティアプローチ　145, 161
コミュニティ心理学　161
コミュニティ心理学モデル　223
コンサルテーション　163
コンジョインド・セラピー　152
コンバインド・セラピー　152, 155

サ行
サイコシンセシス　103
サイコセラピー　101, 145
サイコセラピスト(心理治療家)　101
再接近期　33
作業検査法　70, 89
サポート・グループ(Support Group)　166
産業カウンセラー　226
産業領域　234
自我　54
　　──機能　58
　　──心理学派　30
　　──の強さ　58
資格制度の問題　225
自己
　　──意識　49
　　──一致　111
　　──概念　41, 107, 206, 208
　　──確立　191
　　──経験　40
　　──肯定感　205
　　──肯定的　208
　　──指示的　208
　　──受容的　208

――信頼　205
――信頼的　208
――責任的　208
――像　51, 58
――像の分裂　220
――尊重　41, 42
――認識　50
――評価　208
――理解　48
――理論　106
自殺企図　215
支持的な心理療法　210
思春期　191
思春期・性器期　27
自傷行為　213, 214
システミック家族療法　147
システム論的家族療法　146
実現傾向　106
実存分析(ロゴテラピー)　136
質的研究法　16
実務者－専門家モデル
　　(Scholar-Practitioner Model)　6
質問紙法　70
児童相談所　230
自閉性障害(自閉症)　173
司法・矯正領域　231
社会的感情　55
社会的倫理的規範　54
十牛図　11
集合的(普遍的)無意識　28
12のステップ　165
12の伝統　165
十分に機能する人間
　　(fully functioning person)　11, 111
自由連想　47
　――法　47, 116
主観的拡充法　119
条件つきの尊重　42
情緒障害　176
　――児短期治療施設　179
情緒的対象恒常性　35

少年期　29
女性的要素　56
事例研究　18
　――法　18
神経性習癖　176
人生の正午　29
診断起因説　177
診断面接　210
心的機能の型　60
心的装置　54
新版TEG　73
新版K式発達検査2001　64, 65
心理
　――・社会的危機　191
　――・性的発達理論　30
　――検査　210
　――史　32
　――・社会的発達理論　30
　――的接触　107
　――的損傷　152
　――的な距離　215, 216
　――面接(カウンセリング)　191
　――療法　209
心理臨床
　――活動　221
　――家としてのイニシエーション
　　227
　――家のアイデンティティ　227
進路選択　193
スクールカウンセラー　222
スクールカウンセリング　222
巣立ち　203
性格　45
生活指導　204
精神科クリニック　209
成人前期　29
精神遅滞　173
精神分析　47, 57
　――的療法　116
　――療法　116, 159
精神力動的家族療法　145

成長モデル　223
性的欲動　54
青年期　191
絶対臥褥期　49
セルフヘルプ・グループ
　　（Self-Help Group）　164
選択法　77
潜伏期　27
戦略的アプローチ　146
躁うつ気質　60
喪失　218
存在（プレゼンス）　111
　　──価値　201

　タ行
第2の分離‐個体化　35
大学・研究所領域　232
体験型　60
体験過程療法
　　（experiential psychotherapy）　125
退行　210
対象関係的発達論　35
対象関係論独立学派　36
タイプ論　59
多世代派家族療法　145
多動性障害　173
田中ビネー知能検査　65
WISC-Ⅲ　67
WAIS-Ⅲ　67
WPPSI　67
男根期　27
男性的要素　56
断片的自己期　37
力への意志　56
知能検査　65
チャム（chum）関係　30
中核条件　111
中年期　29
超自我　51, 54, 58
直線的因果律　146
直観　111

治療関係　209, 215, 219
治療構造　218
治療者交代　211, 218
治療目標　218
津守式乳幼児精神発達診断法　64
DSM-Ⅳ　58
抵抗　118
転移　118
転移分析　47
電気生理検査法　70
同一性拡散　32
　　──症候群　32
投映法　70, 76
投影　54
道徳性の発達段階説　21
特性　59
特性論　59
トランスパーソナル心理学　11

　ナ行
内観療法　141
内向型　60
内向思考型　61
内的の一致（自己一致）　48
内的な旅　204
　　──路の同行者　205
内的ワーキングモデル　40
日本心理臨床学会　6
人間性心理学　10
認知行動療法　122
認知の発達理論　21
認知療法　50, 159

　ハ行
パーソナリティ（personality）　45
　　──障害　58
　　──の漸成的発達理論　30
　　──の対人関係理論　30
　　──発達　193
　　──変化　125
パーソニフィケーション　30

パーソンセンタード
　　——／体験過程療法　106
　　——・アプローチ(Person-Centered Approach, PCA)　106, 191
　　——・グループアプローチ　149
　　——・セラピー　106
配列法　77
箱庭療法(サンドプレイ)　134
発達課題　21
発達検査　64
発達障害　172
パラドックス技法　147
反社会的逸脱行動　203
反社会的行動　176
反省除去　137
反動形成　54
半人前　201, 208
PCAのワークショップ　152
PTSD(外傷後ストレス障害)　186
非社会的行動　176
否定的同一性　32
ビネー法　65
表現法　77
評定法　70
ファシリテーター　151
フェルトセンス　125
フォーカシング　125
　　——・パートナーシップ　125
　　——指向心理療法　125
　　——的態度　125
福祉領域　230
不登校　180
プロセススケール　111
分析心理学　28, 118
分離　53, 220
　　——-個体化プロセス　33
　　——体験　220
　　「——・独立」の過程　205
分裂気質　60
並行面接　191
平和の祈り(serenity prayer)　166

ベーシック・エンカウンター・グループ(基本的出会いグループ)　149
ペルソナ　28, 56
防衛　47-50, 52, 61
　　——機制(防衛メカニズム)　52-54
法則定立的研究　15

マ行
見捨てられた体験　219
見捨てられる　219, 220
未来志向的　208
ミラノ派(The Milan School)　146
無条件の肯定的関心　107, 114
無条件の肯定的配慮　48
無力感　217
名大版　80
名大式　79
面接法　91
メンタルヘルス・カウンセリング　234
妄想－分裂ポジション(態勢)　35
目録法　70
モデリング(観察学習)　120
物語論的家族療法　145
もらい子幻想　183
モラトリアム　32
森田神経質　142
　　——者　57
森田療法　49, 142

ヤ行
薬物療法　209, 212
矢田部・ギルフォード性格検査(Y-G性格検査)　71
有機体の価値づけ過程　42
遊戯療法(プレイセラピー)　132
夢の分析　117
夢分析　48
陽性転移　57
抑圧　53
抑うつ感　214, 215
抑うつ的な感情　216

抑うつポジション(態勢)　35
欲求(動機)の階層説　10

ラ行
来談意欲　203
ライフサイクル(人生周期)　21
ラショナル・ビリーフ　139
リエゾン　223
力動的(力学的)心理学　55
リストカット　213
理想　51
　──自我　51
立方体モデル　102
リフレーミング技法　147
療育センター　231
両価的な感情　212, 213
量的研究法　16
臨床心理アセスメント　63
臨床心理
　──学　1
　──学研究・調査　221
　──査定(心理アセスメント)　221
　──士　7, 209, 225
　──士資格認定協会　7
　──士の動向ならびに意識調査　228
　──的地域援助　221
　──面接・心理療法　221
臨床的発達理論　21
類型　59
　──論　59
　──論的研究　15
劣等　50
　──感　52, 55
連想法　76
老人期　29
老年的超越性　32
ロールシャッハ法　77
論理療法(Rational Emotive Therapy, RET)　139

ワ行
若者文化　204

人名索引

ア行
アイゼンク (Eysenck, H. J.) 60, 72, 119
赤松保羅 174
アクスライン (Axline, V.) 133
アサジオリ (Assagioli, R.) 103
アッカーマン (Ackerman, N.) 145
アドラー (Adler, A.) 51, 55, 56, 103, 119
アレン (Allen, F.) 133
イーガン (Eagan, G.) 150
石井高明 175
伊藤義美 151, 152, 159
乾吉佑 234
ウィットマー (Witmer, L) 2
ウィニコット (Winnicott, D. W.) 36, 119, 133
ウェクスラー (Wechsler) 66
ウエンダー (Wender, L.) 155
ウォルピ (Wolpe, J.) 119
ウォルフ (Wolf, A.) 155
内田勇三郎 174
内山喜久雄 10
ウッド (Wood, J. K.) 108
エズリエル (Ezriel, H.) 156
エリクソン (Erikson, E. H.) 30-32, 103, 188
エリス (Ellis, A.) 139
オールポート (Allport, G. W.) 15, 46
尾木直樹 230

カ行
カウフマン (Kaufman, A. S.) 67
カウフマン (Kaufman, N.) 67
カウフマン (Kaufman, S. H.) 87
カナー (Kanner, L.) 174, 175
カルフ (Kalff, D.) 134
河合隼雄 56, 101, 134, 227, 250
キルケゴール (Kierkegaard, S. A.) 51
ギルフォード (Guilford, J. P.) 71
グールディング (Goulding, M. M.) 138
グールディング (Goulding, R. L.) 138
グッドイナフ (Goodenough, F. L.) 86
クライン (Klein, M.) 26, 35, 52, 119, 133, 156
倉戸ヨシヤ 131
グリーン (Green, R. J.) 145
グリーンバーグ (Greenberg, L. S.) 127, 128
グリュンワルト (Grünwald, M.) 82, 135
クレッチマー (Kretschmer, E.) 59, 60
クレペリン (Kraepelin, E.) 89
ゲゼル (Gesell, A. L.) 65
コーニン (Conyne, R. K.) 149
コーチン (Korchin, S. J.) 104
コールバーグ (Kohlberg, L.) 21
ゴッダード (Goddard, H. H.) 2
コッホ (Koch, K.) 80, 82
コパラ (Kopala, M.) 16
コフート (Kohut, H.) 26, 37, 39, 119
小宮山主計 179, 180
コルシニ (Corsini, R. J.) 160

サ行
サザーランド (Sutherland, J. D.) 156
佐治守夫 111
サリヴァン (Sullivan, H. S.) 29, 30, 103
サンドバーグ (Sundberg, N. D.) 3
ジェンドリン (Gendlin, E. T.) 125, 126
下村湖人 184
下山晴彦 4, 13, 14, 223

シモン（Simon, T.） 65
シャコー（Shakow, D.） 5
シュワルツ（Schwartz, E. K.） 155
ショー（Shaw, R. F.） 88
ジョンソン（Johnson, W.） 177
シルダー（Schilder, P.） 155
神野秀雄 175, 176
スキナー（Skinner, B. F.） 103, 121
スギヤマ（Sugiyama, T.） 175
スズキ（Suzuki, L. A.） 16
鈴木睦夫 47
ストード（Staude, J. R.） 29
スラブソン（Slavson, S.） 155
ソーン（Thorne, B.） 114, 115
ソンディ（Szondi, L.） 85, 86

タ行
ターマン（Terman, L. H.） 65
滝川一廣 179
デュセイ（Dusay, J.） 73
戸川行男 174, 175
ドナルド（Donald, H. F.） 56
冨永良喜 224

ナ行
中西信男 38
ナポリ（Napoli, P. J.） 88
西尾明 229
新田泰生 234
ニューマン（Newman, B. M.） 23
ニューマン（Newman, P. R.） 23
野島一彦 151

ハ行
パーソンズ（Persons, J. B.） 122
パールズ（Perls, F.） 11, 103, 129, 132
バーン（Berne, E.） 73, 137, 138
バーンズ（Burns. R. C.） 87
ハイデッガー（Heidegger, M.） 136
ハヴィガースト（Havighurst, R. J.） 21
ハサウェイ（Hathaway, S. R.） 73
バック（Buck, J. N.） 87
馬場禮子 147
パブロフ（Pavlov, I. P.） 120
ハリス（Harris, D.） 86
バロウ（Burrow, T.） 155
ハンセン（Hansen, J. C.） 159
バンデューラ（Bandura, A.） 121
ピアジェ（Piaget, J.） 21
ヒーリー（Healy, W.） 4
ビオン（Bion, W. R.） 156
ビネー（Binet, A.） 65
ヒュー（Hugh, B. U.） 56
平井信義 175
廣井亮一 232
ビンスワンガー（Binswanger, L.） 51, 136
フェアバーン（Fairbairn, W. R. D.） 119
フォークス（Foulkes, S. H.） 156
フッサール（Husserl, E.） 136
プラット（Pratt, J. H.） 155
フラモ（Framo, J. L.） 146
フランクル（Frankl, V. E.） 11, 136, 137
古沢平作 28
フロイト（Freud, A.） 35, 52
フロイト（Freud, S.） 26-28, 30, 39, 47-57, 62, 103, 116-119, 136
ブロス（Blos, P.） 35
フロム（Fromm, E.） 11, 103
ブント（Wundt, W.） 2
ヘイリー（Hayley, J.） 147
ベラック（Bellak, L.） 80
ボウルビィ（Bowlby, J.） 39
ボーエン（Bowen, M.） 145
ホーナイ（Horney, K.） 51, 52, 103
ボス（Boss, M.） 136
ボランダー（Bolander, K.） 82

マ行
マーシュ（Marsh, L. C.） 156
マーラー（Mahler, M. S.） 33
マイン（Main, T. F.） 156

索　引

前田重治　34, 36
マズロー (Maslow, A. H.)　10, 11
マッキンリー (McKinley, J. C.)　73
マッコーバー (Machover, K.)　86
マレー (Murray, H. A.)　79, 80
箕口雅博　163
ミニューチン (Minuchin, S.)　146
ムスターカス (Moustakas, C. E.)　134
村山正治　151
ァーンズ (Mearns, D.)　114, 115
メイ (May, R.)　136
メニンガー (Menninger, K. A.)　156
モーガン (Morgan, C. D.)　79
森田正馬　49, 50, 57, 142
モレノ (Moreno, J. L.)　155

　ヤ行

矢田部達郎　71
ヤホダ (Jahoda, M.)　10
山下清　174
山中寛　224
山本和郎　161, 162, 222-224
ヤロム (Yalom, I. D.)　161
ユング (Jung, C. G.)　11, 28, 29, 48, 49, 51, 52, 56, 57, 59-61, 103, 118, 134

吉川悟　234
吉川領一　173
吉本伊信　141

　ラ行

ラゼル (Lazell, E. W.)　156
リンズリー (Lindsley, O. R.)　119
ルウティット (Louttit, C. M.)　5
レヴィンソン (Levinson, D. J.)　24
レビン (Lewin, K.)　155
ローエンフェルト (Lowenfeld, M.)　134
ローゼンバーグ (Rosenberg, B.)　160
ロールシャッハ (Rorschach, H.)　60, 77
ロジャーズ (Rogers, C. R.)　11, 40, 41, 48-51, 57, 103, 106, 107, 109-112, 149, 151, 153, 254
ロング (Long, S.)　159

　ワ行

鷲見たえ子　174
ワトソン (Watson, J. B.)　103
ベルタランフィ (Bertalanffy, L. V.)　146

現代臨床心理学　執筆者一覧 (執筆順，＊は編者)

＊伊藤義美（いとう　よしみ）
名古屋大学名誉教授。博士（教育心理学）。
名古屋大学教育学部教育心理学科卒業，名古屋大学大学院教育学研究科博士（後期）課程満了。『パーソンセンタード・エンカウンターグループ』〔編著〕（ナカニシヤ出版，2005年），『フォーカシングの展開』〔編著〕（ナカニシヤ出版，2005年），『フォーカシングの空間づくりに関する研究』（風間書房，2000年）など。
第1, 2, 4-7, 9章担当。

鈴木睦夫（すずき　むつお）
元中京大学心理学部・心理学研究科教授。博士（学術）。
京都大学農学部卒業，京都大学大学院教育研究科博士課程中退。『TAT―絵解き試しの人間関係論』（誠信書房，2002年），『TATパーソナリティ―26事例の分析と解釈の例示』（誠信書房，2000年），『TATの世界―物語分析の実際』（誠信書房，1997年）など。
第3章担当。

神野秀雄（じんの　ひでお）
愛知淑徳大学心理学部心理学研究科教授。教育学博士。
名古屋大学教育学部卒業，名古屋大学大学院教育学研究科教育心理学専攻博士課程中退。『統合保育の展開』〔共著〕（コレール社，2002年），『人間発達と心理臨床』〔共編著〕（協同出版，1989年），『自閉症の類型化と発達過程の研究』（風間書房，1989年）など。
第8章担当。

寺西佐稚代（てらにし　さちよ）
桜クリニック　臨床心理士。
南山短期大学人間関係科・明治学院大学社会学部社会福祉学科卒業，横浜国立大学大学院教育学研究科修士課程修了，名古屋大学大学院人間情報学研究科博士課程満了。『境界性パーソナリティ障害の精神療法』〔共著〕（金剛出版，2006年），『人間関係トレーニング―私を育てる教育への人間学的アプローチ』〔共著〕（ナカニシヤ出版，1992年），「境界性人格障害の個人精神療法」〔共著〕（精神療法第29巻第3号，2003年）など。
第10章担当。

原口芳明（はらぐち　よしあき）
愛知教育大学名誉教授。
北海道大学教育学部卒業，九州大学大学院教育学研究科修士課程修了。『ヒューマニスティック・グループ・アプローチ』〔共著〕（ナカニシヤ出版，2002年），『エンプティ・チェアの心理臨床』〔共著〕（現代のエスプリ，No.467，2006年），『PAC分析研究・実践集1』〔共著〕（ナカニシヤ出版，2008年）など。
第11章担当。

佐藤勝利（さとう　かつとし）
名古屋芸術大学名誉教授。
名古屋大学教育学部卒業，名古屋大学大学院教育学研究科修士課程修了。『現代青年心理学〔新版〕』〔共著〕（有斐閣，1997年），『人間発達と心理臨床』〔共編著〕（協同出版，1989年），『小学生の心理と教育』〔共著〕（福村出版，1982年）など。
第12章担当。

現代臨床心理学
2008年4月30日　　初版第1刷発行
2022年9月30日　　初版第5刷発行

定価はカヴァーに
表示してあります。

編　者　伊藤義美
発行者　中西　良
発行所　株式会社ナカニシヤ出版
〒606-8161　京都市左京区一乗寺木ノ本町15番地
Telephone　075-723-0111
Facsimile　075-723-0095
郵便振替　01030-0-13128
URL　http://www.nakanishiya.co.jp/
Email　iihon-ippai@nakanishiya.co.jp

装幀＝白沢　正／印刷・製本＝ファインワークス
Copyright ©2008 by Y. Ito
Printed in Japan.
ISBN978-4-7795-0248-4

◎本書のコピー，スキャン，デジタル化等の無断複製は著作権法上での例外を除き禁じられています．本書を代行業者等の第三者に依頼してスキャンやデジタル化することは，たとえ個人や家庭内での利用であっても著作権法上認められておりません．

──ナカニシヤ出版書籍のご案内──

フォーカシングの実践と研究
伊藤義美著

わが国でも急速に進んでいるフォーカシングの発展を概観し、臨床場面や教育場面、日常場面での具体的な実践と研究を示す。　　　　　　　　　　2500円

フォーカシングの展開
伊藤義美編著

自分の内側のあいまいな「感じ」に注目し、生活に変化を生み出す心理学的方法「フォーカシング」。その理論と実践を解説し新たな可能性を探る。　2800円

パーソンセンタード・カウンセリング
D. Mearns & B. Thorne 著／伊藤義美訳

カウンセラーの態度的特質を論じた体系的テキスト。パーソンセンタード・アプローチの理論的原理をカウンセリングの実際に関係付けて論究する。　2800円

パーソンセンタード・アプローチ
21世紀の人間関係を拓く　伊藤義美・増田　實・野島一彦編

個人、他者との関わりを主軸にした自立的・援助的活動＝パーソンセンタード・アプローチの歴史、理論、実践を考察・解説し、これからの展望を試みる。　2300円

パーソンセンタード・エンカウンターグループ
伊藤義美編

近年注目の臨床実践エンカウンターグループとはどのようなものか。企業の研修や遺族のためのグループなど、多彩な取り組みを紹介する。　　　2800円

ヒューマニスティック・グループ・アプローチ
伊藤義美編著

わが国のヒューマニスティック・グループ・アプローチの代表的立場の類似点と差異点を明確化し、各領域における実践と研究の現状を示す。　　2200円

問題解決的／成長促進的援助
カウンセリング、生徒指導実践への基本的視点　増田　實著

カウンセリングや生徒指導において、その人のもつ力を最大限引き出すにはどうすればよいのか。その心構え・方法論を懇切丁寧に解説。　　　　2800円

※表示価格は本体価格です。